# 이렇게 전한다

HOW TO GIVE AWAY YOUR FAITH : SECOND EDITION
by Paul E. Little

Originally published by InterVarsity Press
as *How to Give Away Your Faith : Second Edition* by Paul E. Little.
Copyright © 1966 by InterVarsity Christian Fellowship/USA.
Revised edition © 1988 by Marie Little.
Translated and printed by permission of InterVarsity Press,
P.O. Box 1400, Downers Grove, IL 60515, USA.
All rights reserved.

Korean Edition published by Word of Life Press, Seoul, 1971, 2007.
Printed in Korea.

## 이렇게 전한다 개정증보판

ⓒ 생명의말씀사 1971, 2007

1971년 10월 10일  1판 1쇄 발행
1994년 2월 15일  1판 12쇄 발행
2007년 9월 10일  2판 1쇄 발행

| | |
|---|---|
| 펴 낸 이 | 김창영 |
| 펴 낸 곳 | 생명의말씀사 |
| 등   록 | 1962. 1. 10. No.300-1962-1 |
| 주   소 | 110-101 서울 종로구 송월동 32-43 |
| 전   화 | (02)738-6555(본사), (02)3159-7979(영업부) |
| 팩   스 | (02)739-3824(본사), 080-022-8485(영업부) |
| 기획편집 | 태현주, 조해림 |
| 디 자 인 | 박소정, 정영수 |
| 제   작 | 신기원, 오인선 |
| 마 케 팅 | 이지은, 박혜은, 선승희 |
| 영   업 | 박재동, 김창덕, 김규태, 이성빈, 김덕현 |
| 인   쇄 | 영진문원 |
| 제   본 | 정문바인텍 |

ISBN 978-89-04-10087-3

저작권자의 허락없이 이 책의 일부 또는 전체를
무단 복제, 전재, 발췌하면 저작권법에 의해 처벌을 받습니다.

# 이렇게 전한다

How to
Give Away
Your Faith

폴 리틀 지음 · 김태곤 옮김

생명의말씀사

## 추천하는글

지난 25년간 많은 기독교 서적들이 출간되었다. 지금은 새로 선보이는 책들만도 매년 2천 권 이상으로 추산된다. 과연 이들 중 몇 권이 독자의 손에 닿겠으며, 1년 이상 유통될 책들은 몇 권이나 되겠는가? 따라서 한 책이 4반세기 후에 재출간된다는 것은 그만큼 큰 의의를 시사한다.

1963년 크리스마스 휴가 기간 동안 캐나다 뉴 브룬즈위크 주의 멍크턴에서 열렸던 한 청년 수련회를 나는 잘 기억하고 있다. 수백 명의 캐나다 젊은이들이 진정으로 멋진 크리스마스를 보내기 위해 모여들었다. 폴 리틀은 그 모임의 강연자 중 한 명이었다. 내 사무실에는 유서 깊은 사진이 걸려 있다. 그 수련회 기간 중에 급조된 농구 팀원들이 게임 후에 매우 지친 모습으로 찍은 사진이다. 그 속에는 폴과 나도 끼어 있다.

일과가 끝난 어느 늦은 오후에, 몇몇 젊은이들이 간식을 먹기 위해 둘러 앉았다. 그 자리에서 폴은 자신이 쓴 복음 전도에 관한 책에 대해 이야기했으며, 그 책의 제목을 무엇으로 할지 고민하고 있었다. 마침

나는 20세기 초의 위대한 선교 리더인 로버트 스피어의 메시지를 읽은 직후였다. 로버트 스피어는 청중에게, "여러분은 그리스도를 믿는다고 말합니다. 그렇다면 그 믿음을 전합니까, 아니면 시들어 없어지게 놔둡니까?"라고 말하곤 했다. 우리는 곰곰이 생각하기 시작했다. 나는 "How to Give Your Faith Away"라는 제목을 제시했던 걸로 기억하며, 결국 본서의 제목이 이것으로 정해지게 되었다.

내가 이 이야기하는 것은 단순히 추억을 회고하기 위해서가 아니라, 개인 전도의 고전이라 할 만한 이 귀한 책에 내가 조금이라도 관여되어 있다는 사실이 너무 감사해서이다.

폴 리틀은 나의 가장 친한 벗들 중 한 명이었다. 우리는 대학생 선교 활동을 함께 했다. 1974년에 열린 로잔 세계 복음 전도 대회에서 그는 프로그램 책임자였고 나는 사회를 맡았었다. 이듬해 그가 자동차 사고로 사망했을 때, 나는 그의 장례식 예배의 설교를 부탁받았다. 내게 있어 그것은 가슴 아프고도 특별한 경험이었다.

나는 폴과 그의 아내 마리를 사랑했고, 그에게서 많은 것을 배웠다.

지금도 나는 마음을 새롭게 하고 싶을 때면, 예리한 개념과 통찰력, 여러 가지 접근법과 이야기들로 가득한 이 책을 펼쳐 든다.

그 동안 나는 수많은 사람들에게 이 책을 추천했으며, 많은 사람들이 이 책을 통해 도움을 받은 것으로 알고 있다. 따라서 개정판의 서문을 쓴다는 것은 대단한 특권이 아닐 수 없다.

나는 폴의 아내 마리에게 각별한 감사를 표하고 싶다. 마리는 이전에 소개되지 않았던 폴의 자료들 중 일부를 추가시켰고, 최근의 예화들을 몇 가지 덧붙여 주었다. 그 예화들 속에는 우리 아들 샌디에 관한 이야기도 들어 있다.

또한 하나님이 이 책을 통해 이 시대의 신자들을 감동시키시고 인도하심으로써, 하나님을 향한 깊은 갈망을 지니고 있으되 그 갈망의 실체를 잘 알지 못하는 우리의 친구나 이웃들과 더불어 산 믿음을 나누게 하시길, 나는 간절히 기도한다.

폴이 좋아했던 성경 말씀들 중 하나는 "다윗은 당시에 하나님의 뜻을 좇아 섬기다가 잠들어"사도행전 13:36라는 말씀이었다. 폴은 잠들었다. 그는 당대에 하나님을 섬겼다.

나는 하나님이 이 세대의 독자들이 그리스도의 산 증인, 권위 있는 증인, 그리고 믿음직한 증인이 되도록 도우시는 일에 본서가 사용되길 기도한다.

노스캐롤라이나, 샬럿
리턴 포드

## 목 차

- 추천하는 글 _ 4
- 들어가는 글 _ 10

chapter 1　근본적 토대 _ 15

chapter 2　유능한 사신 _ 49

chapter 3　증거 방법 _ 71

chapter 4　사회적 장벽 뛰어넘기 _ 105

chapter 5　어떤 메시지를 전하는가 _ 127

chapter 6　우리가 믿는 이유 _ 155

chapter 7　그리스도는 오늘날에도 역사하시는가 _ 199

chapter 8　세속성 : 외면적인가 내면적인가 _ 217

chapter 9　믿음으로 삶 _ 241

chapter 10　내면의 자아를 함양하라 _ 261


■ 주(註) _ 261

## 들어가는 글

지난 8개월간 나는 한 천재의 글을 만지작거리며 지냈다. 백만 부가 팔렸고 지금도 꾸준히 읽히고 있는 이 책을 새로 다듬으면서, 곳곳에서 저자의 천재성을 느끼지 않을 수 없었다.

내 남편 폴에게 "천재"라는 표현을 사용하는 것은 적절하다고 본다. 탁상공론적 복음주의자들과는 달리, 폴은 많은 사람들이 하기 원하는 일을 직접 실행했다. 전세계의 수많은 캠퍼스들을 두루 다니면서 학생들과 다른 많은 이들에게 기독교의 메시지를 알기 쉽게 그리고 생생하게 전했다. 한 친구는 그를 "와이셔츠 차림의 복음 전도자"라고 불렀다. 그는 복음 증거에 관해 말만 앞세우지 않았다. 행동으로 옮겼다! 그의 끊임없는 복음 전도 과정에서 얻은 교훈이 본서의 근간을 이루었다. 그는 이 책을 가리켜 "증거를 위한 권면서라기보다는 지침서"라고 묘사했다.

20년이 지난 지금, 폴이 예화를 들어가며 가르쳤던 주목할 만한 원리들은 여전히 참되며 유용하다. 20년 전 폴은 화려하게 장식된 배지가 자신을 기쁘고 평안하고 행복하게 해준다고 말하는 사람들에게 무슨 말을 해야 하는지 우리에게 알려주었다. 가슴을 수놓은 온갖 보석들이 자신을 행복하게 해준다고 말하는 오늘날의 누군가를 위한 그의 대답도 똑같을 것이다.

 이 책의 내용이 오늘날에도 변함없이 적용된다는 사실은, 그 실용성과 더불어, 나로 하여금 이것을 새로 다듬을 만한 가치가 있다는 확신을 갖게 해주었다. 수십 년에 걸친 문화적 변화로 인해, 이 책에 수록된 적용 사항들 중에는 우리 시대에 맞지 않는 것들도 있다. 또한 폴의 녹음 테이프나 기록물들 중에는 이 책의 후편을 저술하는 데 쓰려고 그가 보관했던 자료들도 있었다.

 다행히도 폴은 개정판을 위한 자료를 많이 남겨 두었다. 편집자들의 독려로, 나는 폴의 테이프와 자료들을 자세하게 조사하기 시작했고, 그 결과 아직 출간되지 않은 중요한 자료들을 발견했다. "유능한 사신"The Effective Ambassador이라는 제목의 테이프들에 담긴 내용은 본서의 제2장을 새로 추가하게 해주었다. 새로 추가된 항목들은 다음과 같다.

- 영적 여정의 어느 단계에 있는지 알아내기 위한 세 가지 질문
- 새신자들을 양육하기 위한 지침
- 기독교에 대한 몇 가지 흔한 오해들을 불식시키는 법
- 수많은 실제적 예화들

나는 모든 개정 과정에서 폴의 핵심 취지를 살리려 했으며, 그가 특별히 좋아했던 표현들을 그대로 사용하려고 노력했다. 그러나 일부 내용에서는 나 자신의 연구와 경험이 삽입되기도 했다.

폴이 아직 살아 있다면, 자신의 원래 저서와 그것을 보존하려는 나의 노력을 보고서 아마도 머리를 절레절레 흔들며, "이 책이 이토록 오랫동안 읽히고 있다니 정말 놀라워." 하고 말할 것이다. 나는 그렇게 생각하지 않는다. 왜냐하면 그의 자료를 놓고 깊이 생각하면 할수록, 삶을 변화시키시는 예수 그리스도의 능력을 증거하고 싶은 열망이 내 속에서 더욱 뜨겁게 끓어오름을 느끼기 때문이다. 독자들도 저마다 같은 반응을 보일 수 있기를 나는 기도한다.

이 개정 작업과 관련한 나의 두려움과 염려를 물리칠 수 있게 해준 계기가 있었다. 나는 오스왈드 챔버스의 많은 저서들이 그의 사후에 출간되었음을 알게 되었다. 1907년부터 1917년까지 그가 강연했던 내용을 그의 아내가 속기했고, 40대 초반의 젊은 나이로 그가 세상을 떠난 후에 이 속기 내용을 바탕으로 해서 책들이 출간되었다. 우리 가족의 휴가 기간 중에 발생한 자동차 사고로 폴은 40대 후반에 하늘나라로 갔다. 나는 오스왈드 챔버스의 미망인을 본보기로 삼아 이 개정 작업에 착수했다.

　이제 나는 본서를 읽는 모든 이들이, "다른 사람들에게 줄 수 있는 가장 큰 선물은 예수 그리스도를 소개하는 것이다."라고 말했던 폴과 동일한 확신을 갖게 되기를 간절히 기도한다.

일리노이스
마리 리틀

# How to Give Away Your Faith

chapter 1

근본적 토대

## 근본적 토대

복음을 증거하고 싶은가? 나도 그랬다. 하지만 그 과정에서 여러 차례 쓴맛을 보고 나서야 비로소 복음 증거의 실마리를 찾을 수 있었다.

당신은 어떤가? 당신은 복음을 효과적으로 전하는 법을 알고 있는가? 복음에 대해 이질감을 느끼는 사람들에게 다가가는 법을 알고 있는가? 다음과 같은 사람들에게 당신은 예수 그리스도를 어떻게 전하는가?

- 성경의 가르침을 옹호할 때, "이봐요, 지금은 21세기예요!"라며 빈정대는 종교 전공 학생.
- 지역 주유소에서 열심히 일하는 지배인.
- 자동화 기계에 밀려나서 방금 실직한 사무원.

- 마약에 빠져서 학교를 중퇴하려는 학생.
- 제멋대로 놀아나는 불량 청소년.
- 원하는 것은 무엇이든 다 가질 수 있다고 생각할 정도로 부족함 없이 자란 소녀.
- 당신과 가장 가까운 사람들 : 가족, 친구, 이웃 주민들.
- 핵전쟁 개시 후 18시간 동안 생겨날 1억 5천만 사상자들 중 한 명이 될 수 있는, 길거리의 행인.
- 가사 노동에 파묻혀 아이들을 양육하고, 이웃 사람들에게 지지 않으려고 허세를 부리며 또한 시민의 의무를 다하려고 발버둥이치는 주부.
- 이혼이나 학대를 경험하여 아무도 믿지 않으려 하는 사람.
- 인공 시험관 아기를 대리모의 자궁으로 옮기는 데 성공한 의사.
- 승진 욕구가 강한 직장 동료.

"하나님이 세상을 이처럼 사랑하사"라는 말씀을 인용하기는 쉽지만, 과연 그 뜻은 무엇일까? 이 말씀을 위에 열거된 사람들의 일상 생활에 어떻게 적용해줄 수 있을까?

## 현실성이 필수적이다

먼저 우리가 사는 세상에 대해 현실적 시각을 가져야 한다. 이 시대는 역사상 그 어느 때보다 빨리 변하고 있다. 예수님은 어제나 오늘이나 영원토록 동일하시지만, 이같은 변화가 복음 증거 대상자들의 태도와 수용성에 큰 영향을 미친다.

우리 세대는 총싸움 놀이, 경찰과 강도 놀이, 종이 인형 놀이와 시장 놀이를 하며 자랐다. 오늘날의 아이들은 TV 앞에서 대부분의 시간을 보내며 "초자연적인 것들"에 대한 이야기를 시대에 뒤떨어진 것으로 여긴다. 그들은 자라면서 비디오 게임과 전자 음악의 바다 속에 점점 더 깊이 잠겨 든다.

오늘날에는 어른들도 전자 장난감을 가지고 논다. 매년 새 것들이 출시되고, 지난 해에 나온 것은 유행에 뒤처진다. 더욱이, 폭발적 정보의 공유로 인해 온 세상이 하나의 "지구촌"으로 변했고 세상의 주요 사건들을 누구나 가만히 앉아서 접할 수 있다. 그 결과 사람들은 다양한 문화에 노출되며, 무엇을 믿을지 선택하기만 하면 된다.

또한 대중 매체는 유전자 지도 작성, 뇌 코드 탐구, 그리고 햇빛과 공기만으로 식물을 생산해내는 "그린 머신" 등과 관련된 미래의 이미지들을 계속 제시한다. 최근에 일어난 가장 보편적 변화는 삶의 모든 영역의 컴퓨터화 및 소형화이다.

그러나 우주 정복을 향한 우리의 소망이 양적 도약을 이룬 반면에, 문명의 미래는 점점 더 불확실해지는 것 같다. 인류는 핵전쟁으로 인해 파멸될 수밖에 없는 것인가? 환경 훼손이 지구에서의 생존을 위협하는가? 설령 우리가 다른 위협들을 극복할지라도, 에이즈로 인한 더 디지만 고통스런 죽음이 확산될 것인가? 붕괴 중인 미국 가정들의 미래는 과연 어떠한가?

이 모든 현실은 "만일 내가 어른이 될 때까지 산다면, 난 ……할거야."라고 했던 어린 소년의 말을 상기시킨다. 이 말 속에는, 과연 우리가 생존할 것인가 하는 의문이 담겨 있다. 최근까지도, 놀랄 만한 과학 기술에 의존하는 추세였다. 공장에서나 사무실에서나 가정에서나, 어디서나 첨단 기술을 볼 수 있다. 사람들은 과학 기술로 무엇이든 해결할 수 있다고 생각한다.

하지만 그것은 가장 중요한 측면, 즉 개인적 관심과 접촉이라는 측면에서는 아무런 해결책도 제시하지 못한다. 우리는 과학 기술만으로는 살 수 없다. 지나친 소비자 중심주의도 참된 위안을 가져다주지 못한다. 언젠가 한 영화배우는, "한 사람이 토스트를 먹어 봤자 얼마나 많이 먹겠는가?"라고 말했다.

많은 사람들이 새로운 자립 운동이나 잠재력 개발 운동에서 답을 찾고 있다. 하지만 유심히 살펴보면, 이들이 약속하는 신속한 치유는 믿을 만한 것이 아니다. 이들은 동양의 영향을 받은 "마인드 컨트롤" 기술을 제시한다.

하지만 그 이면에 있는 가치관은 기독교와 거리가 멀다. 그들 중에는 힌두교나 다른 신비 종교의 배경을 교묘히 숨기고서 황홀경이나 주문 또는 수정구슬 점을 이용하여 전생에 관한 이야기를 지어내는 자들도 있다. 그들은 하나님의 계시된 진리를 경솔하게 무시하고 각자 나름대로의 진리를 추구함으로써 도덕적 혼란을 조성한다. 철학적으로, 그들은 일원론을 기초로 삼는다. 모든 사람이 신이며 모든 종교는 하나라는 것이다. 이같은 운동이 그토록 많은 사람들의 마음을 사로잡았다는 사실은, 구원을 갈망하는 사람들의 공허한 내면을 엿보게 해준다.

구원? 무엇으로부터의 구원인가? 젊은이들은 고독과 고립으로부터의 구원을 이야기한다. 60년대에 젊은이들은 데모와 혁명으로써 실천적 탐구에 임했다. 그들은 자신이 원하는 일을 함으로써 의미를 찾으려 했다. 70년대는 자기도취적 세대로 바뀌었다. 물질주의적이고 몰가치적 사회에 안주하려 했던 80년대 세대가 거기서 생겨났다.

그 세대의 대학가를 묘사한 글을 살펴보자.

> 거의 모든 대학생들은 진리란 상대적이라고 믿는다. 그들이 두려워하는 것은 실수가 아니라 옹졸함이다. "무슨 권리로 한 문화나 종교가 다른 것보다 더 낫다고 말할 수 있겠는가?"라고 그들은 묻는다……영적 혼란이 조성되고 영혼의 뜨거운 열정이 식고 있다……신성하고 참된 종교와 성경 지식을 존중하는 마음이 거의 소멸될 지경이다.[1]

블룸이 지적하듯이, 이같은 영적 혼돈은 우리 사회의 모든 영역에 침투해 왔다. 이를테면, 대부분의 미국 고등학생들은 명성을 전혀 중시하지 않는 것으로 보인다. 1987년의 세계 연감은, 미국 고등학생들을 대상으로 여론 조사를 실시했다. 고등학생들은 자신이 생각하는 10명의 영웅들의 순위를 매겼다. 그 순위는 다음과 같다.

빌 코스비, 실베스터 스탤론, 에디 머피, 로널드 레이건, 척 노리스, 클린트

이스트우드, 몰리 링월드, 롭 로웨, 아놀드 슈왈츠제네거, 돈 존슨.[2]

로널드 레이건 대통령을 제외하면, 모두 연예인이나 배우들이다. 고등학생들은 저들의 삶의 스타일을 본받고 싶어한다. 고등학생들의 결론은 분명하다. 만일 당신이 유명 인사가 아니라면 혹은 연예계에 종사하지 않는다면 당신은 아무것도 아니라는 것이다.

성인들도 예외가 아니다. 1987년 5월 25일자 "타임" 지의 표지 기사에 의하면, 100명 이상의 정부 고위 관리들이 윤리적으로나 법적으로 비난받을 상황에 직면해 있다고 한다. 또한 "타임" 지는 수백만 달러를 불법 횡령한 혐의로 기소된 월 스트리트의 백만장자들을 거명했으며 그 외에도 간통죄로 기소되거나 쫓겨난 해병대원들, TV 복음 전도자들, 그리고 대통령 후보들을 거명했다. 그 기사를 쓴 기자들은 "윤리는 어디로?"라는 기사 제목을 달았다.

학생들, 철학 박사들, 블루칼라와 화이트칼라의 노동자들, 부모들, 의사들, 정치가들, 그리고 우리의 이웃들은 모두 가치 변화라고 하는 늪에 빠져 있다.

오늘날의 성인들은……
- 열심히 일하고 있다.
- 경제적 안정을 위해 애쓰고 있다.
- 이웃들에게 도움을 주며 관대해질 수 있다.
- 쾌락과 여가를 우선순위에 둔다.

- 자신의 이득과 관련된 일들에 헌신한다.
- 보살핌을 받는 것을 싫어한다.
- 인간 관계상의 스케줄이 복잡하다.
- 어떤 단체로부터든 압박받는 것을 거부한다.
- 만일 독신이라면, 사람들을 만나 위안을 얻기 위해 술집을 다닐 수도 있다.

종교적으로, 이들은……

- 종교보다는 과학을 더 신뢰한다.
- 기독교의 유일성에 대한 주장을 지나친 편견으로 여긴다.
- 자신의 도덕적 기반이 불확실해졌거나 완전히 사라졌다고 생각한다.
- 종교에서 얻는 답을 심리학에서도 얻을 수 있을 거라고 믿는다.
- 하나님을 엄한 재판관이나 먼 곳에 있는 할아버지처럼 여긴다.
- 하나님이 그들과는 상관없는 분이라고 믿는다.
- 좀처럼 성경을 도움의 근원으로 여기지 않는다.
- 이단 종파의 진리에 대해서 애매한 입장을 취한다.
- 그리스도인들을 비판적으로 흥을 깨는 사람들로 여긴다.
- 소위 하나님의 사람들이 후원자들의 돈을 떼어먹는 위선적 이야기가 TV에 나올 경우에, 그것을 잽싸게 지적한다.
- 대학 졸업 후에 직장을 얻지 못할까봐 염려한다.
- 부부간의 헌신에 대해 회의적 시각을 가지고 있다.

- 자신의 가족관계가 안정적이며 만족스운지 의문을 갖는다.
- 전통적 가치를 포기하고 싶은 유혹을 받는다.
- 성공을 위해 부단한 경쟁에 직면한다.
- 40세 이후에 실직할까봐 두려워한다.
- 자신의 외모가 초췌해져서 거부당하지나 않을까 염려한다.
- 늙으면 외롭고 무능해질 거라고 생각하며 염려한다.

이것은 우리가 예수 그리스도의 진리를 뿌려야 하는 토양의 종류를 묘사해준다. 이러한 경향은 예수 그리스도를 신뢰하지 않는 자들뿐만 아니라 그리스도인들에게도 영향을 미친다.

이같은 묘사는 그리스도인들이 모든 결함으로부터 자유로운 거룩한 종족임을 시사하려는 것이 아니다. 전혀 그렇지 않다! 우리 역시 동일한 압박과 문화적 동향에 사로잡힐 수 있다(오늘날의 우리 문화를 형성하고 있는 세력들을 다루는 유용한 정보는 스티븐 에어의 책 "세상 문화 지혜롭게 대적하기" *Defeating the Dragons of the World* 에서 얻을 수 있다).[3]

## 기독교는 현실적이다

우리 그리스도인들은 머리를 양동이 속에 집어넣은 채 이같은 현실을 무시하고서 살아갈 수 없다. 이웃에서 일어나는 학대와 폭력에 관한 이야기는 전혀 놀라운 것이 아니다. 우리는 기독교 신앙이 이 세상의 모든 양상들을 위한 메시지를 담고 있음을, 기독교 진리가 우리의 삶을 변화시켜 왔음을, 그리고 이 신앙이 모두에게 최고의 가치를 지닌 것임을 확신해야 한다.

이 세상에 대한 이해를 회피하려는 모든 시도는 죄를 포함한 모든 실재가 마음속에 있다고 주장하는 철학과 비교된다. 기독교 신앙은 이 세상의 현실이나 물질 자체를 부인할 정도로 지나치게 영적이거나 내세적인 것이 아니다. 기독교 신앙은 물질적인 것들을 인정한다. 다만 그것들 너머에 있는 영적인 것들, 궁극적 실재를 내다본다.

예수 그리스도는 오병이어로 5천 명을 먹이셨을 때 이 실재 문제의 핵심을 다루셨다. 예수께서 무리의 곤궁함을 보고 배불리 먹이셨다. 사람들은 이적적으로 제공된 음식에 깜짝 놀랐고, 그분을 왕으로 삼으려 했다. 그런 왕을 모신다면 얼마나 든든하겠는가!

그러나 주님은 그들에게서 물러나셨다. 사람들의 그릇된 동기를 간파하셨기 때문이다. 다음날 그들이 그분을 발견했을 때, 그분은 이르기를 그들이 따르는 것은 배불리 먹었기 때문이라고 하셨다. 그리고서 물질적인 것과 영적인 것에 대해 말씀하셨다. "썩는 양식을 위하여 일하지 말고 영생하도록 있는 양식을 위하여 하라 이 양식은 인자가 너희에게 주리니" 요한복음 6:27.

예수님은 물질적 양식이 실재적인 것이라고 가르치셨다. 배고픔은 실재적이다. 도시와 거리들, 바위와 나무들 그리고 사람들은 존재한다. 하지만 그분은 영적 실재가 탁월한 가치를 지님을 주장하셨다. 그것은 물질을 초월하여 존속된다. 사실, 그것은 물질계에 참된 의미를 부여한다.

물론 예수님은 사람들의 허기진 상태를 알고 계셨다. 그래서 그들을 먹이시기 위해 실제 음식을 사용하셨다. 단지 그들을 위해 기도만 하고서 굶긴 채로 보내지 않으셨다. 그분은 그들을 단지 "영혼"으로만 보신 것이 아니라 전인으로 보신 것이다.

또한 그분은 그들의 육체적이며 정서적 곤궁함이 영적 갈증과도 긴밀하게 연관되어 있음을 아셨다. 그들에게 말씀을 전하신 후에, 예수님은 그들의 물질적 필요도 보살펴주셨다. 육체적 필요를 먼저 채워주신 사례들도 많다.

## 그리스도의 본보기

이는 예수께서 무리를 만나든 개인을 만나든 모든 사람의 필요에 대해 매우 민감하셨음을 증거한다. 그리고 우리로 하여금 그분의 본보기를 따르기 위해 어떤 단계를 거쳐야 하는지를 생각하게 해준다. 먼저, 우리는 주변 사람들의 상태를—그들이 배고픈지, 지쳤는지, 지루한지, 외로운지, 학대나 버림을 당했는지—파악해야 한다. 우리는 그들이 무엇을 어떻게 생각하는지, 무엇을 느끼는지, 그리고 무엇이 되거나 행하기를 원하는지 이해하려고 노력해야 한다.

하버드 대학의 구내 식당에서 대화를 나눴던 한 아시아인을 나는 결코 잊지 못할 것이다. 그리스도인이었던 그는 이렇게 말했다.

"전쟁의 참상과 기아와 시련과 정치적 혼란 그리고 사랑하는 자들을 잃는 아픔을 겪은 우리 동양인들의 마음속에 깊은 상처가 있다는 점을, 당신과 같은 서구의 그리스도인들이 이해할 수 있었으면 좋겠어요. 나는 복음이 본질적으로 하나님의 사랑의 메시지임을 그리고 그것이 사회적 의미도 담고 있지만 사람의 영적 필요에 주로 초점을 맞춘 것임을 알고 있어요. 하지만 우리 마음속에 있는 그런 상처를 당신들이 이해해준다면 우리에게 큰 위안이 될 겁니다."

우리와 마주치는 사람들 중에는 마음속에 그처럼 "깊은 상처"를 지닌 사람들이 많다. 우리와 우리가 전하는 복음에 대한 그들의 반응은, 우리가 진정으로 그들을 이해하고 배려하는 마음을 가지고 있는지의 여부에 달려 있다.

"밑이 평평한 노루 가죽신을 직접 신어 보기 전까지는 다른 사람에게 아무 이야기도 하지 말아야 한다."는 인디언 속담이 있다. 최소한 영적으로라도, 우리는 그들의 처지를 헤아리며 함께 동행할 필요가 있다.

우리가 그들의 생각과 느낌을 그들의 어투로 이야기할 때, 그들은 우리를 신뢰하기 시작할 것이다. 그럴 때 그들은 우리의 관심사에 대해 진지하게 생각하려 할 것이다.

역사상 하나님의 도구로 크게 사용된 사람들이 단지 성경을 잘 알기만 했던 것은 아니라는 것은 놀라운 사실이 아니다. 그들은 다른 사람들도 잘 알았다. 또한 그들은 하나님 말씀을 다른 사람들의 삶 속에 적용시켰다.

우리는 그리스도인으로서 세상의 요구들에 대한 답을 아는 특권을 지니고 있다. 아마 우리는 "증거해야 한다"는 사실에 대해서는 동의할 것이다.

그러나 증거할 때가 되면, 우리는 "어떻게 증거해야 할까?"라는 중요한 물음을 제기한다. 예수 그리스도께서 오늘날의 올바르고 적절한 해결책이심을 이 세상에 어떻게 설명할 수 있을까? 어떻게 하면 주변 사람들에게 다가가서 복음을 전하여 믿게 할 수 있을가?

### 이웃 사람부터 시작하라

예수 그리스도처럼 세심하게 배려하는 일은 일대일 접촉을 통해서만 가능하다. 그리스도인으로서 우리는 먼저 가까운 이웃 사람에게로 관심을 돌려야 한다. "세상을 사랑하는 것은 힘든 일이 아니며, 이웃 사람을 사랑하는 것이 문제"라는 옛 말이 있듯이, 그것은 쉬운 일이 아니다.

분명, 우리의 복음 전도가 열매를 맺으려면 다른 사람들과의 개인적 관계가 형성되어야 한다. 우리가 이론을 접고서 이웃집 문을 두드리지 않는다면, 복음 증거의 핵심에는 결코 도달하지 못할 것이다. 생활 전도는 살아가면서 접촉하는 이들과의 대화로부터 시작된다. 그것은 피상적이며 조급한 관계에서나 하룻밤 사이에 이뤄지는 것이 아니다. 그것은 시간과 희생을 필요로 하며, 무엇보다도 우리 자신을 내어주는 헌신을 필요로 한다.

## 귀를 기울이라

누구나 내딛기 쉬운 첫 단계는 주변 사람들에게 귀기울이는 것이다. 말하는 게 아니라 귀기울이는 것이다. 충분히 들을 때까지 아무 말도 하지 말라. 그러자면 노력이 요구된다. 왜냐하면 상대방에 관해 생각하기보다는 우리 자신의 경험에 대해 말하거나 조언하는 것이 더 쉽기 때문이다.

만일 당신이 수줍음을 많이 타는 성격이라면, 상대방의 감정과 관심사에 생각을 집중하라. 그들이 불편해 하는가? 그들이 대화를 힘들어하는가? 그들의 관심사는 무엇인가? 당신 자신의 감정에 충실해지지 않게 하라. 그러면 당신은 상대방을 따뜻하게 배려하는 자신을 보게 될 것이다. 누군가가 말했듯이, "생각으로가 아니라 마음으로 귀기울이라."

대학생들에게 강의하러 다닐 때, 나는 학교 휴게실에 앉아서 온갖 부류의 학생들을 두루 만나는 것을 좋아했다. 그들이 무슨 생각을 하는지 그리고 방과 후의 시간을 어떻게 보내는지 구체적으로 이야기하는 것을 들을 때, 나는 실재 세계를 본다.

혹은 여행할 때, 여행 동료들이 자신의 삶을 이야기하는 것을 들을 기회를 얻게 된다. 그들의 이야기 속에는 두려움이 담겨 있는 경우가 많다. 놀랄 만한 사실을 드러내기도 한다. 어떤 사람은 자신에게 아내와 정부 둘 다가 있는데도 왜 행복하지 않은지 알 수 없다고 말했다. 이것은 실재 세계이며, 거기에 귀기울이고 배우면 응분의 대가가 주어진다. 그 과정에서 우리는 자신의 이야기를 말할 권한을 얻는다.

한 친구와 대화를 나누는 중에, 나는 경청하는 연습과 관련하여 귀한 교훈을 배웠다. 하나님을 찾고 있었던 어떤 사람에 관한 대화였는데, 우리 둘 다 그와 안면이 있었다.

그 사람을 따뜻하게 보살피고 싶은 마음에서, 나는 조만간 그에게 전화하겠다는 뜻을 친구에게 밝혔다. 친구는 한참 동안 나를 바라보더니 조언하기를, "기꺼이 그의 친구가 될 마음이 생길 때 전화해."라고 했다. 나는 친구의 말을 이해했다. 만일 내가 "글쎄, 어쨌든 전화해서 복음부터 전하고 봐야겠어."라고 생각했다면, 중요한 부분을 놓치고 말았을 것이다.

마치 "알약"을 주듯이 복음을 전하려는 그리스도인들이 너무 많다. 하지만 그런 "즉효약" 같은 증거를 순순히 받아들일 사람은 아무도 없을 것이다.

## 견문을 넓히라

경청과 더불어, 예수님의 본보기를 따르기 위한 또다른 단계는 주변 세계에 관한 견문을 넓히는 것이다. 이같은 견문은, 한 시간 동안 비그리스도인 한 사람과만 마주 앉아 있을 때 할 말이 전혀 없을 것임을 솔직히 시인하는 사람들에게 큰 도움이 될 것이다. 새로 발간되는 주간 잡지들을 읽고 저녁 뉴스를 들으며 또한 우리 지역 사회의 필요 사항들을 파악하면 공동 관심사를 찾게 될 것이다.

우리의 견문 기반을 넓혀 감에 따라, 우리는 자신과는 다른 인생 단면들을 볼 것이다. 그럼으로써 복음을 실제적 상황에 연관시키며 사람들의 가려운 곳을 긁어줄 수 있다. 그런 정보는 약물에 의존하는 자녀로 인한 고충을 털어놓는 직장 동료를 이해하도록 도와준다. 또한 그것은 어린 자녀를 위해 친구의 도움을 필요로 하는 편친의 딜레마를 이해할 수 있게 해준다.

우리의 이웃이 우리를 신뢰하여 자신의 임신한 십대 자녀로 인한 고민을 털어놓을 때, 우리는 기도 약속과 아울러 적절한 정보와 통찰력을 제시할 수 있다. 견문이 넓은 그리스도인이라면 자연히 지역 사회와 주변 세계에 관심을 갖기 시작할 것이다. 그 결과 우리는 예수 그리스도의 구속의 대상인 이 세상 사람들과 더불어 협력하게 될 것이다.

## 그리스도인들은 무엇을 제시해야 할까

이제까지 우리는 오늘날의 세계를 살펴보고 그 속에서 살아가는 인생들 개개인에게 필요한 것들을 생각해 보았다. 또한 이들 두 가지에 대해 알고 이해하는 것이 얼마나 중요한지도 살펴보았다. 그러나 만일 우리가 실재적 그리스도인이 되려고 한다면, 우리는 자신의 영적 상태도 돌아보아야 한다.

우리가 무엇을 제시해야 할까? 얼마 전에 나는 한 부부와 함께 저녁 시간을 보냈다. 그들은 짧은 기간 동안 우리 교회에 다니며 대부분의 활동에 참여했으나 갑자기 발길을 끊었었다. 나는 그들이 우리 교회를 떠난 이유를 알고 싶었다.

예수 그리스도께 속함과 그분을 위해 사는 삶에 대해 토론하는 중에, 그 남편은 깊은 생각에 잠기는 듯하더니 말했다. "당신은 초자연적이신 예수 그리스도와의 관계에 대해 말하는군요. 그 교회에는, 그것을 가진 이들도 있고 갖지 않은 사람들도 있어요." 그가 말한 "그것"을 알아내고자 방문자의 눈으로 우리 교회를 보았을 때 나는 급소를 찔린 듯한 느낌을 받았다. 그의 눈에는 차이점이 분명히 드러났던 것이다.

그 사람의 평가가 정확했든 그렇지 않았든, 종종 세상 사람들은 우리 그리스도인들 각각을 주의깊게 살핀다. 우리가 말하는 영원한 차원을 우리에게서 찾을 수 있는지 없는지 살피는 것이다. 피상적 고백으로는 그들을 확신시키지 못할 것이다. 그들은 실재하는 것—살아 있는 참된 신앙—을 찾고 있다. 그들이 우리에게서 그것을 보지 못할 때도 있는 것은 그들이 영적 소경이어서가 아니다. 우리의 실제 모습이 그럴 때도 있기 때문이다.

## 그리스도인에게는 다른 점이 있는가

우리가 예수 그리스도를 안다고 단언하면 매일의 삶이—우리의 시간과 돈과 정력을 사용하는 것이, 그리고 우리의 가치 체계가—달라지는가?

월요일부터 토요일까지 무슨 일이 일어나는가? 만일 우리가 학생이라면, 우리의 공부 방식이나 공부의 목적은 어떠한가? 우리가 주장하는 신앙이 우리의 이성 관계를 달라지게 하는가? 우리는 제멋대로 굴거나 다른 사람들을 착취하길 거부하는가? 우리는 사람들의 성실성을 존중하며 다른 이들을 멸시하는 행위를 하지 않는가? 우리가 낙심하거나 누군가와 사별할 때 어떤 반응을 보이는가? 위급할 때, 비그리스도인들이 우리에게서 정직하고 성실한 태도를 보겠는가? 아니면 그들이 "내 문제만으로도 벅차요. 그러니 당신 문제로 나를 괴롭히지 마세요."라고 말하겠는가?

끝으로, 예수 그리스도를 아는 것이 우리 삶의 선택에―전공, 직업, 대학원, 배우자, 또는 직장을 선택하는 데―영향을 미치는가?

## 분주한 그리스도인

대학교수나 대학생에게 종종 붙여지는 "상아탑"실사회와 동떨어진 사색과 공상의 세계를 뜻함이라는 표지가 부지불식간에 일반 그리스도인들의 생활 양식이 될 수도 있다. 그들은 다양한 교회 활동에―때로는 매주 다섯 차례 저녁 시간에―참여한다. 어린이 모임, 기도회, 음악 사역, 계획수립 모임, 집사 모임 등은 물론 매우 귀한 활동들이다.

하지만 보통의 그리스도인들에게는 불신자들을 위해 할애할 시간이 전혀 없다. 자신의 주변 세계로 나아가려고 하더라도, 너무 바빠서 엄두를 내지 못한다. 우리는 복음을 증거하길 원하지만 아무도 귀기울여주지 않는 것을 경험한 적이 있다. 세상은 우리의 귀가 그들에게 주

파수를 맞추고 있음을 알 때 우리의 메시지에 귀를 기울일 것이다.

## 거짓된 그리스도인들

가짜 해결책으로는 비그리스도인들을 설득하지 못할 것이다. 그들은 그리스도인을 사칭한 사기꾼들을 지겹도록 많이 경험했으며, 수박 겉핥기 식으로 겉모양만 경건한 사람에게 속아 넘어가지 않는다. 피상적이고 판에 박힌 말로 설득시키는 것은 아무 소용이 없다. 그런 말은 사악함, 연약함, 시험, 또는 탐욕 따위의 암울한 실재들에 맞설 준비를 갖추고 있지 않은 사람들의 관심을 끌지 못한다. 그들은 실제세상에서 충분한 의미를 지닐 정도로 진실한 그 무엇을 찾고 있다.

만일 그리스도인들이 예수 그리스도께서 자신을 구원하셨음을 – 그들에게는 예수께서 살아계신 매일의 실재이심을 – 보여주는 증거를 자신의 삶 속에서 드러낼 수 있다면, 그게 바로 현실적 기독교일 것이다!

## 세 종류의 신앙

주변 세상에 무엇을 제시할 수 있을지 고려하는 데 있어서, 우리는 강렬한 복음 증거 열정이 결여된 채 신앙에 대해 냉담한 자신의 모습을 발견할 수도 있다. 심지어 우리의 신앙이 환경의 부산물일 수도 있다.

그리스도인의 각종 모임에서 우리는 사람들의 다양한 신앙 유형들을 엿볼 수 있다. 나는 이를 세 범주로 구분해 보려 한다.

첫째, "주입 신앙"을 지닌 자들이다. 이들은 그리스도에 대한 개인적인 신앙 없이 온갖 활동에 참석하고, 온갖 찬송을 부르며, 복음에 대한 갖가지 지식을 갖추고 있다. 그들은 어릴 적부터 주일 학교와 각종 어린이 모임에서 배웠고 교회 예배에 반드시 참석해 왔다. 주입 신앙을 가진 아이들은 성경 퀴즈에 능숙하며 요한복음 3:16을 유창하게 암송한다. 그들은 들은 답들을 차곡 차곡 쌓아 왔고, 성경공부를 인도하거나 설교를 할 수도 있다. 그들은 갖가지 정보를 지니고 있지만, 거기서 그친다. 이것이 주입 신앙이다.

둘째, "동조 신앙"을 지닌 자들이다. 이 신앙은 대개 강력한 기독교적 환경의 부산물이다. 이들은 주일 예배와 성경공부에 참석하며 성경 강론을 듣는다. 주중에는 다른 교회 모임에 참석하고 최선을 다해 헌금을 드린다. 그들은 옳은 일을 하며 나쁜 일을 철저히 금한다. 하지만 가족이나 교회의 외적 압력 때문에 그렇게 한다. 이들은 영적인 것처럼 보이지만, 내면으로부터의 참된 열정은 전혀 없다.

동조 신앙을 가진 자들이 스스로 자유롭게 어떤 일을 결정해야 하는 상황에 처하면, 마치 비옷을 벗듯이 신앙을 벗어 던진다. 대학교에 진학하면 그들의 생활 양식이 송두리째 바뀐다. 그들은 모든 활동이 조심스럽게 규제되는 안전 지대에서 벗어나면 갑자기 충격을 받는다. 자신이 경험한 신앙의 얄팍한 피상성에 직면하는 것이다. 그것은 대개 환경에 따라 무의식적으로 변해가는 수평적 차원의 신앙이다.

여러 캠퍼스에서 나는 가정이나 교회 같은 친숙했던 기독교적 환경을 떠나서 비틀거리며 방황하는 학생들을 많이 만났다. 예수 그리스도와의 개인적이고도 수직적 관계를 모르기 때문에 그들의 간접적 신앙은 서서히 붕괴되어 간다. 집으로 돌아가면, 모두들 "저런, 조니와 수지가 대학 가더니 신앙을 잃어버렸네."라고 말한다. 하지만 우리는, "조니와 수지가 구원의 신앙을 잃어버린 걸까, 아니면 애당초 주입 신앙이나 동조 신앙을 가졌던 걸까?"라는 질문을 던질 필요가 있다.

비그리스도인들이 동조 신앙을 가진 자들을 볼 때, 그들은 동조 신앙을 가진 자들의 환경만을 생각할 뿐이다. 그것은 그들에게 감명을 주지 않는다. 그들이 찾고 있는 것은 환경이 아니라 살아 있는 신앙이다.

기독교적 환경에서 자란 사람으로서, 나는 정기적으로 이런 질문을 스스로에게 던져 보는 것이 유익하다는 것을 알게 되었다. "내 삶 가운데 오직 하나님 때문에 일어났다고 말할 수 있는 일이 있는가? 아니면, 내게 일어난 모든 일은 나의 배경이나 환경이나 현재 상황 때문인가? 만일 지금으로부터 일주일 후에 내 환경이 완전히 달라진다면 어떻게 될까?"

다행히도, "의탁 신앙"으로 지칭될 수 있는 세 번째 차원의 신앙도 있다. 이 신앙을 가진 자들에게 있어, 그리스도인이 된다는 것은 예수 그리스도께 관한 사실들을 지적으로 동의하는 것 이상을 뜻한다. 야고보서 2:19에서 말하듯이, 귀신들도 그렇게 할 수 있다. 그들도 유일하신 하나님을 믿고 두려워 떤다. 그 사실들을 믿는 것만으로는 구원의 신앙이 아니다. 반면에, 의탁 신앙을 가진 사람들은 진정으로 예수 그리스도를 따르는 자들이며 죽기 아니면 살기로 그분께 자신을 맡긴다.

이를테면, 대학생들이 기독교에 대한 적대감을 노골적으로 피력하는 환경에 직면할 수도 있다. 그들은 신앙과 관련하여 이전에 생각해 본 적도 없는 도전적인 말을 들을 수도 있다. 하지만 그들은 자신을 예수 그리스도께 확고히 의탁하기 때문에, 신앙을 저버리기보다는 기필코 답을 찾아내려 할 것이다.

바벨론으로 잡혀 간 다니엘과 사드락과 메삭과 아벳느고처럼, 이전에 경험해 본 적이 없는 시험들에 직면하여, 그들은 환경의 영향에 좌우되기보다는 도리어 외부 환경에 자신들의 영향력을 발휘한다. 이들의 차이점은 무엇일까? 차이점은 그들이 성령으로 말미암은 구원의 신앙을 가졌다는 것이다.

## 기독교 속으로 스며든다는 생각

삶의 어떤 단계에서든 환경적 신앙 속으로 빠져들지 않는 것이 중요하다. 우리는 사람들이 기독교 속으로 스며들 수 있다는 생각에 주의할 필요가 있다. 이 유해한 성향은 서서히, 특히 기독교 가정에서 형성된다.

내 자녀들의 어렸을 적 모습을 통해 생생한 예화를 얻을 수 있다. 아들 폴이 네 살 때였다. 아들은 "예수님이 내 친구시니 난 온 종일 행복해, 행복해, 행복해!" 하고 노래하며 집에서 깡충깡충 뛰어다녔다. 나는 아이가 온종일 행복하기를 진심으로 바랐고, 또한 아이가 예수님을 친구로 여겼다고 생각하고 싶다. 하지만 아이는 가사의 뜻을 생각하지도 않고서 그 노래를 불렀다.

우리 역시 그러는 경우가 많다. 우리가 어떤 진리를 노래하지만 그것이 자신의 진리인 것은 아니다. 이처럼 의미를 생각하지 않고 기계적으로 반복하는 패턴은 어릴 때부터 시작되며, 습관을 통해 어른이 되어서도 계속 이어질 수 있다.

솔직히 찬송과 합창들이 우리 모두를 거짓말쟁이로 만든다. 우리가 영광스런 기독교적 경험들을 마치 자신의 것인양 노래하지만 실상은 그렇지 않다. 종종 우리는 헌신의 찬양을 부르지만 그 내용대로 실행하지는 않는다. 그 의미를 생각하지 않고서 입으로만 진리를 부르면, 비실제적 경험을 자기 삶의 표준인양 받아들이게 된다. 자신도 모르게, 우리는 거짓말쟁이로 살아가고 있다. 기독교 음악의 풍성한 유산이 우리로 하여금 실재를 허구로 대체하게 할 수 있다는 것은 애석한 일이다.

## 사실을 믿는 것만으로는 부족하다

예수님에 관한 사실들을 믿는다는 것이 우리로 하여금 자신도 모르게 지적 신념 자체를 목적으로 받아들이게 할 수도 있다. 그래서 우리는 이 사실들을 구현하시는 분과 역동적으로 연결되는 체험을 놓치고 만다.

"난 그리스도에 관한 모든 것을 믿어요. 하지만 그건 내게 아무 의미도 없어요. 내 신앙은 마치 김 빠진 콜라 같죠."라고 솔직히 말하는 대학생들을 나는 만난 적이 있다. 왜 그리스도인으로서의 삶이 으깬 감자 같아야 할까? 왜 그것이 무미건조하고 지겨워야 할까?

그리스도인이 된다는 것은 본질적으로 다른 사람과의 관계를 수반한다는 사실을 우리는 잊은 걸까? 예수 그리스도에 관한 신조들에 지적으로 동의하는 것은 그분을 개인적으로 아는 것과는 다르다. 이는 마치 미국 대통령에 관한 사실들을 모조리 알지만 개인적으로 그를 만나본 적이 없는 것과 같다. 우리 중에는 환경상 예수님에 관한 사실들을 많이 알지만 그분과의 생생한 만남을 경험하지는 못한 이들이 많다.

## 신앙의 두 가지 본질적 요소

예수 그리스도를 개인적으로 안다는 것은 두 가지 사실을 수반한다. 첫째는 의탁이다. "예수 그리스도시여, 내가 주께 속하기를 원합니다." 하며 의식적으로 결단을 내리는 것이다. 이같은 의탁은 일평생 지속되어야 한다. 어떤 사실에 지적으로 동의할 뿐 예수님과 개인적 만남을 갖지 않는 것이 아니라, 우리의 전존재로 지속적 관계를 맺는 것이다. 어쩌면 우리는 살면서 이처럼 철저히 의탁해 본 적이 없을 수도 있다. 그분을 살아계신 주님으로 우리 삶 가운데 영접해 본 적이 없을 지도 모른다. 만일 그렇다면, 거기서부터 시작해야 한다.

둘째는 살아계신 주님을 향한 사랑과 순종이다. 예수님과의 관계는 그 무엇보다 소중한 것이다. 그분은 하늘로부터 임한 존귀하신 주님이시다. 온땅의 주이시다. 우리가 이 사실을 깊이 명심할 때, 그분께 대한 자발적 순종은 우리의 놀라운 특권이 된다.

주님의 가장 엄숙한 말씀 중 하나가 마태복음 7:21에 수록되어 있다. "나더러 주여 주여 하는 자마다 천국에 다 들어갈 것이 아니요 다만 하늘에 계신 내 아버지의 뜻대로 행하는 자라야 들어가리라." 여기서 예수님은 우리와 그분과의 관계를 "천국에 들어가는 것"과 결부시키신다. 다른 곳에서는 "거듭남"으로도 지칭된다. 이 관계에 들어가는 것은 올바른 용어 사용 여부나 무의미한 몸짓과는 상관이 없다. 여기에는 그분의 뜻을 행하려는 분명한 결심이 요구된다. 물론 그분이 우리를 받아들이며 사랑하시는 것은 우리의 순종 때문이 아니다. 그러나 순종은 자신을 진정으로 주께 맡겼음을 나타내는 증거다.

사도 요한은 이르기를, 만일 우리가 예수님의 계명을 지키면 "이로써 우리가 저를 아는 줄로 알 것"이라고 했다 요한일서 2:3. 야고보서 전체에서도 이 점을 설명한다.

## 신앙은 행동을 필요로 하는가

신앙에는 반드시 행동이 뒤따라야 한다. 신앙은 행동이다. 믿음은 행위에 의해 검증된다. 이를테면, 어떤 사람이 당신 방으로 뛰어 들어가서 5분 내에 건물이 폭발할 거라고 말했다고 가정하자. 만일 5분 후에도 당신이 여전히 방에 있다면, 우리는 당신이 그 사람의 말을 믿지 않음을 알 수 있다. 만일 당신이 그를 믿는다면, 당신은 가급적 빨리 뛰쳐나갈 것이다. 우리는 당신의 행동을 보고 당신이 무엇을 믿는지 알 수 있다.

마찬가지로, 나는 예수 그리스도께서 유일한 구주이심을, 삶의 온전한 의미를 그분을 통해서만 깨달을 수 있음을, 그리고 그분을 떠나서는 모두가 영원한 정죄 아래에 있음을 믿는다고 당신에게 말할 수 있다. 그러나 만일 내가 내 멋대로 행동하고 그분의 말씀과 뜻을 무시하며 오직 자아에 골똘한 삶을 살아간다면, 나는 성경적 의미에서 믿음을 갖거나 천국에 들어간 것이 아니다.

성경에서는 매일의 행동과 결단을 통해 하나님을 향한 자신의 신앙을 입증해 보였던 많은 사람들을 소개한다.

라합은 이스라엘 정탐꾼들을 맞아들였던 까닭에 신앙을 지닌 인물로서 히브리인들 중에 열거된다. 그녀는 하나님의 백성과 동맹을 맺었다. 요셉은 불륜을 피하기 위해 보디발의 아내에게 겉옷을 빼앗긴 채 달아났다. 모세는 고난받는 하나님의 백성과 함께하기 위해 바로의 아들로서의 쾌락과 특권을 포기했다.

엘리야는 "불로 응답하는 신 그가 하나님이니라!"고 말하면서 담대히 바알 선지자들에게 맞섰다. 그러고서 자신의 희생 제물 위에다 서슴없이 물을 쏟아부었다. 그는 살아계신 하나님이 응답하실 것을 믿었고, 그분은 실제로 응답하셨다.

두들겨 맞고서 투옥된 바울과 실라는 한밤중에 하나님을 찬양했다. 이는 단지 경건을 표현한 것만이 아니라 매일의 삶에서 나오는 신앙

고백이요 신앙 행위였다.

## 하나님에 대해 어떻게 생각하는가

우리의 행동은 다음의 간단한 물음에 대한 대답에 근거할 것이다.

- 하나님에 대해 어떻게 생각하는가?
- 하나님을 살아계신 인격으로 여기는가 아니면 선반 위에 있는 물건 정도로 여기는가?
- 매일같이 그분의 말씀을 공부하며 기도로써 그분과 대화하는 시간을 가지려는 갈망이 우리에게 있는가? 때로 우리는 "내 기도하는 그 시간"이라는 오래된 찬송을 부르지만 마치 역병을 피하듯 기도 시간을 피한다.
- 자신에게 솔직한가?
- 마지막으로 홀로 주님과 만난 것이 어제인가, 한 주 전인가, 한 달 전인가, 아니면 일 년 전인가?

우리는 비그리스도인들에게 기독교적 경험의 초자연적 특성을 드러낼 필요가 있다. 그럴 때 그들은 예수 그리스도에 관한 우리의 이야기에 귀기울일 것이며, 그분을 개인적으로 안다는 것이 무엇을 뜻하는지 궁금해 할 것이다.

내 강의를 들은 학생들은 내게 와서 이렇게 묻는다. "어떻게 하죠?

어떻게 해야 선생님이 이야기하신 삶을 살 수 있나요? 저에게도 희망이 있을까요?" 자신을 예수 그리스도께 의탁함으로써 죄사함과 정결함과 하나님의 능력을 받을 수 있다고 그들에게 설명하는 것은 위대한 특권이다.

### 자신에게 솔직하라

여러분은 각기 다른 태도와 다른 반응과 다른 결론으로 본장을 읽었을 것이다. 어떤 이들은 예수 그리스도께 대한 자신의 신앙이 참되다고 확신하되, 그분에 대한 자각이 늘어나면서 그 신앙도 더 깊어지고 성장하길 원한다. 또 어떤 이들은 자신의 신앙이 지금보다 훨씬 더 활기찼던 때를 기억한다.

그런가 하면 자신의 신앙이 단지 예수 그리스도에 관한 사실들에 지적으로 동의하고 그리스도인 동료들과 의견을 같이하는 것일 뿐임을 깨닫기 시작하는 이들도 있다. 여러 가지 신앙 정보들에는 관심을 가지나 예수님에 대해서는 관심을 갖지 않는 이들이 많다. 심지어 참된 신앙이나 예수 그리스도와의 개인적 관계가 가능한지 여부에 대해 의문을 가지기도 한다.

우리의 개인적 상황이 어떠하든, 자신에게 솔직해지며 다른 누군가에게 감명을 주려고 허세를 부리지 말자. 하나님 앞에서 우리는 매일의 삶 속에서 의미를 지니는 참된 신앙을 가지고 있는지 자신에게 물어볼 수 있다.

만일 긍정으로 대답할 확신이 있다면, 우리는 하나님의 선하심과 은혜에 감사해야 하며 구체적 삶 속에서 자신의 믿음을 더욱 깊어지게 해달라고 간구해야 한다.

만일 당신이 긍정적인 대답을 확신할 수 없거나 부정적으로 대답한다면, 간단한 단계를 밟아야 한다. 예수님께 나아가 직접 고하라. 그분을 알기 원하며 믿기 원한다고 말씀드리라. 그리고 지극히 능하신 그분의 손에 당신을 온전히 맡길 준비가 되어 있음을 그분께 고하라.

## 어중간해서는 안 된다

앞에서 언급했듯이, 예수 그리스도를 믿는 신앙에 있어서 어중간해서는 안 된다. 매일 예수 그리스도께 전적으로 의탁하는 것이 그분과의 생동감 넘치는 관계를 위한 필요 조건이다.

우리가 어떤 분야에서, 특히 "사소한" 문제에서라도 그분을 거부하거나 그분의 뜻에 반발하기 시작할 때, 우리의 영적 활력은 시들해진다. 영적 "단락"short circuit은 의사소통에 장애를 유발한다. 우리는 친구들이나 직장 동료들에게 기꺼이 주님을 증거할 거라고 말한다.

그러나 주위 상황을 고려하기 시작한다. 그래서 때로는 "주여, 조Joe를 도와주라는 당부만은 하지 마소서."라고 기도한다. 혹은 "주여, 내가 우리 동료들만을 제외하고 누구에게나 복음을 전하겠나이다."라고 한다.

우리가 하나님보다 더 잘 알고 있다고 생각하기가 얼마나 쉬운가!

혹은 하나님의 뜻 행하기와 우리 자신의 행복 중에 하나를 선택해야 한다고 생각하기가 얼마나 쉬운가! 마치 하나님이 우리를 비참하게 만들길 원하시기라도 하는 듯이!

우리의 천부께서는 우리를 사랑하신다. 예수 그리스도께서 우리를 위해 죽으셨다. 성령의 내주하심은 우리를 향하신 그분의 약속이다. 분명 삼위일체 하나님은 우리를 속이지 않으신다. 유명한 인도의 목사 선다 싱은, "천국의 수도에는 예수 그리스도께서 왕의 보좌에 앉아 계신다."라고 말했다. 우리의 삶 속에서 얻을 수 있는 가장 큰 기쁨은 자신을 예수 그리스도께 그리고 우리를 향하신 그분의 뜻에 온전히 맡기는 데서 비롯된다.

따라서 다른 사람들에게 그분을 증거하는 것은 비길 데 없이 귀한 경험이다. 예수님이 우리 안에서 주님과 구주로서 사시며 또한 우리의 삶을 채우시도록 그분께 거듭 간구하자. 우리는 다른 사람들에게 자신의 신앙을 전할 수 있는 내적 담대함과 활력을 달라고 그분께 간구할 수 있다.

증거에 따른 기쁨과 보상은 너무나 크다. 성경공부 모임에 참석하는 한 실업가가 어느 날 모임 후에 내게 전화했다. 그의 말이 하루 종일 나를 즐겁게 했다. 그는 내게서 받은 소책자를 집에 가서 읽었다고 말했다.

"그 책의 요점은 다섯 가지였어요."라고 그가 말했다. "다섯 번째 요점에 이르렀을 때, 나는 책에서 지시하는 대로 따랐습니다. 예수 그리스도께 기도드렸고, 나의 삶 전체를 맡기길 원한다고 그분께 고했어요. 그것은 정말 위대한 결단이었습니다!"

나도 전적으로 동의했다. 자신을 예수 그리스도께 맡기는 것은 가장 위대한 일이다. 그리고 다른 사람들에게 그분을 증거하는 것도 가장 위대한 일이다.

하지만 기억하라. 효과적으로 증거하기 위해서는 현실적이어야 한다. 오늘날의 세상 사람들을 아는 지식에 있어 그리고 예수 그리스도께 자신을 온전히 맡김에 있어, 우리는 진실해야 한다.

## 스 | 터 | 디 | 가 | 이 | 드

1. 복음을 현실감 있게 전하기 위해서는, 우리가 교류할 사람들을-그들의 세계가 어떠한지 그리고 그들이 중요하게 여기는 것이 무엇인지-이해할 필요가 있다. 오늘날의 성인들의 모습을 나열한 목록을 다시 읽어 보라(p.21-22). 당신이 실제로 알고 있는 비그리스도인들을 더 잘 묘사하려면 이 목록을 어떻게 수정하겠는가?

2. 개선된 새 목록 활용하기
   - 당신이 지닌 특성들 옆에 V 표시를 하라.
   - 당신이 다른 사람들에게서 발견하고서 감탄하는 특성들에 별 표시를 하라.
   - 복음에 대해 개방적일 수 있는 특성들에 동그라미 표시를 하라.
   - 기독교에 귀기울이길 주저할 수 있는 특성들에 밑줄을 그으라.
   - 그리스도께서 도와주시겠다고 특별히 약속하신 특성들 옆에 네모 표시를 하라(생각나는 성경 구절을 메모해 두어도 좋을 것이다).

3. 2번의 다섯 보기들 중에서, 누군가에게 복음을 제시할 때 명심해야 할 것이 무엇이라고 생각하는가? 그 이유는?

4. 당신의 목록에 덧붙이고 싶은 사항들은 무엇인가? 그것이 당신의 복음 전도에 어떤 도움을 줄까?

5. 우리가 어떤 사람에 대해 잘 모르면서도 안다고 생각하기 쉽기 때문에, 폴 리틀은 비그리스도인들의 말을 경청하는 기술을 개발할 것을 제안한다. 이번주에 당신은 어떤 상황에서 비그리스도인들의 이야기를 경청할 수 있겠는가?

6. 저자는 계속해서 비그리스도인들은 사회에 직접 관여하며 견문이 넓은 사람의 견해를 존중한다고 한다. 당신은 얼마나 사회에 관여하며 또한 얼마나 견문이 넓은가?

7. 만일 당신이 이 영역에서 개선될 필요가 있다면, 이번주에 취할 첫 단계는 무엇인가?

8. 우리는 자신이 불완전함을 알고 있지만, 비그리스도인들은 우리에게서 이상적인 그리스도인의 모습을 보기를 기대한다. 하지만 그리스도인임을 자처하는 이들 모두가 바람직한 모습을 보여주는 것은 아니다! 폴 리틀이 묘사하는 세 가지 신앙 유형들을 돌이켜 보라. 주입 신앙, 동조 신앙, 그리고 의탁 신앙…… 당신은 어떤 신앙 유형을 지니고 있다고 생각하는가?

9. 만일 당신이 의탁 신앙을 지니고 있지 않다면, 그것을 지니길 원하는가? 당신은 그리스도께 속하기 위해 평생토록 의식적으로 결단해야 할 수도 있다. 그리스도께 복종하기 힘든 때에도 그렇게 하려고 결단해야 한다. 만일 필요하다면, 당신의 다음 단계를 결정하기 위해 성숙한 그리스도인과 대화를 나누라.

10. 예수 그리스도와의 관계를 돈독히 하기 위해 이번주에 하려는 것이 무엇인가?

## 리 | 더 | 를 | 위 | 한 | 제 | 안

1. 스터디를 시작하기 전에, 두 개의 간략한 뉴스 기사를 고르라. 하나는 지역 사회 봉사 계획에 관한 것이고 또 하나는 최근의 어떤 범죄에 관한 내용이다. 스터디를 시작하면서, 두 기사 내용을 그룹원들에게 읽어주라. 그 기사가 우리 사회에 대해 무엇을 시사한다고 생각하는지를, 그룹원들로 하여금 말하게 하라.

# How to
# Give Away
# Your Faith

chapter **2**

유능한 사신

## 유능한 사신

　최소한 6개월에 한 번씩 복음을 증거해야 한다는 압박감이 마음속에서 끓어 올랐다. 나는 사전 준비도 없이 다짜고짜 누군가에게 돌진하여, 멍한 표정으로 성경 구절들을 들려주곤 했다. 솔직히 나는 아무런 반응도 기대하지 않았다. 상대방이 관심 없다는 뜻을 표하자마자, 나는 안도의 한숨을 쉬며 슬그머니 물러섰다. 그러고서 "무릇 그리스도 예수 안에서 경건하게 살고자 하는 자는 핍박을 받으리라"디모데후서 3:12는 위로의 말씀을 생각했다.

　하지만 그런 식으로 의무를 이행하고 나면, 내면의 압박이 견딜 수 없을 정도에 이를 때까지 또다시 6개월 동안 칩거에 들어갔다. 사람들의 감정을 상하게 한 것은 십자가가 아니라 바로 나였다는 사실을 마침내 깨달았을 때 나는 정말 충격을 받았다. 그들이 나와 복음의 메시지를 거부한 것은 내가 어설프고 무례하며 심지어 어리석게 접근한 탓이었다.

복음 증거가 그런 것일까? 비그리스도인들에게 성경 구절들을 잔뜩 들려주는 것일까? 전혀 그렇지 않다. 복음 증거란 영감 받은 특정한 순간에 무엇인가를 말하는 것 그 이상이다. 그것은 우리의 모든 존재와 행위를 수반한다. 그것은 삶의 방식이며, 예수님이 누구신지를 그리고 왜 그분을 구주로 믿는 것이 세상에서 가장 복된 일인지를 누군가에게 설명하는 "기술"이다.

증거는 영적 건강에 이르는 비결들 중 하나다. 나는 그것을 그리스도인의 삶이라고 하는 콜라 속에 든 거품이라고 부르고 싶다. 왜냐하면 그것은 우리의 신앙에 활기를 불어넣기 때문이다. 다른 사람들에게 예수 그리스도에 관해 말할 때, 우리는 하나님 말씀을 새로운 눈으로 대하며 그 메시지를 전할 수 있는 능력을 다듬게 된다.

우리는 전도 대상자들을 위해 구체적으로 기도하게 된다. 그들의 마음에 구체적으로 개입하셔서 그들을 주님께로, 새 삶으로 이끌어달라고 하나님께 기도한다. 우리는 기대감에 부풀어 하나님의 기도 응답을 지켜본다. 우리는 무관심이나 적대감이 줄어들고 관심이 늘어나는 것을 볼 것이다. 그런가 하면 진리에 반응하는 사람들을 볼 때 성경의 생명력이 더욱 실감나게 느껴질 것이다. 한때 무미건조하고 이질적인 듯했던 구절들이 새로운 의미로 다가온다.

성령께서 다른 사람의 삶을 변화시키는 것을 볼 때, 우리는 초자연적 체험의 최첨단에 있음을 알게 될 것이다. 우리 자신의 삶뿐만 아니라 다른 사람들의 삶을 통해서도 하나님의 역사하심을 엿볼 수 있다. 우리의 신앙은 급상승할 것이다.

　복음 증거는 자신이 다른 사람들에게 베풀 수 있는 가장 큰 은혜가 바로 예수 그리스도를 소개하는 거라는 확신의 표현이다. 우리는 그리스도를 대신하는 "사신"使臣이다. 이것은 증인으로서의 우리를 묘사하기 위해 신약성경에서 사용되는 표현이다. 우리는 하나님의 사신으로 지명받은, 그분의 대변자들이다.

　실제로 하나님은 우리 그리스도인들을 통해 당신의 뜻을 세상에 전하신다고린도후서 5:18-21. 천국의 외교 정책을 전하는 대사가 되었음을 생각해 보라. 그 뜻을 생각하면, 이것은 중대한 역할이다.

　매우 실제적 의미에서 우리는 하나님의 유일한 입이요, 그분의 유일한 발이요, 또한 그분의 유일한 손이다. 사도 바울은 고린도교회 전체를 가리켜 사신이라고 지칭했다. 예수 그리스도에 대한 믿음을 통해 하나님의 가족으로 거듭나자마자, 우리는 그리스도의 메시지를 전할 임무를 자동적으로 맡게 된다.

　계속해서 사도 바울은 그 메시지 내용을 고린도인들에게 전한다. 온 우주의 하나님이 이 세상에 화목을 제의하신다는 것이다. 그는 그것을 세 가지로 묘사한다. 화목하게 하는 직책18절, 화목하게 하는 말씀19절, 그리고 하나님과 더불어 화목하라는 요청20절이 그것이다. 그는 온 세상이 살아계신 하나님께로부터 멀어졌고 그래서 돌이킬 필요가 있다고 지적한다.

　자애로우신 하나님은 팔을 넓게 벌리고서 우리를 기다리며 서 계신다. 외로운 세상에 우리가 전해야 할 메시지는 무엇일까? 우리 앞에 놓인 도전은 무엇일까?

당신을 아는 사람들에게는 당신이 바로 예수 그리스도라는 사실을, 진정으로 생각해 본 적이 있는가? 우리는 예수 그리스도를 대신하는 그분의 도구로서 사람들을 하나님과 더불어 화목하게 하는 일을 한다. 그것은 참으로 흥미진진한 일이다. 우리가 일하러 가거나, 거리를 산책하거나, 룸메이트들과 이야기하거나, 이웃을 방문할 때, 우리와 대면하여 이야기를 나누는 자들은 참으로 귀한 존재들이다. 그리스도께서 그들을 위해 죽으셨기 때문이다.

우리는 하나님의 보좌로부터 뻗어나온 체인의 맨 끝에 위치해 있을 수도 있다. 이 체인은 하나님이 사람들을 믿음으로 이끌기 위해 만드신 것이다. 그들에게 하나님의 화목 메시지를 알려줄 사람은 우리뿐일 수도 있다. 이 사실은 엄숙한 책임감을 느끼게 한다. 그 특권 또한 엄청난 것이다.

## 열정적인 사신

정치에서 유능한 대사가 되기 위한 필수 요건들 중 하나는 대리자로서의 열정이다. 달리 말해서, 그들에게는 높은 동기 부여가 필요하다. 당신이 미국을 대표하여 해외에 파견될 대사들을 고르고 있다고 생각해 보라. 분명 당신은 최상의 적임자들을 고를 것이며, 미국에 대해 절망적으로 비판하는 사람들을 제외시킬 것이다. 후자에 속하는 대사들은 결코 소임을 제대로 감당하지 못할 것이다. 미국의 온갖 문제점들을 직시함에도 불구하고 미국인임을 자랑스러워하며 미국을 대표하는 것을 큰 특권으로 확신하는 자들을 당신은 원할 것이다.

마찬가지로 천국의 외교 정책을 담당할 대사들도 자신이 전하는 메시지가 가장 큰-백만 달러보다 더 나은, 암 치료보다 더 나은, 우리가 생각할 수 있는 그 어떤 것보다 더 나은-선물이라고 믿는 강력한 확신을 필요로 한다. 이같은 열정 없이는 그리스도의 대사 임무를 제대로 감당할 수 없을 것이다.

내가 말하고 있는 것은 우리 존재의 깊은 곳에서 비롯되는 확신에 대해서다. 그것은 우리의 삶에서 예수 그리스도께서 지니시는 의미를 고려할 때 우리가 줄 수 있는 가장 큰 선물이 바로 기독교 메시지라고 하는 분명한 확신이다. 이같은 내적 동기가 대사직을 효과적이고도 유능하게 감당할 수 있게 한다.

다시 강조하거니와, 그리스도를 대신하는 사신으로서의 열정과 동기를 언급할 때, 나는 활기 없고 가식적인 열정에 대해 말하는 것이 아니다. 그것은 억지로 "난 행복해, 행복해, 행복해!"라고 말하는 것이 아니다. 자신의 기분과는 상관없이 가식적인 미소를 짓는 것도 아니다.

## 완벽해야 하는 것은 아니다

우리는 예수 그리스도께 영광 돌리는 삶을 살게 해달라고 늘 기도해야 한다. 우리가 자각하는 삶의 목적, 우리가 붙드는 가치, 그리고 우리의 에너지를 불태우는 것들을 통해 증인의 모습을 적극적으로 드러내야 한다. 삶의 압박 가운데서도 고요한 평안과 만족을 잃지 않는 태도가 하나님의 도우심을 증거할 수 있다.

우리가 그리스도를 대신하기 전에 도덕적으로 완벽해지도록 기다려야 하는 것은 아니다. 그것은 사단이 좋아하는 거짓말이다. 그는 우리가 천사 가브리엘만큼 선해지기 전까지는 예수 그리스도를 증거해서는 안 된다는 점을 우리에게 확신시킴으로써 우리를 잠잠하게 만들려고 한다. 위선자가 되어서는 안 된다는 것이다. 불행하게도, 이 거짓말이 수많은 사람들에게 영향을 미쳐 왔다.

특정한 상황에서 우리 자신이 투쟁하는 모습과 예수 그리스도께서 베푸시는 도움은, 예수님을 만난 적이 없는 자들에게 갈급한 마음을 생기게 할 수 있다. 투쟁은 의도적으로 완고하게 주님께 반역하는 것과는 다르다. 반역은 노골적으로 주께 반항하는 것이다. 이를테면, 주님의 개입을 거부한 채 자신의 길을 갈 거라고 말하는 식이다.

반면에, 투쟁은 누구나 경험하는 시험들에 대항하여 싸우는 데서 비롯된다. 신앙이 더욱 성숙해지고 예수 그리스도를 닮아 가는 과정에서 우리 모두가 겪는 일이다. 이같은 솔직한 모습은 비그리스도인들로 하여금 기독교적 삶의 핵심을 그리고 우리가 사용할 수 있는 초자연적 능력을 볼 수 있도록 도와주기도 한다.

우리가 다른 사람들에게 보여주어야 하는 것은, 예수 그리스도와 더불어 매일 친교를 나누는 모습이다. 우리가 가장 예리하게 느끼는 개인적 연약성과 실패들이 예수 그리스도를 모르는 이들의 눈에는 보이지 않는 경우가 종종 있다. 성령을 통해 예수 그리스도와 매일 친교를 나누는 과정에서 우리의 죄가 드러나고 우리가 진심으로 회개할 때 예수께서 우리를 기꺼이 용서하신다는 메시지를 우리는 전해야 한다. 그럴 때 주 예수께서 당신의 완전한 의를 우리에게 부어주신다. 이를 통해 비그리스도인들은 예수님의 생명이 우리 안에서 반영되는 것을 볼 것이다.

하지만 우리는 자신이 다른 사람들과 다를 수는 있어도 완벽하지는 않음을 결코 잊지 말아야 한다. 만일 자신의 완벽함을 전한다면, 우리는 예수 그리스도의 메시지에 충실하지 못한 것이다.

게다가 "난 완벽하고 당신은 그렇지 않아!"라는 식의 태도는 비그리스도인들에게 외면당하는 지름길이다. 이런 태도는 기독교 메시지에 위배된다. 우리가 증거하는 것은 자신의 완벽함이 아니라 예수님의 완벽하심이다.

D. T. 나일즈는 "기독교는 한 거지가 음식이 있는 곳을 다른 거지들에게 알려주는 것이다."라고 했다. 우리 모두는 예수님이 바라시는 수준의 성숙함에 도달하지 못했다. 우리는 이 점을 솔직히 시인해야 한다. 내 생각에, 우리가 유일하게 침묵해야 할 때는 의도적으로 죄와 불순종에 빠져서 주님과의 교류를 스스로 단절시키는 경우다.

때로는 "그리스도를 대변함에 있어, 내 삶과 말 중에서 무엇이 더 중요할까?"라는 물음이 제기된다. 이 물음은 일관성을 보여야 할 우리의 삶과 말을 대립시킨다. 이는 마치 비행기의 양 날개들 중에서 어느 것이 더 중요한지를 묻는 것과 같다. 분명 둘 다 필수적이다. 마찬가지로 지혜로운 삶과 입술은 그리스도를 효과적으로 증거하는 데 있어 불가분 관계이다.

대개 복음 증거는 예수 그리스도께 의탁하는 삶에서 비롯되며, 우리는 주변 사람들에게 영원한 차원의 무엇인가를 느낄 수 있게 해주어야 한다. "이같이 너희 빛을 사람 앞에 비취게 하여 저희로 너희 착한 행실을 보고 하늘에 계신 너희 아버지께 영광을 돌리게 하라"마태복음 5:16는 말씀이 바로 그런 뜻이다.

내 생각에 "빛"이란 복음이며 또한 그것을 말로 전하는 것이다. "착한 행실"은 그 복음을 개인적으로 확증해주는 것이다. 만일 그들이 침묵한다면, 사람들은 그들을 좋은 사람이라고만 생각하는 데 그칠 것이다.

이는 마치 다른 환자들보다 먼저 치유법을 배운 암 환자의 경우와 같다. 그는 치유된 후에 병실로 돌아가서 제자리에서 풀쩍 풀쩍 뛰고, 재주넘기와 물구나무서기도 한다. 그는 "난 암 치료에 관해 침묵하는 증인이 될 거야."라고 생각한다. 만일 그가 자신의 건강한 모습을 보여주기만 한다면, 다른 환자들은 치유되지 못할 것이다. 그는 어디서 치료법을 얻었는지 그들에게 알려주어야 한다. 성경은 가르치기를, 말로 전하는 메시지와 예수 그리스도를 위한 삶 둘 다가 중요하다고 한다.

## 요새를 건설하는 데 급급해서는 안 된다

대사가 외국에 나가서 자신과 동료 외교관들의 울타리만 쌓을 뿐 주

재국의 시민들을 도무지 만나려 하지 않는다면 정말 한심할 것이다. 마찬가지로, 우리가 자신을 에워싸는 요새를 세우고 신자들만 돕는다는 것은 서글픈 일이다. 물론, 해결책은 밖으로 나가서 사람들을 만나는 것이다.

우리가 메시지를 전할 기회를 얻지 못하는 것은 비그리스도인들과 거의 접촉하지 않기 때문인 경우가 많다. 그리스도인의 모임들에서 증거되는 메시지는 비그리스도인들에게 전해지지 않는다. 그들은 그런 곳에 참석하지 않는다. 복음이 힘을 잃은 것이 아니라, 그리스도인들이 전도 대상자를 잃었다. 만일 우리가 비그리스도인들을 전혀 알지 못한다면, 어떻게 그들을 주께로 안내할 수 있겠는가? 오늘날 복음이 무기력해 보이는 이유들 중 상당한 부분은 바로 이 간단한 사실에서 설명될 수 있다.

우리에게는 두 종류의 자연스런 증거 기회들이 주어져 있다. 첫째는 "단 한 번의" 기회다. 이를테면, 이전에 본 적이 없고 앞으로 다시 볼 것 같지도 않은 사람들을 비행기나 버스나 열차에서 만나서 대화하는 경우다. 비록 짧은 대화를 나누지만, 익명성 때문에 그들은 깊은 속내를 털어놓을 수도 있다. 그들은 우리를 다시 보지 못할 것이고, 우리는 그들의 주변 사람들을 알지 못한다.

진료실이나 헬스클럽이나 상점가에서 누군가를 만날 수도 있다. 우리는 일반적인 경로에서 시작된 대화의 방향을 슬쩍 돌려서 예수 그리스도에 관해 이야기할 수 있다. 한마디로 이것은 수확을 "거두는" 때가 아니라 "씨뿌리는" 때다.

두번째는 반복적으로 만나는 자들과의 접촉이다. 가족, 룸메이트, 직장 동료, 이웃 사람, 또는 동업자와의 만남이다. 이들은 우리의 주요 증거 대상들이지만, 종종 가장 성가신 존재이기도 하다. 우리는 자신이 가장 잘 아는 사람들에게 침묵하는 경우가 많다. 그들의 귀에 이상하게 들릴 수도 있는 말을 하고 싶지 않을 것이다. 그들과 함께 살아가야 하기 때문이다.

게다가 그들은 우리의 약점을 모조리 알고 있다. 어떻게 내가 "영적인" 것을 그들에게 이야기해줄 수 있을까? 반면에, 다시 보지 않을 낯선 사람들에게는 담대해질 수 있다. 하지만 이들 두 종류의 관계 모두에서 우리는 하나님의 사신이며, 그분의 화목 메시지를 선포하도록 지명받았다.

만일 미국 대사들이 대사관 외벽에다 "만일 미국에 관해 알고 싶으면 문을 두드리시오. 우리는 안에서 당신의 질문에 답할 준비를 갖추고 기다리겠습니다."라는 문구만 붙여 둔다면, 이상하게 보일 것이다. 그러나 그런 식으로 하는 교회와 기독교 모임들이 많다. 비그리스도인들이 거의 또는 전혀 참석하지 않은 상태에서 복음 전도 집회를 갖는 경우도 있다.

비그리스도인들 중에는 교회 안으로 과감하게 들어가는 이들도 있지만, 교회 바깥에 있는 이들이 훨씬 더 많다. 대학 캠퍼스 강연을 하면서, 나는 사람들에게로 다가갈 필요성을 절실히 느꼈다. 수백 명의 학생들이 저녁 강연을 듣기 위해 넓은 대학 강당에 모여든다. 정말 대단하다. 하지만 우리는 여학생 클럽과 남학생 사교 클럽과 기숙사 등의 생활 공간들에서도 모임을 가질 필요가 있음을 느꼈다. 우리가 그렇게 했을 때, 추가로 1,300여 명의 비그리스도인들이 복음의 메시지를 들었다. 이들 중에 강당에서 진행된 강의에 참석할 사람들은 거의 없었다. 하지만 그들의 생활 공간에서는 기꺼이 경청했다. 그리고 그들 중 일부는 그리스도인이 되었다.

우리는 여전히 강연을 소중히 여기며, 사람들을 주께로 이끌기 위해 여러 가지 접근법들을 활용할 필요가 있다. 그러나 사람들의 생활 공간 속에 직접 들어가서 그들을 만날 때 종종 우리는 의미심장한 결과를 얻게 된다.

## 모두가 외향적이지는 않다

세상에는 대체로 두 부류의 사람들이 있다. 외향적인 사람과 내성적인 사람이다. 전자는 사람들을 만나고 친구를 사귀는 법을 따로 배울 필요가 없다. 그들은 자연스레 그렇게 한다. 하나님은 사교적 상황을 조성하기 위해 이 은사를 귀하게 사용하실 수 있다. 단체적으로든 개인적으로든, 그들은 새로운 사람들과 쉽게 화합한다.

반면에, 내성적인 사람들은 대인 관계 기술을 개발할 필요가 있다. 하지만 내성적인 사람들이 매력적이지 않다는 것은 아니다. 그들은 특히 다른 내성적인 사람들에게 매력적이다. 그들의 조용한 성품은 종종 다른 조용한 사람들의 접근을 더 쉽게 만든다. 때로는 외향적인 사람들은 너무 강하게 다가간다.

당신은 성격이나 기질 면에서 자신과 비슷한 사람들과 친교 관계를 맺기가 더 쉽다는 것을 발견할 것이다. 외향적인 사람들은 자신과 비슷한 성격을 지닌 이들과 보다 쉽게 사귄다.

보다 지적이거나 철학적인 사람은 그런 유형의 사람들에게서 더 많은 공통점을 발견한다. 다행히도, 하나님은 우리 각자에게 독특한 재능을 주셨다. 하나님은 우리 각자가 당신께로부터 받은 독특한 스타일에 맞게 다가갈 수 있는 사람들을 예비해 두셨다. 그분은 우리 모두가 사신이 되게 하신다.

다른 사람들과 친분을 맺는 데 유용하게 활용할 수 있는 네 가지 지침들은 다음과 같다.

- 시선을 잘 맞추라

당신은 상대방의 눈을 보는가 아니면 사방을 이리저리 살피는 경향이 있는가? 눈은 영혼의 의중을 담고 있다. 싸늘한 눈은 상대방으로부터 멀어지게 한다. 따뜻한 눈은 가까워지게 한다. 당신의 눈길이 따뜻한지 친구에게 물어보라.

- 좋은 경청 기술을 개발하라

다른 사람들의 말에 관심을 집중하는가? 아니면 당신이 다음에 할 말만을 생각하는가? 만일 당신이 주의깊게 경청하면, 상대방이 더욱 가까이 다가올 것이다.

- 격려하는 태도를 보이라

다른 사람의 생각에 대한 당신의 반응은 긍정적이기보다는 부정적이기 쉬운가? 당신은 늘 다른 사람들보다 더 재치있게 또는 더 유식하게 보일 방법을 찾고 있는가? 아니면 당신과 함께 있는 사람들이 따뜻함과 격려를 느끼는가? 부정적이거나 심술궂게 굴지 말라.

- 흥미를 유발하라

많은 그리스도인들이 비그리스도인과 친분을 맺지 못하는 이유는, 30분 정도 상대방과 단 둘이 있어야 하는 상황에서 무슨 말을 해야 할지를 알려고 하지 않기 때문이다. 그들은 삶의 주류로부터 너무 떨어져 있는 까닭에 종교 이외의 일들로는 교류할 줄을 모른다.

어느 유명한 성경 교사가 내게 이르기를, 만일 그가 '키와니스 클럽'(미국과 캐나다 실업인들의 사교 단체)에 간다면 무슨 말을 해야 할지 모를 거라고 했다. 만일 우리가 그런 상태라면, 시사 지식을 쌓음으로써 공통 기반을 다질 수 있을 것이다.

취미를 개발하거나 다른 사람들과 교류할 여러 방법들을 찾는 것도 도움이 된다. 파트너와 함께 조깅하거나, 라켓볼을 치거나, 혹은 천문학이나 컴퓨터에 대한 관심사를 상대방에게 흥미롭게 설명할 수도 있을 것이다.

인간 관계 개발과 유지에 도움이 되는 책들로는, 엠 크리핀의 "친구 사귀기"*Making Friends*, 마틴 볼트와 데이비드 G. 마이어즈의 "인간 관계"*The Human Connection* 그리고 돈 포스테르스키의 "우정"*Friendship*을 들 수 있다. 포스테르스키의 책은 오늘날의 젊은이들에게 많은 통찰력을 제공한다.

## 진정한 외교관

만일 우리가 진지하게 그리스도를 대변하려 한다면, 비그리스도인들의 친구가 되는 법을 깊이 생각해 볼 필요가 있다. 우리가 그리스도인 친구들과만 사귀려는 태도를 바꾸는 데에는 노력이 요구된다. 우리는 그리스도인들이 아니고서는 우리의 환경과 우리가 주로 쓰는 말과 우리의 가치 체계를 이해하기 힘들다며 합리화한다. 그리스도인들과 사귀는 것이 더 쉽다. 위험성도 없다.

하지만 매일 가까이 접하는 사람들에게 더욱 신경쓰게 해달라고 그리고 친구를 필요로 하는 사람이 누군지 알게 해달라고 주께 간구하라. 어쩌면 그는 이웃집이나 기숙사의 옆방에 사는 사람일지도 모른다.

누구부터 시작할지를 구체적으로 정하라. 간접적 접근법에 안주하지 말라(소책자나 책을 보내는 일은 내가 대신해줄 수도 있다). 기숙사의 옆방 사람을 한 시간 동안 방문하거나 집의 뒷뜰 울타리 너머로 한담을 나누거나 혹은 사무실의 누군가에게 점심을 같이 하자고 제의할 수도 있다. 그리고 새 친구를 사귀는 일에는 구체적인 스케이 필요하다.

사람을 사귈 때는 식사 시간이 큰 도움이 된다. 예수께서 다가가길 원하셨던 사람들과 더불어 식사를 자주 하셨다는 것은 흥미로운 사실이다. 삭개오, 레위, 시몬을 비롯하여 많은 사람들과 함께 식사하셨다. 당신은 칼로리 섭취량을 따지는 사람을 만날 수도 있다. 창의적으로 처신하라. 하나님의 통찰력과 축복을 간구하라.

어쩌면 당신이 알고 지내는 비그리스도인들이 많지 않을지도 모른다. 그럴 경우에는 새로운 계획을 세우거나 새로운 곳으로 가볼 수도 있다. 내가 아는 한 사람은 친구를 사귀기 위해 정규적으로 헬스클럽에 간다.

또한 대학 캠퍼스는 갖가지 친교 기회를 제공해준다. 학생들은 합창단이나 스포츠단 또는 학생 신문사와 같은, 자신의 관심과 재능에 걸맞는 여러 가지 교내 단체들에 가입할 수 있다. 캠퍼스 생활에 적극적으로 참여함에 따라, 우리는 자신에 대해 배우며 비그리스도인들과도 자연스럽게 접촉하게 된다.

우리는 캠퍼스 내 외국인 학생들을 잊지 말아야 한다. 그들은 대부분 혼자서 생활한다. 변덕스럽고 즉흥적인 행동 앞에서는 가장 사교적인 사람마저 당황하기 마련이다(한 학생은 내게 이르기를, 미국에서 처음 본 메뉴가 "핫도그"였다고 했다. 그는 "핫"과 "도그"의 뜻을 알고 있었고, 그래서 미국 음식을 먹지 않기로 결심했다). 외국에서 온 친구들은 이 나라에 적응하는 과정에서 교우 관계와 이해를 필요로 한다. 외국인 학생들 중에는 졸업 후에 자기 나라 정부의 지도자가 되는 이들도 있다. 이처럼 유능한 사람들과 친구가 된다는 것은 특권이다.

이웃이 전도 대상에서 제외되는 경우가 종종 있다. 우리는 차고에서

차를 몰고 나오면서, 옆집의 레이스 커튼 너머로 무슨 일이 일어나고 있는지에 대해서는 생각조차 하지 않는다. 그러고서 그리스도인 친구들과 함께 시간을 보내기 위해 도시를 가로지른다. 당신의 가정을, 누군가에게 활력을 제공하는 오아시스로 생각하라. 대부분의 비그리스도인들은 교회에 가는 것보다 우리집을 방문하는 것을 열 배나 더 수월하게 여긴다.

처음 단계에서는 격의 없는 우애를 위한 초청마저 퇴짜맞을 수도 있다. 이전에 나는 우리집 양편에 위치한 이웃들을 위해 계획적으로 기도했다. 하나님이 우리를 거기 살게 하신 것은 우리로 하여금 이들 두 가족과 친해져서 그들에게 사신의 역할을 감당하도록 하시기 위함이라고 우리는 확신했다.

열심이 지나쳤던 것 같을 때도 있었다. 시일이 지나면서 그들과의 우정이 피상적일 뿐임을 보았기 때문이다. 우리는 실패하고 있는 걸까 하고 생각했다. 하지만 그 기간 동안, 우리는 길 모퉁이 근처의 한 가족을 알게 되었다. 아이들을 교대로 학교까지 태워다준 덕분이었다. 그들은 우리의 친한 벗이 되었다.

그 후에 몇 블록 떨어진 곳에 사는 또다른 가족을 만났다. 그들은 하나님에 관해 묻는 아들의 질문에 대답할 수가 없다고 말했다. 기회를 잡은 우리는 함께 성경공부를 하자고 제의했다. 처음에는 우리집에서 시작했고, 나중에는 다른 가정들로 돌아가면서 했다.

그때 이후로 우리는 모퉁이를 돌아갈 필요가—다시 말해서, 하나님의 성령의 이끄심을 받은 누군가를 찾을 필요가—있음을 알았다. 그것은 마치 집안에 누군가 있는지 알아보기 위해 초인종을 누르는 것과 같았다.

때로는 하나님을 간략히 언급하기만 해도 주목할 만한 반응이 나타났다. 아무 반응이 없어도, 우리는 낙심에 빠지는 것이 아니라, 모퉁이 주변에서 누군가를 계속 모색했다. 이는 반응하지 않는 자들과 절교한다는 뜻이 아니라, 아무런 응답도 없는 상태에서 무작정 응답을 기다리지는 않는다는 뜻이다.

집을 개방하여 이웃을 초대하는 방법도 어느 정도 성공적이었다. 우리에게 있어 최상의 시간은 주일 오후 세 시부터 다섯 시까지다. 우리 블록 내의 각 가정에 간단한 초청장을 돌리고, 다과를 넉넉히 대접한다. 대개 제법 많은 사람들이 모였으며, 밤 8-9시까지 이야기를 나눴다. 대화 중에, 우리는 이웃 사람들과 알고 지내길 원한다는 뜻을 모두에게 자연스럽게 피력했다. 그 이후 시간에는 한두 가족과 더불어 더욱 친밀한 교제를 나눴다. 그런 모임이 반복되면서, 우리는 여느 친구들처럼 온갖 일들을 허심탄회하게 의논하곤 했다. 물론 신앙 이야기도 포함되었다.

지금 우리가 사는 집의 한 이웃 가족은 우리와 매우 친해졌다. 그 가정의 안주인이 성경에 관심을 보였고, 우리 교회에서 실시하는 부부를 위한 성경공부에 참석했다. 약 2개월 후 공부가 끝나갈 무렵, 그녀는 자신이 죄사함을 받아야 한다는 뜻을 흥분한 어조로 피력했다. 우리 모두가 함께 기도했고, 성령의 역사하심에 깊은 감명을 받았다. 우리는 주께서 그녀의 삶에 평안을 공급하시는 것을 보았다.

그날 밤에 집으로 돌아가면서, 우리 부부는 서로 별다른 말을 하지 않았다. 다음 주에 아내가 그녀로부터 온 편지를 받았다. 거기에는 다음과 같은 소중한 내용이 들어 있었다. "나를 예수께 소개해주셔서 감사합니다. 나 자신이 누구를 찾고 있는지도 모르고 있었답니다." 이제 그 가족은 변화되었다. 우리가 알기로는, 그녀의 남편은 아직도 방관자적 입장이라고 한다. 하지만 우리는 여전히 친하게 지낸다.

우리는 각자 이렇게 자문해야 한다.

"매일 이름을 대면서 기도해주는 사람들이 있는가? 그들의 눈을 열고, 그들을 깨우치며, 또한 그들의 뜻을 돌이키셔서 예수 그리스도를 주님으로 받아들이게 해달라고 기도하는가? 누군가와 친분 관계를 맺어 그들에게 그리스도의 사랑을 보여줄 기회를 찾고 있는가? 성령께서 기회를 주실 때 그들에게 복음을 전하기 위해 기꺼이 솔선해서 나서는가?"

만일 비그리스도인들과 더불어 활기차게 교류하고 있지 않다면, 우리는 우리와 친해지길 원하며 우리의 기도와 사랑을 받길 원하는, 그리고 마침내 구주께로 인도되길 원하는 사람을 찾게 해달라고 하나님께 간구할 수 있다. "눈을 들어 밭을 보라."라고 예수께서 말씀하신다

요한복음 4:35.

## 스 | 터 | 디 | 가 | 이 | 드

1. 복음 증거의 대상인 누군가의 감정을 상하게 한 적이 있는가? 당신을 달라지게 만든 (자신의 삶이나 본서를 통해 얻은) 통찰력은 무엇인가? 기회가 주어진다면, 당신은 어떻게 관계를 개선시키겠는가?

2. 어떤 상황에서 당신이 "하나님의 유일한 입이요, 그분의 유일한 발이요, 또한 그분의 유일한 손"이라고 느낀 적이 있는가? 있다면, 그게 언제였는가?

3. 우리가 하나님의 유일한 사역자들이라고 믿을 때 우리의 행동에 박차가 가해질 수 있다. 그러나 그런 믿음이 지나치면, 우리는 지친 엘리야처럼 "내가 만군의 하나님 여호와를 위하여 열심이 특심하오니……오직 나만 남았거늘"(열왕기상 19:10)이라고 말할 수도 있다. 갈라디아서 6:2에 비추어, 당신이 동료 그리스도인들에게 짐을 나누어 질 것을 부탁해야 할 때는 언제인가?

4. 폴 리틀은 "천국의 외교 정책을 담당할 대사들도 자신이 전하는 메시지가 가장 큰—백만 달러보다 더 나은, 암 치료보다 더 나은, 우리가 생각할 수 있는 그 어떤 것보다 더 나은—선물이라고 믿는 강력한 확신을 필요로 한다."고 말한다. 만일 당신이 그리스도를 최상의 선물이라고 생각한다면, 그 이유는 무엇인가? 이 같은 관점이 다른 사람들에게 반응하는 방식에 어떤 영향을 미치는가?

5. 만일 당신이 다른 선물들을 더 중요하게 여긴다면, 그 이유는 무엇인가? 당신으로 하여금 그리스도께서 더 낫다는 확신을 갖게 하려면 어떻게 해야 할까?

6. "유능한 증인들"은 비그리스도인들 앞에서 자신의 결함이나 의심을 숨기려 하는가 아니면 약점을 드러내는가? 만일 당신이 아직 그리스도를 찾고 있다면, 당신에게 호소력을 발휘하는 증인은 어떤 부류인가?

7. 다음과 같은 친교 기술들을 당신은 얼마나 중요하게 여기는가? (1) 따뜻한 시선

접촉 (2) 좋은 경청 기술 (3) 다른 사람들을 격려하는 능력 (4) 상대방에게 흥미와 기쁨을 느끼게 함. 이들 네 가지를 놓고서 자신을 솔직히 평가해 보라(다른 누군가에게도 평가를 부탁해 보라). 자신을 개선할 방법이 있는가? 있다면 무엇인가?

8. 당신은 비그리스도인들을 잠재적 친구들로 여기는가 아니면 단지 복음을 전할 대상으로만 여기는가? 당신과 더불어 서로 유익을 나누는 관계를 맺고 있는 비그리스도인들은 몇이나 되는가?

9. 만일 당신이 비그리스도인들을 만나거나 그들을 더 잘 알 필요를 느낀다면, 2-5명 정도의 잠재적 친구들과 함께 할 수 있는 활동들을 몇 가지 정하라. 이번 주에 최소한 1명과 접촉해 보라.

## 리 | 더 | 를 | 위 | 한 | 제 | 안

1. 그룹원들로 하여금 지난주에 공부한 내용을 어떻게 적용했는지 나누게 하라. 개인적 적용의 성공 또는 실패 원인들에 대해 토론할 수도 있다.

2. 상대방의 마음을 상하게 하는 증거 방법과 정중한 증거 방법을 그룹원들끼리 역할을 나누어 연기해 보라.

# How to Give Away Your Faith

chapter 3

증거 방법

## 증거 방법

 만일 우리가 주님에 대해 진정한 열정을 가지고 있고 친구 사귀기를 좋아한다면, 증거 과정에서의 문제들이 모조리 사라질 거라고 순진하게 생각할 수도 있다. 하지만 실제 삶은 그렇지 않음을 보여준다.
 우리는 긍정적인 반응을 기대하면서 증거하려 하지만 완전히 실패하고 마는 경우도 있다. 단단히 결심을 하고서, 처음 만나는 사람에게 메시지를 전한다. 하지만 어색하고 불편한 것으로 외면당한다. 그리고 우리는 마치 얼음 위에 서 있는 코끼리처럼 무덤덤한 반응을 보인다. 우리의 접근법에 대해 무례하다는 느낌을 받은 상대방은 앞으로 우리를 기피하려 할 것이다. 혹은 적어도 종교에 관한 이야기만은 피하려 한다.
 우리 역시 낭패감에 사로잡혀 "그 사람을 다시는 보고 싶지 않아!"

하고 투덜댄다. 그래서 어설픈 증거 사역을 마감하고 뒷전으로 물러설 결심을 한다. "나는 전도지를 봉투에 넣고 우표를 붙일게요. 그리고 포스터를 붙이거나 찬송가를 배포하는 일도 할게요. 하지만 사람들에게 예수 그리스도를 증거하는 일은 다른 누군가가 할 수 있을 겁니다. 브루스처럼 천부적으로 말을 잘하는 사람이 할 거예요."

이 문제를 시정하려면, 그리스도의 화목 제의를 분명하고도 매력적인 방법으로 전할 수 있는 법을 배울 필요가 있다.

## 예수님의 본보기를 따르라

다행히도 하나님의 은혜로 말미암아 본보기가 제시되었다. 우리는 그것을 따르기만 하면 된다. 베드로가 상기시키듯이, 주께서 친히 본을 보여 우리를 이끄신다 베드로전서 2:21. 우리는 증거를 포함한 삶의 모든 측면에서 그분의 "자취"를 따를 수 있다. 더욱이 주님을 대변하는 사명은 성령의 능력으로 행해지는 초자연적 사역이다. 그 일을 우리 혼자 감당하는 것이 아니다.

주님의 생애를 돌아보면, 복음 증거나 사람들과의 친분 맺기와 관련하여 많은 것을 배울 수 있다. 무엇보다도 주님은 당신의 메시지를 듣는 자들에게 지칠 줄 모르는 관심을 보이셨다. 그러나 여기서는 요한복음 4장에 수록된 기사에 초점을 맞추기로 하자. 그 본문에는 사마리아의 수가 성 우물가에서 예수님이 한 여인을 만나시는 장면이 나온다. 이를 통해 우리는 주님을 대변하려 할 때 따라야 할 근본적이고도 실천적인 원칙들을 발견할 수 있다. 나는 우리가 이 원칙들을 적용할 수 있기를 바란다.

### 1. 비그리스도인들과 사회적으로 접촉하라

바리새인들은 예수께서 요한보다 더 많은 제자들을 모아 세례를 주신다고 들었다(실제로 세례를 준 사람은 예수님이 아니라 그분의 제자들이었다). 이 사실을 알게 된 주님은 유대를 떠나 갈릴리로 향하셨다. 이제 사마리아를 통과하셔야 했고, 사마리아의 수가 성에 이르셨다. 야곱이 아들 요셉에게 준 땅과 가까운 곳이었다. 야곱의 우물이 거기 있었고, 여행으로 지친 예수님은 우물가에 앉으셨다. 때는 제 육시 경이었다. 사마리아 여자 하나가 물을 길러 왔을 때였다 요한복음 4:1-7.

첫 번째 원칙은 2장에서 살펴본 내용이다. 우리는 비그리스도인들과 더불어 사회적 접촉을 가져야 한다. 주님은 사마리아의 수가 성에 있는 우물가에 앉으셨다. 거기서 비그리스도인들과 직접 만나실 계획이었다. 그분은 보디가드들에 둘러싸여 있지 않으셨다. 말하자면, 왕래하는 사람들 중에 계셨다.

우물가의 여인이나 다른 사람들의 경우에서, 우리는 예수께서 어떤 사람에게 주도적으로 다가가시는 모습을 본다. 그분은 세관에 앉은 세리를 "보시고" 곧장 그에게로 가서 "나를 좇으라"고 말씀하셨다 누가복음 5:27-28. 스스로 의로운 바리새인들은 그 광경을 보고서 몹시 화를 냈다.

실제로 예수님은 일부러 죄인들과 교류하셨다. 그래서 바리새인들은 "그와 이야기를 나누는-심지어 함께 식사하는-사람들이 어떤 부류인지 보라. 어째서 그는 세리와 죄인들의 친구 노릇을 하는가!"라고 말했다. 하지만 주님은 "건강한 자에게는 의원이 쓸데없고 병든 자에게라야 쓸 데 있나니 내가 의인을 부르러 온 것이 아니요 죄인을 불러 회개시키러 왔노라"누가복음 5:31-32고 말씀하셨다.

도시학자인 레이먼드 배크 박사는, 예수님이 사마리아에 계실 때 당시의 상황에서 매우 주목할 만한 일을 행하셨음을 강조한다. 요한복음 4:39-41에서, 주님은 수가 성 여인을 알고 있던 많은 사마리아인들과 대화하셨으며 그들의 간청에 따라 이틀 동안 함께 지내셨다. 주님은 그 여인의 친지들을 기꺼이 만나셨다. 뿐만 아니라, 그들의 방에서 주무시고, 그들의 음식을 잡수시며, 또한 밤늦도록 함께 대화하셨다. 이는 마치 오늘날의 이스라엘이 PLO Palestine Liberation Organization와 함께 지내는 것과 같았다. 생각하기 힘든 일이었다. 하지만 예수님은 항상 장벽을 깨트리셨다. 전승대로만 따르길 거부하셨다. 주님께는 그들이 중요했다. "예수의 말씀을 인하여 믿는 자가 더욱 많아"41절.

배크 자신이 좋은 실례였다. 배크 부부는 연구 생활을 시작했던 교외부터 시카고 도심의 저소득층 거주 지역으로 이주했다. 거기서 20년 동안 이웃 사람들과 함께 일하고 그들을 사랑하며 지냈다. 나는 시카고의 복잡한 저소득층 거주 지역에 예수께 대한 믿음과 소망의 메시지를 침투시킬 수 있는 유일한 방법이 바로 그것이라고 확신한다.

다른 사람들과 사회적으로 접촉하기 위해서는 우리가 일상 생활에서 벗어나야 하는 경우도 있다. 예수께서 사마리아인들에게 하셨듯이 우리도 때로는 자신의 계획을 변경할 필요가 있다. 장벽을 부숴뜨리기 위해서는 그럴 필요가 있는 것이다. 하지만 예수 그리스도의 사랑을 그리고 상대방을 소중히 여기는 마음을 더욱 잘 표현하려면 어떻게 해야 할까?

### 2. 공통 기반을 마련하라

두 번째 원칙은 첫 번째를 토대로 한다. 우리는 의사소통을 위한 다리로서의 공통 기반을 마련할 시간을 할애해야 한다.

그리스도인들은 많은 시간과 사전 준비를 필요로 하는 일들을 죄다 무시하는 경향이 있다. "비본질적인 것들"을 생략하고서 곧바로 본론에 들어가고 싶어한다. 전주곡은 시간 낭비로 여겨진다. 저들에게 곧바로 메시지를 전하려고 서두른다. 하지만 대부분의 사람들은 듣는 자의 관심 여부를 알아볼 생각도 하지 않고서 자신이 좋아하는 주제를 설명하기에 여념이 없는 자들과의 일방적인 대화를 싫어한다. 그들은 자신이 세심한 배려를 받고 있는지 아니면 하나의 과제물로 간주되고 있는지 의아해 한다.

우리 모두는 자신이 좋아하는 말만을 하길 원하는 자들의 "희생물"이 된 적이 있다. 한 친구가 내 서재로 들어와서 "기독교적인 일"이라는 표시가 붙은 서류철을 보았다. 요즘도 그는 자신의 이름이 적힌 서류철을 내가 가지고 있는가 하고 농담으로 물으며 나를 놀린다. 그럴 때 우리는 함께 웃는다. 하지만 과거에 그는 자신이 마치 처리되어야 할 기독교적 과제라도 된 듯한 느낌을 받았던 것이 분명하다. 성경에서 말하듯이, 우리는 모든 일을 은혜롭게 해나가야 한다.

예수님은 다른 사람들과의 교분 쌓기에 대가이셨다. 만일 그분이 오늘날 이 땅에 계시다면, 권력과 돈에 굶주린 일부 기독교 명사들의 별스러운 모습을 비난하실 것이다. 화려한 행동이 잠시 호기심을 유발할 수는 있지만, 그것은 참된 기독교의 서투른 모방일 뿐이며 기독교 메시지를 진지하게 숙고하지 못하게 만든다. 예수께서는 우리를 별난 존재로 부르신 것이 아니다.

기독교를 그릇되게 묘사하는 것을 보면 우리는 이를 토론의 기회로 삼을 수 있다. 우리는 이처럼 거짓된 묘사를 비난하고 나아가 예수께서 진정 누구시며 또한 무엇 때문에 오셨는지를 설명할 수 있다. 어떤 경우에도, 우리가 예수 그리스도의 어설픈 대변자들에게 속을 수는 없다. 각자 보다 깊이 탐구하여 기독교의 실상을 발견할 수 있도록 명확하게 설명해줄 필요가 있다.

성경 본문을 더 살펴보자.

"사마리아 여자 하나가 물을 길러 왔으매 예수께서 물을 좀 달라 하시니 이는 제자들이 먹을 것을 사러 동네에 들어갔음이러라" 요한복음 4:7-8.

내가 예수 그리스도였다면, 아마 나는 처음부터 그 여인에게 "여자여, 너는 내가 누군지 아느냐?"라고 불쑥 말했을 것이다. 하지만 예수님은 그런 식으로 접근하지 않으셨다. 그분은 요청으로 시작하셨다. 그녀는 주님께 물을 드리려 했는가? 그 여인의 반응에 주목하라.

"당신은 유대인으로서 어찌하여 사마리아 여자 나에게 물을 달라 하나이까 하니 이는 유대인이 사마리아인과 상종치 아니함이러라" 9절.

　전체 그림을 보기 전에는 물을 달라는 주님의 요청이 그다지 극적인 것 같아 보이지 않는다. 예수께서 이 여인에게 말을 건네셨다는 사실 자체가 매우 유별나다. 이 단순한 행동을 통해 그분은 사회적인, 종교적인, 인종적인, 그리고 정치적인 장벽을 허셨다. 남자로서 여자에게 말씀하셨다. 랍비로서 부도덕한 여자에게 말씀하셨다. 유대인으로서 사마리아인에게 말씀하셨다. 이 때문에 그녀는 놀랐다. 그 말씀의 진의를 파악할 수는 없었지만, 그녀는 주님에게서 보다 깊은 차원의 무엇인가를 감지했다. 그분은 차별하지 않으셨다. 그녀를 받아들이셨다. 이것은 복음을 전하는 삶의 전형적인 스타일이었다.
　이 여인에게는 예수님의 단순한 요청이 귀한 인사말이었다. 그것은 공통 기반을 마련해주었다. 마찬가지로, 서로 친숙해지기 위해서는 상호 관계를 중시해야 한다. 때로는 이웃의 도움이나 조언을 구할 때 서로간의 우애가 시작되기도 한다. 가까운 친구 하나가 "늘 도움을 받고 싶지는 않아. 나에게도 너를 도울 기회를 줘."라며 나를 나무랐다. 모든 우애는 서로 주고받는 것이어야 한다. 이것은 심부름을 하거나 마당 공사를 돕거나 아기를 돌봄으로써 사랑을 표현할 기회를 적극적으로 모색하며 또한 상대방에게도 똑같은 기회를 허락하는 것을 뜻할 수도 있다. 우리 사회는 자족을 과대평가한다. 다른 사람들로 하여금 당신을 돕게 하는 것은, 기꺼이 울타리를 낮추고서 자신의 약점을 그들에게 보이려 한다는 것을 나타내는 셈이다. 그러면 그들도 당신에게, 특히 영적 문제와 관련하여 똑같이 할 것이다.

예수님은 물바가지를 손에 들고서 먼저 우물 속의 물에 관해 이야기를 시작하신 후에, 그 여인이 전혀 알지 못했던 영적 실재로 대화의 방향을 돌리셨다.

그분은 이 모든 과정에서 질문을 사용하셨다. 예수님은 효과적 질문 던지기 전문가이셨다. 한 율법사와의 대화에서, 예수님은 "율법에 무엇이라 기록되었으며 네가 어떻게 읽느냐"누가복음 10:26라는 질문으로 시작하셨다. 바리새인들이 납세 문제로 예수님을 곤경에 빠트리려 했을 때, 그분은 동전을 보이시면서 "이 형상과 이 글이 뉘 것이냐"마태복음 22:20 하고 물으셨다. 영생 얻는 법을 알기 원했던 부자 관원에게, 예수님은 "네가 어찌하여 나를 선하다 일컫느냐"누가복음 18:19라고 물으셨다. 그분은 질문으로 사람들의 입을 열게 하셨고, 그들의 대답에 귀기울이셨으며, 그러고 나서 그들에게 당신의 메시지를 천천히 전하셨다.

상대방에 대한 진실한 관심을 표현하는 질문을 사용하는 것이 효과적이다. 만일 상대방에 대해 아는 것이 없다면, 나 자신에 대한 생각을 접고 상대방의 삶 속에서 일어나는 일을 생각하려고 노력하라. 이때에도 질문이 효과적이다. 오래지 않아 그들에 관해 상세히 알게 되고 서로 깊은 대화를 나눌 수 있다. 그들의 내면을 이해하게 된다.

우리의 질문이 진실한 관심에서 나온 것일 때 상대방은 마음 문을 열 것이다. 하나님의 손에 들린 도구로서, 우리는 적극적이며 인내심 있는 자세로 상대방의 관심사부터 대화를 시작할 수 있다. 그런 후에 영적 문제를 함께 논의할 수 있다.

　때로는 공통 기반을 마련하기가 쉽지 않다. 아내와 나는 기독교에 대해, 특히 기독교 사역자들에 대해 부정적인 감정을 강하게 피력했던 한 부부와 친해졌다. 그들을 알아 가면서, 우리는 그들이 우리 마을의 역사와 꽃에 많은 정보를 가지고 있음을 발견했다(그들은 어릴 적부터 그 마을에서 살았다). 나는 원예에 별로 관심이 없었지만, 그들에게서 많은 것을 배웠다. 우리는 그들에게 줄곧 원예와 관련된 질문만 던졌으며, 경청하는 가운데 원예와 우리 마을에 대해서도 많이 배웠다. 점차 우리는 서로에게 관심을 가졌다.

　우리가 여행에서 돌아올 때면, 그들은 "그 대학교 학생들에게 무슨 말씀을 하셨어요? 그들은 진정으로 관심을 기울이던가요?"라고 물으며 인사를 건네곤 했다. 그 말에 대답하는 중에, 나는 각 사람을 위한 예수 그리스도의 배려와 능력에 대해 이야기를 나눌 수 있었다. 그들의 관심이 더해 가는 모습이 감동적이었다.

　빌리 그래함 십자군이 시카고에 왔을 때, 그 이웃들은 우리를 따라 저녁 집회에 가도 되는지를 물었다. 만일 우리가 먼저 그들을 초청했더라면 그들은 거부했을 수도 있다. 우리는 그들의 영적 상태를 충분히 배려하여, 예수 그리스도를 전하기 전에 오랫동안 경청하려고 노력했다. 꽃에 관해 대화했던 시간들이 매우 소중했다. 그 과정에서 서로 간에 신뢰가 쌓였기 때문이다. 그런 신뢰가 없이는 참된 관계가 있을 수 없고 효과적으로 복음을 증거하기도 힘들다.

## 3. 관심을 유발하라

요한복음 4장을 읽으면서, 우리는 "어떻게 예수님이 그 여인의 관심을 집중시켜 대화의 방향을 자신의 메시지로 돌이키셨을까?" 하고 생각하게 된다. 분명 그분은 상황을 주도하셨다. 성경 본문을 살펴보자.

"예수께서 대답하여 가라사대 네가 만일 하나님의 선물과 또 네게 물 좀 달라 하는 이가 누구인 줄 알았더면 네가 그에게 구하였을 것이요 그가 생수를 네게 주었으리라 여자가 가로되 주여 물 길을 그릇도 없고 이 우물은 깊은데 어디서 이 생수를 얻겠삽나이까 우리 조상 야곱이 이 우물을 우리에게 주었고 또 여기서 자기와 자기 아들들과 짐승이 다 먹었으니 당신이 야곱보다 더 크니이까 예수께서 대답하여 가라사대 이 물을 먹는 자마다 다시 목마르려니와 내가 주는 물을 먹는 자는 영원히 목마르지 아니하리니 나의 주는 물은 그 속에서 영생하도록 솟아나는 샘물이 되리라 여자가 가로되 주여 이런 물을 내게 주사 목마르지도 않고 또 여기 물 길러 오지도 않게 하옵소서" 요한복음 4:10-15.

이 여자의 호기심에 불이 지펴져 타오르는 모습은 흥미롭다. 그녀가 주님과 그 진리의 메시지에 적극적 반응을 보이게 된 데에는 주님의 접근 방식이 크게 작용했다.

주님의 본보기를 따름으로써, 우리는 서로 공감하는 작은 일들에서부터 영적인 일들로 대화의 방향을 돌릴 수 있다. 한 이웃 사람이 내 조카와 그의 아내에게 "나는 당신의 가족과 어린 세 딸들을 보아 왔습니다. 댁의 분위기가 참 좋은 것같아요."라고 말했다. 조카 부부는 이를 기회로 삼아, 가정 생활을 위한 성경의 지침들을 몇 가지 알려주었다. 사소하게 보이는 일들을 통해 복음 증거의 문이 열릴 수 있다.

상대방에게 불쾌감을 주지 않고 효과적으로 주님을 증거하는 법을 알아보자. 먼저 우리는 대화의 방향을 잡기 위해 몇 마디를 던져봄으로써 어떤 응답이 있는지를 살필 수 있다. 사마리아 여인으로 하여금 질문을 던지게 만드셨던 예수님이 바로 그렇게 하셨다. 그분은 갈증을 언급하셨고 그 여인은 곧바로 응답했다.

일단 비그리스도인이 우리에게 어떤 반응을 보이면, 거기서 우리가 실마리를 찾는다. 나중에 다음과 같은 말로 대화를 시작할 수 있다. "나는 어제 나눈 대화를 계속 생각했어요.", "내가 어떤 글을 읽다 보니 어제 하신 당신의 말이 생각났답니다.", "어제 무슨 생각으로 그렇게 말씀하셨어요?" 이런 주제를 다시 끄집어내는 데에는 별 어려움이 없을 것이다. 반면에, 만일 우리가 상대방의 거부감을 억지로 저지하려 한다면, 유익보다는 해를 초래할 가능성이 많다. 부드럽게 대화를 이끄셨던 예수님의 방식을 기억하라.

우리는 다른 사람들로 하여금 영적 관심을 갖게 하고 싶어도 그럴 수가 없다. 오직 성령만이 그 일을 하실 수 있다. 그러나 우리는 그들의 영적 관심을 일깨우기 위한 성령의 도구로 사용될 수는 있다. 우리는 영적 실재에 관심을 갖는 사람들이 있음을 발견할 것이다. 관심이 없는 자들에게 강요할 필요는 없다. 아무런 응답이 없을 때에는 영적 주제를 끄집어내지 않아도 되며, 아무런 부담감도 갖지 않아도 된다.

거부감을 나타내는 상대방과의 긴장된 대화에서 벗어난 후에, 우리는 그 주제를 나중에 다시 꺼낼 수 있다. 주의 인도하심을 확신하는 가운데, 영적인 일들을 자연스럽게 소개할 수 있을 것이다. 복음을 증거할 때 우리는 지난 밤의 축구 게임이나 물리학 숙제 또는 다음번 휴가 계획 등을 이야기할 때와 같은 음조와 태도로 해야 한다.

개인 전도를 위한 하나님의 도구로 쓰임 받는 사람들은 관심을 갖는 이들을 만날 것을 기대한다. 어떤 단체나 개인을 만날 때, 그들은 "주님, 주께서 이 사람 속에서 역사하고 계십니까?" 하고 속으로 물어본다. 그런 후에, 성령이 주시는 기회에 따라 그들은 생수에 대해 증거한다.

## 4. 본론으로 들어가라

문제는, 어떻게 본론으로 들어가는가이다. 예수님은 사마리아 여인의 질문을 유도하는 비밀스런 언급을 통해 그렇게 하셨다. 예수님은 그녀에게 꼭 필요한 것을 언급하셨고, 그 언급 속에는 그녀의 필요를 채우실 수 있는 능력과 또 기꺼이 그렇게 하시려는 마음이 담겨 있었다.

"예수께서 대답하여 가라사대 네가 만일 하나님의 선물과 또 네게 물 좀 달라 하는 이가 누구인 줄 알았더면 네가 그에게 구하였을 것이요 그가 생수를 네게 주었으리라 여자가 가로되 주여 물 길을 그릇도 없고 이 우물은 깊은데 어디서 이 생수를 얻겠삽나이까……당신이 야곱보다 더 크니이까" 요한복음 4:10-12.

우리는 어떤 주제 제시나 질문을 통해 복음 증거를 시작할 수 있다. 예수님은 "하나님의 선물"을 언급함으로써 말씀을 시작하셨다. 또한 그분은 여자의 반응을 예상하셨다. 그녀의 질문을 하나도 흘려 듣지 않으셨다.

주어진 기회를 충분히 활용하기 위해, 상대방의 반응을 미리 생각해 볼 필요가 있다. 전개될 상황을 미리 예상하는 가운데, 본론에 들어가는 법과 예상된 반응들에 대처할 방법을 생각해 보자.

많은 그리스도인들은 막연히 "종교적인 대화"를 나눈 후에, 상대방의 내면에 잠재된 영적 관심을 이끌어내기 위해 다음 세 가지 질문들을 해왔다.

- "영적인 일들에 관심이 있나요?"

어떤 이들은 그렇다고 대답할 것이다. 하지만 관심이 없다고 대답해도, 우리는 계속 해 나갈 수 있다.

- "당신이 생각하는 진정한 그리스도인이란 어떤 사람인가요?

다른 사람의 의견을 기꺼이 들으려는 태도가 그들을 기쁘게 한다. 그들의 응답을 통해 우리는 비그리스도인인 그들의 생각을 더 정확히—그리고 더 충격적으로—이해하게 될 것이다. 게다가, 우리가 그들의 말을 경청했으므로, 그들도 우리 말에 귀기울일 준비를 할 것이다.

한편 이 물음에 대한 대답은 대개 어떤 외적 행동을 가리키는 식이다. 이를테면, 교회에 나가거나, 성경을 읽거나, 기도하거나, 십일조를 드리거나, 혹은 세례를 받는다는 식의 대답이다.

그런 대답을 들은 후에, 우리는 참된 그리스도인이란 대개 "그렇게 한다."며 동의하지만 그렇게 한다고 해서 모두 참된 그리스도인은 아님을 지적해야 한다. 진정한 그리스도인은 예수 그리스도를 살아계신 인격체로 대한다. 그러기에 위에 언급된 일들을 자연히 하고 싶어할 것이다. 만일 비그리스도인이 우리의 설명에 계속 관심을 보이면, 우리는 한 단계 더 나아갈 수 있다.

- "당신은 지금 참된 그리스도인이 되고 싶나요?"

오늘날 수많은 사람들이 영적 안개 속에서 방황하며, 자신을 영적 확신 가운데로 이끌어줄 누군가를 갈망하고 있다. 대화 과정에서, 교회에 출석했던 경험이나 어릴 적부터 교회에서 성장한 사실에 대한 이야기가 나오는 것이 보통이다. 이를 기회로 삼아 이렇게 말할 수 있다. "아마 댁의 교회에서도 우리 교회에서와 똑같은 상황일 거예요. 어떤 사람은 예수 그리스도를 개인적으로 알지만, 그렇지 않은 사람도 있죠. 어떤 교파에서든 교회의 구성원이 되었다고 해서 진정 하나님을 알고 있다는 보장을 받는 것은 아니예요." 이것은 신앙적 배경이나 신앙적 태도와 예수 그리스도를 개인적으로 아는 것 간의 차이점을 논의할 기회를 제공해준다.

만일 우리가 주의 깊은 사람이라면, 주도적인 대화를 이끌 수 있는 다른 기회들을 많이 포착할 수 있을 것이다. 하지만 우리는 한 시간이 지난 후에야 비로소 적절한 설명을 생각해내는 경우가 많다. 그러므로 일상의 대화 중에 주님을 증거하는 이야기를 쉽게 꺼낼 수 있도록 미리 준비해 두자.

본론에 들어가기 위한 또다른 방법은, 우리의 영적 경험을 나눌 기회에 민감해지는 것이다. 사람들과 가까워짐에 따라, 그들은 자신의 염려, 갈망, 열망, 낙심, 공허감 따위를 우리에게 털어놓기 시작할 것이다. 그럴 때 우리는 (만일 자신도 유사한 경험을 한 적이 있다면) 조용히 "내 인생관이 완전히 변하기 전에는 나도 그런 느낌에 사로잡히곤 했어요. 제 이야기를 한번 들어 보실래요?"라고 말할 수 있다. 우리의 경험을 상대방에게 강요하기보다는 비밀스런 이야기를 하거나 의견을 제시함으로써, 그들로 하여금 청하지도 않은 물건을 문 앞에다 풀어놓고 있다는 느낌을 갖지 않게 해야 한다. 만일 그들이 우리의 경험을 듣고 싶어한다면, 우리는 그리스도의 실재를 강조하면서 간략히 이야기해야 하며, 별로 상관도 없는 잡다하고 지겨운 이야기들을 하지 않도록 주의해야 한다. 현재 우리에게 그리스도께서 어떤 의미를 지니시는지를 간략히 말해야 한다.

비그리스도인 친구들에게서 들은 이야기가 우리의 경험과 유사하지 않을 경우에는 뭐라고 말해야 할까? 우리는 매일의 삶 속에서 그리스도를 경험한다. 따라서 "내 인생관을 바꿔준 경험이 없었더라면 나도 그렇게 느꼈을 겁니다. 그 경험에 관한 이야기를 들어보시겠어요?"라고 말할 수 있다.

기독교 가정과 교회에서 자란 사람들은 그리스도인이 될 때 극적인 변화를 경험한 적이 없어서 열등감을 느끼는 경우가 종종 있다. 우리는 "나는 한때 마약 중독자였지만, 그리스도께서 나를 위해 하신 일을 깨달았어요!"라고 말할 수가 없다. 만일 우리가 어릴 적에 그리스도 안에서 새 생명을 얻었다면, 삶에서 큰 변화를 보지 못했을 것이다.

하지만 우리는 마치 자신의 경험이 극적인 경험보다 참되지 않은 것처럼 열등감을 느낄 필요가 없다. 바울의 회심이 참으로 극적이었지만, 우리는 디모데의 회심도 진실했음을 늘 기억해야 한다. 어릴 적부터 그는 외조모 로이스와 모친 유니게로부터 하나님 말씀을 들었다디모데후서 1:5. 문제는 예수 그리스도께서 오늘날의 우리에게도 여전히 역동적으로 역사하는 주님이신가 하는 것이다.

사람들마다 유달리 신앙에 이끌리는 때를 경험한다. 우리는 이를 복음 증거를 위한 좋은 기회로 활용할 수 있다. 학생들의 경우 진학 실패 또는 이성 교제나 직업 선택과 관련한 실망이 그런 기회를 제공한다. 젊은 부부의 경우에는, 첫 아이의 출생이 그들의 생각을 신앙적인 방향으로 돌이키게 할 수 있다. 십대 자녀의 문제가 그 부모로 하여금 절망감을 느끼게 할 수도 있다. 신체적 문제나 정서적 혼란 또는 재정적 실패가 심한 두려움을 야기하기도 한다. 이혼으로 인한 외상은 특히 심각하다. 우리는 하나님의 도우심을 상기시키기 위해 이같은 상황들을 이용할 수 있다. 전에 이웃 사람이 내게 전화해서 심장 마비에 걸린 남편에 관해 이야기했을 때, 나는 전화상으로 그녀와 함께 기도했다. 내 아내가 그 가족에게 저녁 식사를 제공했다. 그 이후에 나는 그녀에게 책을 한 권 선물했다.

새 집을 지어야 하는지 아니면 그대로 살아야 하는지 알고 싶어서 우리집에 전화했던 여성도 있다. 아내는 매우 힘든 시기에 예수 그리스도께서 자신에게 평안과 지혜를 주셨다고 그녀에게 말했다. 그 여성은 "내가 원하는 것이 바로 그겁니다. 바로 그거예요."라고 말했다. 성령께서 개입하셨던 것이 분명했다. 다음날 아내와 나는 우리집 거실에 앉아서 그녀에게 성경 말씀을 읽어주고 함께 이야기를 나눴다. 그녀는 자신의 삶을 예수 그리스도께 맡길 수 있도록 도와달라고 간절히 부탁했다. 모두가 그녀처럼 열정적이거나 준비를 갖추고 있는 것은 아니다. 그녀는 감동했으며, 삶의 모든 선택을 인도하실 주님께 자신을 맡겼다. "사람이(예수께서) 친구를 위하여 자기 목숨을 버리면 이에서 더 큰 사랑이 없나니"요한복음 15:13라는 말씀을 그녀에게 읽어주면서 느꼈던 기쁨을 나는 지금도 잊지 못한다.

또한 우리는 교회나 신앙 활동과 관련된 질문에 대해 대화를 나눌 수 있다. 이같은 질문을 적절히 활용하면, 복음에 대한 관심을 불러 일으킬 수 있다. 여행 중에 종종 듣는 질문은 "당신은 어떤 종류의 사역을 합니까?"이다. 나는 "IVF에서 일합니다."라고 사무적으로 대답하곤 했다. 이 대답은 대화를 더 이상 진전시키지 않았다.

누군가 내게 제안하기를, 구체적 활동이나 역할을 설명하는 대답이 단순한 직함을 이야기할 때보다 상대방에게 더 많은 것을 알게 해줄 거라고 했다. 그래서 이제는 내가 하는 일을 이렇게 설명한다. "나는 예수 그리스도께서 매일의 삶에 어떻게 역사하시는지를 학생들에게 이야기해줍니다." 그러면 대개 "참 재미있네요."라는 반응이 뒤따른다. "재미있고 말고요. 며칠 전에는 ……라고 말하는 학생과 이야기를 나눴어요." 하며, 실제 대화 내용의 골자를 간략하게 들려준다. 그러고서 "당신은 영적인 일에 관심이 있나요?"라고 묻는다. 거기서 대화가 급속도로 진행된다.

그날의 주요 뉴스나 최근의 세계적 위기 또는 다른 사건들에 관한 대화에서는 "세상 돌아가는 일에 대해 어떻게 생각하나요?"가 적절한 질문일 것이다. 인류의 문제점들을 야기시킨 외적 원인들에 관한 설명을 들은 후에, 우리는 "이 점에 관해 예수 그리스도께서 하신 말씀이 내게 큰 도움이 되었답니다."라고 말할 수 있다. 상대방이 여전히 관심을 기울이면, 나는 하나님을 떠난 인간의 본성을 진단하신 예수님의 말씀<sub>마가복음 7:21-23</sub>을 언급한다. 사람들 자신의 내적 성향이 근본 문제다. G. K. 체스터톤이 적절히 표현했듯이 "세상에 무슨 문제가 있는가? 내가 세상에 대해 문제가 있다." "내 문제"에 대한 유일한 해결책은, 우리에게 새 생명과 삶의 새로운 목적을 주기로 약속하신 예수 그리스도 안에 있다.

우리를 화나게 하는 일들의 해결책을 제시하는 책들도 영적 문제에 관한 대화를 유발할 수 있다. 우리 이웃집에는 각각 세 살, 네 살, 다섯 살 난 다루기 힘든 세 아이들이 있었다. 그들 부부는 늘상 자녀 양육의 어려움에 대해 이야기했다. 어느 날 나는 기독교적 관점에서 쓴 자녀 양육에 관한 책을 두 권 빌려주었다. 그후에는 그들과 함께 예수 그리스도에 관해 대화하는 데 아무런 문제도 없었다.

또한 우리는 우리 거실에 있는 책들을 읽은 친구들과 흥미로운 대화를 시작하기도 한다. 거실에는 여러 종류의 비종교적 책들과 특별히 마련한 기독교 서적들이 몇 권 있다. 우리는 사람들에게 그것들을 빌려준다. 그러면서 "이 책을 읽고 느낀 점을 좀 이야기해주세요."라고 말한다.

여행길에 오를 때 나는 대개 소책자 두 권을 챙긴다. 마이클 캐시디의 "열린 마음을 가진 사람들을 위한 기독교" *Christianity for the Open-Minded*와 존 R. W. 스토트의 "그리스도인이 됨" *Becoming a Christian*이다. 대화를 나눈 후에, 나는 이들 중 한 권을 내밀면서 "이 작은 책이 내게 많은 도움을 주었어요. 한번 읽어 보실래요?"라고 말한다. 다시 만날 기회를 기약할 수 없는 사람과 대화를 나눈다면, 상대방은 그 책 속에서 적어도 무엇인가 숙고해 볼 사항을 찾을 것이다.

때로 가정이나 교회에서 열리는 소그룹 성경공부 모임에 사람들을 초청할 수도 있다. 그 모임의 분위기가 차분할 경우, 하나님에 관해 생각하는 사람들 또는 외로워서 무슨 종류든 친밀한 모임을 반기는 사람들은 좋은 반응을 보인다. 이같은 모임은 예수 그리스도를 분명하게 증거할 수 있는 탁월한 도구다.

그러한 모임의 효과를 높이려면 두 가지에 유의해야 한다.

첫째는 새로 온 사람들로 하여금 과녁이 된 느낌이나 아무것도 모르는 어린 아이로 취급당하는 느낌을 받지 않게 하는 분위기다. 토론을 위한 모임일 때는 특히 이 점이 중요하다. 이 경우에 사람들은 자신의 의문점과 물음을 자유롭게 표현할 수 있다.

둘째는 공부할 주제를 놓고서 명확한 계획을 세우는 것이다. 구체적인 시간표를 작성하는 일도 포함된다. 초심자들에게는, 6주 공부가 매력적일 수 있다. 혹은 16주 동안 마가복음을 공부하는 것도 좋은 방법이다. 그런 공부를 통해, 나는 불가지론자들이 예수님의 말씀을 확신 있게 받아들이는 모습을 종종 보아 왔다. 이어지는 다과 시간에 그들의 변화에 대해 논의할 수 있었다.

음악 연주회나 기독교 영화를 함께 감상하는 것도 소속감을 갖게 하는 데 도움이 된다. 유행에 뒤처지지 않은 활기찬 그룹원들은 가장 냉담한 심령들의 마음도 열 수 있다. 나아가 가능하다면, 우리는 자신을 주께 맡기려고 결심한 이들이 마침내 다른 신자들과 합류하길 기대한다. 우리는 그들의 결단만을 바라는 것이 아니라, 그들이 전심으로 예수 그리스도를 따르며 성숙한 그리스도인으로 성장해 가길 기도한다.

이같은 상황에서는, 할 말을 미리 생각해 두는 것이 좋다. 자신이 긴장하면 상대방도 긴장한다. 반면에 자신이 편안하면 상대방도 편안해진다. 자신의 신앙을 변증하는 태도는 쉽게 간파된다. 상대방이 관심을 갖지 않는 듯할 때, 우리는 시작하기도 전에 포기하는 경향이 있다. 반면에 상대방이 관심을 갖는 듯하면 우리는 적극적인 반응을 보이기 쉽다. 우리가 확신 가운데 거할 때, 성령께서 관심 있는 사람들에게로 우리를 이끄실 것이다. 비그리스도인과의 만남에서 한번 성공을 거두면, 다음번 만남에 대해 더 큰 확신을 갖게 될 것이다.

### 5. 너무 멀리 나아가지 말라

주님의 이어지는 말씀은 다섯 번째와 여섯 번째의 원칙들을 제시한다. 사람들에게 메시지를 전할 때에는 그들의 준비된 상황에 맞추어 전하고, 그들을 정죄하지 말라.

> "예수께서 대답하여 가라사대 이 물을 먹는 자마다 다시 목마르려니와 내가 주는 물을 먹는 자는 영원히 목마르지 아니하리니 나의 주는 물은 그 속에서 영생하도록 솟아나는 샘물이 되리라 여자가 가로되 주여 이런 물을 내게 주사 목마르지도 않고 또 여기 물 길러 오지도 않게 하옵소서 가라사대 가서 네 남편을 불러오라 여자가 대답하여 가로되 나는 남편이 없나이다 예수께서 가라사대 네가 남편이 없다 하는 말이 옳도다 네가 남편 다섯이 있었으나 지금 있는 자는 네 남편이 아니니 네 말이 참되도다 여자가 가로되 주여 내가 보니 선지자로소이다" 요한복음 4:13-19.

여자가 관심과 호기심을 분명히 보였음에도 불구하고, 예수님은 모든 이야기를 한꺼번에 하지 않으셨다. 점차 그녀의 마음이 더 준비됨에 따라, 주님은 자신에 관해 더 많은 것을 계시하셨다. 그녀의 호기심이 절정에 달했을 때, 마침내 그분은 자신이 바로 오래도록 고대되어 온 메시야임을 밝히셨다 26절.

비그리스도인들에게서 희미한 관심의 빛을 간파하는 순간에, 분위기가 무르익길 기다리지 않고 곧장 달려들려는 그리스도인들이 많다. 다시는 기회를 얻지 못할 거라고 생각하기 때문이다. 그러나 성령의 능력과 임재에 의존함으로써, 우리는 마음의 안정을 얻을 수 있다. 이제 막 관심을 보이기 시작하는 비그리스도인들은 부드럽게 대할 필요가 있다. 횃대에 앉은 새에게 갑자기 다가가면 새가 깜짝 놀라 달아나듯이, 비그리스도인들도 섣불리 다가서는 자들을 기피할 것이다. 반면에 우리가 격식을 차리지 않고 편안하게 대하면, 상대방이 오히려 적극적으로 나올 수도 있다.

또한 기독교 신앙을 설명하려면, 서로 공감할 수 있는 기본 사항들을 찾아내어 거기서 시작하는 것이 좋다. 그들은 진정 하나님을 믿는가? 그들은 하나님을 어떤 분으로 생각하는가? 그들은 예수님을 누구라고 생각하는가? 그들이 좋아하는 성경 구절이 있는가? 그들이 전적으로 무지하다고 생각하지 말라. 공감할 수 있는 기반을 찾으라. 가능한 한 그 부분을 강조하라. 초창기에 나는 상대방의 생각을 바로잡는 일부터 시작하려 했다. 그들의 신학을 교정하려 했던 것이다. "이봐요, 만인구원설의 오류에 대해 말해 볼게요!" 아는 체하는 사람에게는 아무도 귀를 기울이지 않는다.

우리가 만나는 사람들은 대체로 두 부류로 나뉜다. 첫째 부류는 예수 그리스도에 관해 잘 모르며 그리스도인이 되고 싶어도 그 방법을 모르는 자들이다. 둘째 부류는 필요한 지식을 이미 지니고 있고 단지 그 지식에 대해 반응하기만 하면 되는 자들이다. 이 후자의 부류에게는, 만날 때마다 복음을 설명하는 것이 별로 도움이 되지 않는다. 복음을 충분히 이해하고 있는 것으로 판단되는 사람들에 대해서는, 그들이 먼저 대화의 주제를 꺼내기까지 기다리는 것이 좋다. 그렇다고 해서 그들을 멀리해서는 안 되고, 사랑해야 하며 그들이 하나님 나라에 들어올 수 있도록 기도해야 한다.

내가 아는 젊은 친구는 얼마간 우리와 함께 성경공부에 참석했었고 기독교 서적도 몇 권 읽었다. 그는 기독교 메시지의 핵심을 파악했다. 어느 날 밤 우리는 함께 기독교 영화 한 편을 보았고, 영화가 끝난 후 커피를 마시러 갔다. 성령께서 그의 마음을 감동시키셨던 것이 분명했지만, 오래된 저항의 벽이 그의 마음속에 여전히 자리잡고 있음을 나는 느낄 수 있었다. 나는 예수 그리스도에 관한 주제를 그가 먼저 꺼내지 않는 한 그런 이야기를 하지 않기로 결심했다. 그가 약간 흥분된 목소리로 "나는 그리스도인이 되지 않을 겁니다." 하고 말했다. 내가 생각할 수 있는 유일한 반응은 "그건 자네가 선택할 일이지."라는 말이었다. 그는 필요한 모든 정보를 이미 지니고 있었다. 이제 선택은 그의 몫이었다. 내가 어떤 결심을 계속 강요해 본들 아무 소용이 없을 것임을 확연히 느낄 수 있었다.

영적 진리를 이해한다는 것은 결코 쉬운 일이 아님을 기억하자. 하나님께서 사람이 되셨다고 하는 개념을 이해하기만 해도 우리 마음과 생각에 큰 변화가 일어난다. 친구들의 마음과 생각 속에 신령한 진리가 깊이 자리잡게 하라. 그렇게 되기까지 많은 시간이 걸릴 수도 있다. 우리 교회의 한 여성은 비교적 최근에 그리스도인이 되었지만 급성장을 하여 성경공부반에서 교사로 봉사하고 있다. 그녀는 종종 이르기를, 자신이 얼마나 큰 죄인인지를 진정으로 깨달은 것은 회심한 지 6개월이 지나서였다고 한다. 천천히 진행하라. 그리고 성령의 인도하심에 맡기라.

### 6. 정죄하지 말라

여섯 번째 원칙에서 우리는 예수 그리스도께서 그 여인을 정죄하지 않으셨음을 본다. 남편에 대한 주님의 질문에 그녀가 답했을 때, 그녀의 죄 자체가 그녀를 정죄했다. 주님은 그녀의 남편들에 대한 물음을 간과하지 않으셨지만, 손가락질을 하거나 정죄하는 식으로 머리를 흔들지도 않으셨다. 간음 현장에서 붙들린 여자에 대해서도, 예수님은 "나도 너를 정죄하지 아니하노니 가서 다시는 죄를 범치 말라"요한복음 8:11고 말씀하셨다. 우리들 대부분은 이같은 상황에서 곧바로 정죄할 것이다. 이는 그런 행동을 정죄하지 않으면 그것을 묵인하는 거라고 생각하기 때문일 것이다. 하지만 주님은 그렇게 하지 않으셨다.

그리스도인들은 인생을 하나님께로부터 분리시키는 자아파괴적 죄의 실체에 대해 태연할 수가 없다. 이 죄 때문에 예수 그리스도께서 세상에 오셔서 생명을 내어놓으셨다. 이 죄에 대해 우리는 고통과 슬픔을 표해야 한다. 파괴적인 죄와 마주칠 때 우리는 기뻐할 수 없다. 더러운 죄에 반감을 느끼면서도 상대방을 사랑하길 원할 때 우리에게는 갈등이 생긴다.

고통과 따뜻한 마음은 동시에 표현될 수 있다. 그러나 냉혹함과 따뜻함은 동시에 표현될 수 없다. 거룩하신 하나님의 아들이 흉악한 죄를 범한 여자 앞에 서서 사랑과 용서를 표현하시는 모습에, 나는 놀라움을 금치 못한다. "나는 너를 정죄하지 않는다. 용서가 있다. 더 나은 길이 있다!" 우리가 죄로부터 돌이켜 용서받을 때 기쁨과 용기를 얻는다.

비록 우리가 이 여자들처럼 두드러지는 죄를 범하지는 않았다고 해도, 우리 역시 용서받아야 할 존재들이다. 우리는 자신이 선하고 도덕적이며 그래서 모든 사람들이 자신처럼 선해지길 원한다는 메시지를 전해서는 안 된다. 자신을 주님의 도우심과 용서를 필요로 하는 동일한 위치에 두지 않고서는 다른 사람의 죄를 결코 논의할 수 없다. 다른 사람의 죄악에 대해서는 노골적으로 반감을 표하면서 자신의 덜 흉악해 보이는 죄악을 간과할 수는 없는 것이다. 심지어 사도 바울도 자신이 죄인 중의 괴수라고 고백했다.

"식초보다는 꿀로 더 많은 파리를 잡을 수 있다."는 말은 인간관계에 적용될 수 있다. 우리는 사람들을 정죄하지 말아야 할 뿐만 아니라 적절하게 칭찬하는 법을 배울 필요가 있다. 많은 사람들은 진실한 칭찬에 깊은 감명을 받는다. 때로는 칭찬보다 비판이 훨씬 더 자연스러울 수도 있지만, 사람들로 하여금 복음에 마음 문을 더 활짝 열 수 있게 하는 것은 칭찬이다.

"사람을 생기 있게 만드는 방법"*Taking Men Alive*이라는 책에서, 찰스 트럼벌은 누구든 칭찬받을 만한 점이 한 가지 이상 있다고 주장한다. 자신의 주장을 입증하기 위해 그는 열차에서 겪었던 일을 소개한다.

술취한 남자 하나가 비틀거리며 차에 탔다. 트럼벌의 옆 좌석에 털썩 앉은 그는 트럼벌에게 술병을 내밀며 한 모금 하라고 했다. 순간 트럼벌은 반감이 치밀어올랐다. 하지만 그런 내색을 하지 않고서 "고맙지만 사양할게요. 당신은 참 친절하시네요."라고 대답했다. 몹시 술에 취했음에도 불구하고 남자의 눈에 빛이 났고, 두 사람은 대화를 시작했다. 바로 그날 남자는 그리스도의 복음을 들었다. 그는 깊은 감명을 받았으며, 후에 주님께로 돌이켰다.

## 7. 주요 논점에 충실하라

주님과 사마리아 여인간의 대화가 막바지에 이름에 따라, 우리는 복음 증거를 위한 대화에 적용할 수 있는 두 가지 최종적 원칙들을 발견할 수 있다.

"우리 조상들은 이 산에서 예배하였는데 당신들의 말은 예배할 곳이 예루살렘에 있다 하더이다 예수께서 가라사대 여자여 내 말을 믿으라 이 산에서도 말고 예루살렘에서도 말고 너희가 아버지께 예배할 때가 이르리라 너희는 알지 못하는 것을 예배하고 우리는 아는 것을 예배하노니 이는 구원이 유대인에게서 남이니라 아버지께 참으로 예배하는 자들은 신령과 진정으로 예배할 때가 오나니 곧 이 때라 아버지께서는 이렇게 자기에게 예배하는 자들을 찾으시느니라 하나님은 영이시니 예배하는 자가 신령과 진정으로 예배할지니라 여자가 가로되 메시야 곧 그리스도라 하는 이가 오실 줄을 내가 아노니 그가 오시면 모든 것을 우리에게 고하시리이다 예수께서 이르시되 네게 말하는 내가 그로라 하시니라" 요한복음 4:20-26.

주님은 부차적인 질문이 그분을 주요 논점으로부터 이탈하게 하도록 허용하지 않으셨다. 여인은 어느 곳에서 예배를 드려야 하는지를 물었으나, 예수님은 강조점을 "예배 장소"로부터 "예배 방법"으로 바꿈으로써 논점을 자신에게로 돌이키셨다.

여인의 질문이 충분히 제기될 만한 내용이긴 했지만, 주님은 옆길로 빗나가지 않으셨다. 그녀의 태도는 오늘날 많은 사람들이 "내가 어떤 교회에 다녀야 하나요?"라고 묻는 것과 비슷했다. 우리는 교회 내의 위선자들, 성경 속의 오류들, 수많은 교파들이 존재하는 이유 등에 관한 질문을 받을 수도 있다. 그 자체로서는 타당한 질문이라도 우리를 주요 논점에서 벗어나게 할 수 있다. 예수님은 주요 논점인 그분 자신에 대해 아무런 의문도 남기지 않으셨다.

화목이라는 핵심 메시지가 우리의 증거에서 배제되어서는 안 된다. 매우 혐오스러운 죄악에 연루된 사람들을 대할 때, 사마리아 여인에게 예수께서 어떻게 다가가셨는지를 기억하라. 그리고 악덕 세리였던 레위와 삭개오에 대한 주님의 태도를 기억하라. 온갖 부류의 사람들이 예수 그리스도를 만날 때, 그들의 삶은 변화된다. 켄 메데마가 지은 삭개오에 관한 찬양의 끝 부분에는, 우리가 전하고 싶은 아름다운 메시지가 담겨 있다. "그분이 변화시키기 위해 오셨어요."

## 8. 정면으로 부딪치라

자신이 메시야임을 사마리아 여인에게 선언함에 있어, 마침내 예수님은 핵심 메시지에 도달하셨다. "네게 말하는 내가 그로라." 마찬가지로, 비그리스도인들과 더불어 우정의 다리를 쌓는 데 시간이 얼마나 걸리든, 마침내 우리는 이 다리를 건너서 그들을 예수 그리스도와 정면으로 마주치게 해야 한다. 그래서 그들로 하여금 그분을 영접하거나 대적하는 데 따르는 개인적 책임을 깨닫게 해야 한다.

유능한 사신은 자신이 전하는 메시지에 대해 상대방으로 하여금 결정을 내리게 해야 한다. 우애의 다리를 건설하고 대화를 주도하며 또한 메시지를 전하는 법을 알고 있지만 상대방으로 하여금 결단을 내리도록 도와야 하는 상황에서는 무기력한 이들이 많다. 상대방이 준비가 갖춰진 상태인지를 어떻게 알 수 있을까? 간단한 방법은, 그에게 직접 물어보는 것이다. 어떻게 물어야 할까?

이전에 나는 사람들에게 "당신은 그리스도인인가요?"라고 묻곤 했다. 그러나 몇 가지 이유들로 인해 그것이 최선의 방법이 아님을 깨달았다.

먼저 그리스도인이 된다는 것이 무엇인지를 알고 있다고 스스로 생각하고서 그 물음에 "네."라고 대답하는 사람들이 많다. 신약성경의 빛에 비추어 나는 그들이 그리스도인이 아님을 확신하게 되었다. 하지만 일단 당신이 "네."라는 대답을 듣고 나면 문제가 생긴다. "죄송하지만 이러저러한 이유들 때문에 당신은 틀렸어요."라고 말할 수가 없다. 상대방은 그런 말을 받아들이지 않는다.

각자에게는 자신이 믿기로 선택한 것을 무엇이나 믿을 권리가 있지만, 기독교를 재규정할 권리는 없다. 기독교를 규정할 권한은 오직 예수 그리스도께만 있다.

몇 해 전 나는 영국 출신의 레이드 새뮤얼의 강연을 들은 적이 있는데, 그때 배운 일련의 질문들이 내게 큰 도움이 되었다. 그 내용은 다음과 같다.

- 당신은 개인적으로 예수 그리스도를 신뢰하는가요 아니면 지금도 배회하는 중인가요?

이 질문은 그리스도인이 어떤 사람인가를 분명히 규정해주며, 나아가 상대방의 부정적인 대답을 들어도 충격을 받지 않을 준비가 되어 있음을 넌지시 시사한다. 이 질문을 받은 사람들 중에는 "정확히 지적해주시네요. 난 배회 중이에요."라고 대답하는 사람들이 많다.

- 어디까지 배회하고 있나요?

이 두 번째 질문은 첫 번째에 이어지며, 상대방의 속마음을 보다 온전히 드러내게 한다. 이 질문을 받은 사람들이 전혀 주저하거나 당황하지 않고 자신의 영적 순례 여정이 어디까지 이르렀는지를 내게 설명해주는 경우가 종종 있었다. 그것은 엄청나게 소중한 정보였다. 그들의 현주소에 관한 이야기를 듣고 나면, 우리는 그들에게 필요한 것을 채워줄 수 있다. 물론, 우리의 목표는 그들의 현주소를 알아내고 그 여정이 더 진행되도록 돕는 데 있다.

- 당신은 진정한 그리스도인이 되길 그리고 그렇게 되었음을 확신하길 원합니까?

상대방이 어떤 반응을 보이면 나는 이 세 번째 질문을 제기한다. 많은 사람들이 이런 질문을 기다리며, 영적 확신을 갈망하지만 그 방법을 알려주는 사람을 만나지 못하고 있다. 따라서 당신은 함께 토론하거나 당신의 증거를 듣는 사람에게 이렇게 말할 수 있을 것이다.

"당신은 개인적으로 그리스도를 신뢰한 적이 있나요? 아니면 여전히 순례 여정 중인가요? 그 여정은 어디까지 이르렀나요? 당신은 참된 그리스도인이 되길 그리고 그렇게 되었음을 확신하길 원합니까?"

원칙들을 종합해 보면 다음과 같다.
- 비그리스도인들을 개인적으로 만나고 알라.
- 대화 중에 공통의 관심사를 찾아내라.
- 생활과 말을 통해 상대방의 관심을 유발하라.
- 잘 받아들이는 사람들에게는 핵심을 설명해주라.
- 정죄하기보다는 수용하거나 칭찬하라.
- 궤도를 이탈하지 말라.
- 목표를 향해 끝까지 인내하라.

일단 우리가 이 원칙들을 붙들고 믿음으로 행하기 시작하면, 매일의 삶이 흥미진진해진다. 우리는 하나님의 허락하심을 통해 예수 그리스도의 사신으로서 증거할 수 있는, 그래서 우리를 통해 다른 사람들의 삶 속에서 그분이 어떻게 역사하시는지를 발견할 수 있는 다음 기회들을 기대하게 된다.

## 스터디 가이드

1. 폴 리틀은 예수님과 사마리아인들과의 접촉이 이스라엘과 PLO와의 동거만큼이나 파격적이었다고 지적한다. 사실, 사마리아인들을 향하신 예수님의 태도는 그들이 유대인들의 혐오를 받았다는 사실을 믿기 힘들게 한다. 예수께서 사마리아 여인을 그토록 존중하신 까닭은 무엇일까? 누가복음 10:25-37과 17:11-19, 그리고 요한복음 4:4-42에서 예수님은 그들을 존중하는 마음을 어떻게 표현하셨는가?

2. 본장과 자신의 경험에 비추어 볼 때, 우리는 비그리스도인들에게 감사와 존중의 뜻을 어떻게 나타낼 수 있을까?

3. 저자는 조카의 가족이 비그리스도인들에게 "색다르게" 보였던 때를 언급한다. 당신도 비그리스도인들에게 그렇게 보였던 적이 있는가?

4. 이전에 그리스도와 그분의 말씀을 어떻게 전했는가? 그런 주제를 끄집어내는 방법들을 본장에서 찾아보라. 어느 것이 당신에게 효과적이겠는가?

5. 다른 사람들이 우리에게 조언을 구할 때, 우리 그리스도인들은 종종 영적 경험을 소개할 기회를 맞는다. 문제는 무엇을 말할 것인가이다. 그리스도를 아는 지식이 어떤 문제나 두려움에서 벗어나는 데 도움이 되었던, 두세 가지 상황들에 대해 생각해 보라. 비그리스도인에게 그 이야기를 어떻게(불필요한 내용을 생략하고, 그리스도의 현재적 사역을 강조하면서) 들려줄지 생각해 보라.

6. 폴 리틀은 기독교 문학을 증거의 도구로 활용한다. 당신은 비그리스도인의 호감을 끌 수 있는 기독교적 서적이나 잡지 또는 앨범을 가지고 있는가? 지금 당신의 책을 빌리고 싶어하는 사람이 있는가?

7. 본장에서는 비그리스도인들을 그리스도와 관련된 행사들(성경공부, 연주회, 영

화 등)에 초청할 것을 제안한다. 가까운 장래에 당신이 이렇게 할 수 있는 방법이 있는가?

8. 저자는 비그리스도인들이 듣고 싶어하는 내용 그 이상을 무리하게 그들에게 이야기하기 쉽다고 말한다. 이런 잘못을 어떻게 피할 수 있을까?

9. 본장은 경계하는 내용으로 마감된다. 남을 정죄하거나 자신을 더 낫게 여기는 것은 파괴적이다. 어떻게 하면 다른 사람들로 하여금 자신을 정죄하지 않고 하나님 앞에서 자신을 있는 그대로 볼 수 있도록 도울 수 있을까?

10. 폴 리틀은 증거를 위한 원칙들을 제시한다. 비그리스도인들과 사회적으로 접촉하라. 공통 기반을 마련하라. 관심을 유발하라. 본론에 들어가라. 너무 멀리 나아가지 말라. 정죄하지 말라. 당신은 이 목록에다 무엇을 보태고 싶은가?

## 리 | 더 | 를 | 위 | 한 | 제 | 안

1. 그룹원들로 하여금 지난주에 공부한 것을 어떻게 적용했는지를 이야기하게 하라. 개인적 적용의 성공 또는 실패의 원인에 대해 논의할 수도 있을 것이다.

2. 그룹원들끼리 짝을 지어 다음 질문들을 묻고 답하게 해보라. "당신이 생각하는 참된 그리스도인이란 어떤 사람인가요?", "당신은 지금 참된 그리스도인이 되고 싶은가요?" 이같은 질문을 통해 배운 것을 놓고 함께 토론해 보라.

# How to
# Give Away
# Your Faith

chapter 4

## 사회적 장벽 뛰어넘기

## 사회적 장벽 뛰어넘기

기독교의 안전지대를 떠나 세상에 들어서는 사람은 누구나 난처한 상황에 직면하기 마련이다. 우리는 그런 상황들에 어떻게 대처할지 미리 생각해 둘 필요가 있다.

### 격의 없는 접촉을 활용하라

이를테면, 불경스런 언행이나 음담패설에 대해 어떻게 반응해야 할까? 아마 맵시있고 점잖은 스커트를 두르고, 거룩한 체하며, 가차없이 톡 쏘거나 냉담한 침묵을 지키는 것이 경건한 모습이라고 생각할 것이다. 사무실이나 기숙사에 모인 사람들에게 이런 식의 반응을 보이면, 그들로부터 더 멀어질 뿐이다. 그들은 자연스럽게 행동하고 있을 따름이며, 우리가 비판하면 그들과 더불어 친분을 쌓을 기회를 잃을 수도 있다. 사람들이 불경스런 말을 할 때마다 화를 낸다면, 그들은 일부러 우리를 약올리기 위해서라도 과거에 들었던 온갖 불경스런 표현들을 모조리 끄집어내기 시작할 수도 있다. 해결하려고 노력해 온 문제들을 더 악화시키게 된다.

마틴 로이드존스 박사는, 산상수훈에 관한 연구에서 이렇게 설명한다. "거듭나지 않은 사람에게서 기독교적 행실을 기대하는 것은 이단이다. 행실과 윤리와 도덕의 관점에서의 복음은, 그것을 듣는 자가 그리스도인일 경우에만 호소력을 발휘한다."

그리스도를 위한 사신의 메시지는 최우선적으로, 화목하게 하시는 하나님을 증거하는 것이어야 한다. 스스로에게 이런 질문을 던져보라. 나는 복음을 전한다고 하면서 학생들의 행동을 일일이 바로잡으려는 학교 선생님처럼 처신하는가? 아니면, 처음부터 하나님의 진리만을 들이대는가?

사람들의 심령과 행동을 변화시키는 이는 우리가 아니라 하나님이심을 늘 명심하라. 그분은 내면에서부터 시작하신다.

내가 아는 두 남자는 말을 매우 거칠게 한다. 한 사람은 불경스런 말을 내뱉을 뿐만 아니라 태도도 대체로 호전적이다. 우리가 함께 있을 때, 그는 가급적 천박하게 행동함으로써 큰 기쁨을 얻는 것 같다. 그는 나를 비굴하게 만들기 위해 무진 애를 쓴다는 느낌을 준다. 나는 그에게 이용당하지 않기로 결심했다. 그에게 화를 내는 것 자체가 그의 원하는 바라는 생각이 들었다.

또한 나는 그의 내면에 해결되지 않은 깊은 상처가 있음을 그리고 자신의 삶을 예수 그리스도께 바치려는 마음을 거부하려고 완강하게 발버둥이치고 있음을 알고 있다. 이같은 상황에서 그리스도인은 분노를 폭발시키지 않고 자존심을 유지할 수 있다. 상대방에게 감정적으로 반응하려는 충동을 억누른다는 뜻이다.

약간 더 젊은 또 한 사람은 나와 처음 만났을 때부터 저속한 말을 해댔다. 그는 소그룹 성경공부에 참석하여 열심히 배우려 했다. 그의 말투를 지적하는 사람은 아무도 없었다. 이는 그가 배움에 열중하고 있음을 다들 알 수 있었기 때문이다. 토론 중에 그가 불경스럽게 말하기도 했지만, 그건 별 문제가 아닌 듯했다. 그는 우리의 모든 이야기를 흡수하고 있었다.

우리는 점차, 놀라운 방법으로, 주 예수께서 그 사람을 변화시키시는 것을 보았다. 그는 증인과 리더가 되었고, 그의 성품만큼이나 진실하고 순수한 새로운 어휘들을 개발했다. 우리 모두는 그 사람의 외면 너머에 있는 내적 의향을 보는 법을 배웠다. 그로 인해 우리는 보다 이해심 있는 증인들이 되었다.

상대방이 그리스도인이든 아니든, 우리가 그의 행동을 변화시킬 수 없다는 것은 자명한 사실이다. 이것으로 비추어볼 때, 만일 우리가 예수 그리스도를 위해 누군가에게 영향을 미치려 한다면, 격의 없는 접촉을 활용하는 것이 좋다. 커다란 쇠망치로 내리치지 말라. 그렇게 하면 거부감만 더할 뿐이다.

## 사신의 목표

우리는 사회적 장벽을 뛰어넘기 위한 지침을 사신의 목표로 삼아야 한다. 그 지침이란 예수 그리스도를 통한 화목의 메시지를 듣게 하기에 충분할 정도로 사람들과 친밀해지는 것이다.

이와 관련하여 우리는 예수님의 삶에서 한결같은 사례들을 엿볼 수 있다. 니고데모에게 거듭남에 관해 말씀하시기 위해 예수님은 대화를 적절히 조절하셨다요한복음 3:1-5.

중풍병자를 고치셨을 때, 그분은 비난자들로 인해 주눅들지 않으셨다. 논의의 초점을 자신이 원하는 방향으로 돌리셨다. "인자가 땅에서 죄를 사하는 권세가 있는 줄을 너희로 알게 하리라"누가복음 5:24. 그들이 알아야 할 것은 바로 이것이었고, 예수님은 거기서 비껴나려고 하지 않으셨다.

또 한번은 믿지 않는 유대인들의 반발에 태연 자약하게 대처하셨다. 이 유대 종교인들은 그분이 하늘에서 내려왔다고 주장했다는 데 초점을 맞추고서 반박하려 했다. 예수님은 그들의 말이 끝나길 기다리신 후에 곧바로 핵심으로 들어가셨다. "진실로 진실로 너희에게 이르노니 믿는 자는 영생을 가졌나니 내가 곧 생명의 떡이로라"요한복음 6:47-48. 이같은 사례들은 이외에도 많다. 예수님은 단호하게 목표에 시선을 고정시키셨다.

특정한 행동 패턴을 그리스도인의 표지로 삼을 때 우리는 쉽게 곁길로 빠진다. 우리가 음주를 금지 사항으로 여긴다고 생각해 보라. 우리는 자신이 누구인지를 그리고 예수 그리스도의 사신이 어떤 존재인지를 숨김없이 밝히는 것이 옳다고 믿는다.

술 한 잔 하자는 제의를 받을 때, 우리는 바짝 긴장하며 반사적으로 "고맙지만 사양할게요. 나는 술을 안해요. 그리스도인이거든요."라고 대답한다. 우리와 상대방 사이에 철커덩하고 철문이 닫힌다. 상대방은 마치 독을 피하듯 우리에게서 물러서며, 우리는 친분을 쌓을 기회를 잃고 만다.

증거가 이런 것일까? 우리는 "당신은 술을 마시니 그리스도인이 아니군요."라는 식으로 상대방을 넌지시 정죄한 셈이다. 그가 뒷걸음질 치는 것도 놀라운 일이 아니다.

더욱 중요한 것은, 우리는 특정한 금기 사항을 기독교의 본래적 부분으로 여기지만, 기독교는 금기를 지키는 것이 아니라 주님을 신뢰하는 것이다. 위와 같은 반응은 복음 증거에 도움이 되지 않는다.

우리 문화권 내의 비그리스도인들 중에도 도덕적으로 매우 엄격하고 그리스도인의 행동 패턴에 동조하는 이들이 많다. 그렇다고 해서 그들이 그리스도인인 것은 아니다.

반면에 어떤 문화권에서는 그리스도인들이 술을 마시며 음주하는 것에 대해 아무렇지도 않게 생각한다. 그럼에도 불구하고 그들은 그리스도인이다. 이같은 습관을 결정하는 것은 그들의 문화나 개인적 신념이다.

그런가 하면, 만일 한 친구가 "은행을 털러 가자!"고 제의할 때 우리가 "사양하겠네. 난 그리스도인이야."라고 말한다면, 그 친구는 무슨 애기인지를 분명히 알아들을 것이다. 십계명의 제8계명에서 도둑질을 엄격히 금하고 있다. 그리스도인이 이 계명을 달리 해석할 수는 없다. 이같은 상황에서 따를 수 있는 좋은 지침이 있다. 다른 사람을 정죄하지 말고 자신의 확신에 대해 타협하지도 말라. 나는 이 목표를 달성하는 데 도움이 되는 몇 가지 방법들을 생각해 냈다.

## 대안을 활용하라

개인적 습관이나 신념 면에서 우리와 다른 사람으로부터 어떤 제안이나 초청을 받았으나 거절해야 할 때, 그 속에 담긴 훈훈한 마음에 고마움을 표하면서 정중하게 거절하는 것이 중요하다. 그럴 때, 상대방은 정죄나 거부를 당한다고 느끼지 않는다.

사양하는 한 가지 방법은 대안을 제시하는 것이다. 만일 원치 않는 곳에 가자는 제안을 들으면, "고마워요. 거기에는 제가 관심이 없어요. 하지만 언제 한번 게임(또는 연주회나 클럽 참석 등)을 같이할 수 있다면, 저도 같이 갈게요."라고 대답할 수 있다. 우리가 대안을 제시할 때 상대방은 거부당했다는 느낌을 받지 않는다.

비그리스도인들이 체스에 관심이 없다고 해서, 얼굴을 붉히며 "난 체스를 안해요. 그리스도인이 아니거든요."라고 말하지는 않는다. 그들은 "고맙지만, 난 체스를 좋아하지 않아요. 그러나 테니스 치고 싶을 때 언제든지 나를 불러주세요."라고 상냥하게 대답할 것이다.

예수 그리스도의 복음을 전하는 증인으로서, 우리도 차분하고 편안한 마음으로 정중하게 거절할 수 있어야 한다. 리턴 포드는 아들 샌디의 전기에서, 서로 다른 생활 양식에 따른 딜레마에 빠진 샌디에 관한 이야기를 들려준다. 샌디와 그의 친구 하나가 다른 학생들을 전도하게 해달라고 기도하던 중에, PJ 파티(십대들이 친구 집에 모여 밤새워 노는 모임)에 초청받았다. 그 파티의 목적은 술을 가능한 한 많이 그리고 빨리 마시는 것이었다.

그 속에 있는 그리스도인들을 머리 속에 그려 보라. 샌디와 한 친구는 이 학생들에게 사신 역할을 감당하길 진심으로 원했고, 거기에 가도록 하나님이 허락하셨다고 믿었다. 그들은 청바지에다 헐렁한 겉옷을 입고서, 맥주 대신에 콜라를 가지고 갔다. 그들이 나름대로 대체 음료를 의기양양하게 지참했기 때문에, 다른 아이들은 그들을 자연스럽게 받아들였다.

내가 아는 한 그리스도인은 실업계에 종사하는데, 음주 제의를 받을 때 "고맙지만, 난 술을 못해요."라고만 말한다. 이럴 때 "고맙지만 사양할게요. 혹시 음료수 있나요?"라고 말할 수도 있을 것이다. 만일 우리가 자신의 스타일과 취향을 솔직히 밝히면, 상대방도 인정할 것이다. 그리고 이 모든 일은 즐거운 분위기에서 진행되어야 한다.

## 근사한 농담을 준비하라

농담을 즐기다 보면 대화 내용이 점점 더 음탕해지는 경우가 많다. 가능하면 그런 대화에서 물러서고 싶지만, 꼼짝없이 붙들리곤 한다.

이같은 상황에서, 최선책은 적극적 준비를 갖추는 것이다. 대화가 처음으로 잠시 중단될 때, 재빨리 건전한 이야기로 방향을 돌리라. 다들 웃지 않을 수 없는 재미있는 이야기를 꺼내라.

이렇게 하는 나를 보고 농담하고 있다고 생각하는 이들도 있겠지만, 나는 그렇지 않다. 나는 모든 그리스도인들이 언제든 쓸 수 있는 농담을 다섯 가지 정도는 지니고 있어야 한다고 확신한다. 시기적절하며 잘 선정된 농담은 대화 분위기를 바로잡아줄 수 있다. 또한 뛰어넘을 수 없을 것 같은 장애물을 극복하게 할 수도 있다.

농담을 기억하는 것은 이름을 기억하는 것과 같다. 듣자마자 사용해도 된다. 필요하다면 적어 두라. 그리고 기회 있을 때마다 그것을 사용하라.

통속적인 견해와는 반대로, 그리스도인들이 유머 감각을 멀리할 필요는 없다. 기차역에서 새 목회자를 기다리고 있는 교인들을 묘사한 익살스런 만화가 있다. 교인들은 목사처럼 보이는 사람이 열차에서 내리는 것을 보고 다가갔다. 그러자 그 사람은 이르기를 "난 여러분의 새 목회자가 아니예요. 다만 위가 아파서 인상을 찌푸리고 있을 뿐입니다."라고 했다.

우리는 판에 박힌 생각을 바로잡을 수 있다. 우리가 다른 사람들이 쓰는 유머에 똑같이 빠져들 필요는 없지만, 일상생활에서 웃음과 활기를 북돋울 수는 있다. 더욱이 매일 예수 그리스도를 위해 살아갈 때 건전한 유머와 기쁨을 즐길 수 있다.

## 지금 현 위치에서 시작하라

'처음부터 다시 시작해야 해. 아무도 나를 알지 못하는 곳으로 가자. 그러면 성공할 수 있을 거야. 뒤죽박죽 된 현 상황을 바로잡을 순 없어. 저어서 풀어진 계란을 누가 되돌려놓을 수 있겠어?'

이런 생각이 들 수도 있다. 만약 당신이 이렇게 느끼고 있다면, 포기하지 말라. 절망할 수밖에 없는 상황이란 없다. 당신은 상황을 변화시킬 수 있다.

내가 아는 한 여성은 자신의 현 위치에서 새로 시작하기로 하나님 앞에서 결심했다.

그녀는 같은 사무실에서 8년 반 동안 근무하고 있었다. 점심 시간이 되면 다른 직원들은 함께 식사하는데, 그녀만 안쪽 방에서 혼자 먹었다. 그녀는 동료 직원들의 저질스런 이야기와 농담에 동참할 수 없었고, 그런 상황에 능동적으로 대처할 줄도 몰랐다.

마침내 그녀는 몇몇 여직원들과 친분을 쌓기로 결심했다. 그들을 사랑하는 마음에서, 그녀는 우스운 이야기를 몇 가지 알아냈고, 점심 시간에 그들과 어울리기 시작했다.

그로부터 6개월이 지난 후에 그녀는 내게 이르기를, 동료 여직원들이 그녀와 함께 어울리는 것을 정말 기뻐하는 것 같다고 했다. 심지어 그녀는 그들 중 둘에게 복음을 증거하기까지 했다. 그렇다! 변화는 현 위치에서 곧바로 일어날 수 있다.

## 공중 앞에서의 식사 기도

두 번째로 생각해 볼 수 있는 문제는 식사 전의 감사 기도이다. 레스토랑에 혼자 있을 때는 머리를 숙이고 감사 기도를 드리는 것이 자연스럽다.

그러나 사업차 다른 사람들과 식사를 할 때는 어떤가? 그 어색한 순간에 이르면, 기도하고 싶은 것이 자연스런 반응이지만, 우리는 숨기려 한다. 냅킨을 만지작거리거나 목청을 가다듬으면서 2초 가량의 짧은 기도 시간을 갖고서 식사를 시작한다. 만일 웨이트리스가 그 모습을 본다면, 그녀는 우리가 두통을 느끼거나 음식 냄새를 맡고 있다고 생각할 것이다.

감사 기도가 난처할 수도 있다. 나의 그리스도인 친구 중 하나가 어느 날 나를 레스토랑에 불러냈다. 음식이 나왔을 때, 그는 "우리 눈썹을 좀 긁어 볼까?" 하고 말했다. 우리는 한바탕 웃고 말았지만, 나는 거기서 교훈을 얻었다. 이전에는 내가 식사 직전에 다른 사람들의 주의를 딴데로 돌리려고 몹시 애를 써왔다는 사실을 자각하지 못했었다.

당신의 식사 기도가 다른 사람에게 "당신은 비그리스도인이니까 식사 기도를 드리지 않죠?"라고 말하는 듯한 인상을 주지는 않는지 점검해 보라. 친분을 가로막는 이같은 장벽을 피하기 위해서는, 식사 기도를 드릴 때 눈을 뜨고 있는 것이 최선책일 수도 있다. 성경에 "감사 기도를 드릴 때는 눈을 감아야 한다."는 구절은 없다.

하나님은 우리의 동기와 마음을 보신다. 식사 기도의 유일한 목적이 하나님께 감사드리는 것이라는 데에는 우리 모두 동의할 것이다. 이것은 증거 수단이 아니다. 잘 아는 사람과 함께 하는 식사 자리라면, 나는 격의 없이 "음식에 대해 감사를 표하는 것은 내 습관입니다. 당신도 함께 감사해 볼래요?"라고 말하기도 한다. 대체로 이 말은 무례하게 들리지 않는다.

## 집에서 손님을 접대할 때

우리가 집에서 손님을 접대할 때는, 상황이 약간 다르다. 우리집에 손님이 왔을 경우에는 우리의 관례대로 해야 한다. 미리 간단하게 설명해주면 손님에게 도움이 될 것이다.

이를테면 "우리는 식사 전에 감사 기도를 드립니다. 그러니 잠깐만 기도할게요."와 같은 설명이다. 만일 초대받은 손님들이 신앙인이 아니고 우리가 우리의 관습을 설명하지 않으면, 그들은 실망할 수도 있다. 우리가 하려는 것을 그들에게 미리 말해주는 것이 예의다. 식사 후에 성경을 읽거나 기도를 하는 경우에도 같은 원칙이 적용된다. 미리 말함으로써, 편안하고 자연스러울 수 있다. 무엇보다도 예의를 지켜야 한다.

사회에서 새 친구들을 폭넓게 사귀다 보면 그들을 집으로 초대해야 하는 경우가 있다. 우리는 "난 비그리스도인들과 공통점이 전혀 없어."라고 생각하며 난처해 할 수 있다. 서로의 관심을 끄는 것을 찾지 못하고, 그 방문은 실패로 끝날 수 있다. 우리가 좋아하는 어떤 일을 그들은 지겨워할 수 있다. 혹은 그들이 어딘가에 함께 가자고 제안하면 우리가 당황할 수도 있다.

우리가 함께 할 것을 미리 계획할 때, 이 딜레마는 쉽게 해결된다. 단지 "조, 화요일 저녁에 올 수 있어요?" 또는 "몇몇 친구들이 주말에 오기로 했어요. 당신도 올 수 있나요?"라고만 말하는 대신에, 탁구를 치거나 스키를 타러 가자는 식으로 구체적 제안을 할 수도 있다. 그러면 처음부터 문제가 해결된다.

초청되는 사람들은 계획을 미리 알 수 있고, 만일 그들이 흥미를 느끼지 못하면 아무도 당황스럽게 만들지 않고서 초청을 거절할 수 있다. 혹은 모두가 즐길 수 있는 대안을 제시할 수도 있다. 그러나 십중팔구는 참석하고 싶어할 것이다.

## 반드시 다수를 따를 필요는 없다

자신의 선택에 의해서가 아니라 어쩔 수 없는 상황에 의해 참석하는 모임이 있다. 그것은 직장이나 시민 단체 또는 기숙사에서일 수도 있으며, 우리는 모임에 참석한 다른 모든 사람과 똑같아져야 한다는 압박감을 느낀다.

대개 그런 경우에, 우리는 아무에게도 내색하지 않고서 다른 구성원들과 다르게 행동한다. 그러므로 어떤 행동과 관련하여 다수 의견에는 반대하지만 일대일 관계를 모색할 수도 있다.

대학에 들어가면 단체 생활이 기다린다. 기숙사에서 하루종일 비그리스도인들과 함께 지낼 수도 있다. 군복무를 할 때도 마찬가지다. 단체 생활에 들어가기 전에, 특히 그 상황이 상당 기간 지속될 경우에는, 어떤 습관을 지킬 것인지 미리 결정하는 것이 좋다. 그래서 처음부터 그것을 지키라. 만일 당신이 식사 기도를 드릴 거라면, 첫 식사 때부터 그렇게 하라. 매일 큐티를 할 거라면, 첫날의 스케줄에 그것을 포함시키라. 처음부터 나름대로 패턴을 세우지 않으면, 나중에 시작하기가 힘들어질 것이다.

당신은 즐겁게 우애를 나누고, 심지어 주님에 관한 대화도 함께 나누는 모임에 속할 수 있다. 그런데 누군가가 마리화나를 꺼내거나 포르노를 틀거나 혹은 당신에게 성관계를 제의하기 시작한다. 그 압박이 너무 강렬하여 예전의 모든 결심을 흐트러뜨릴 것 같다. 이들은 당신이 늘상 보는 친구들이다. 당신의 생활의 일부다. 만일 당신이 갑자기 그들에게 "까다롭게" 굴면 그들은 어떻게 생각할까?

이때는 대안도 소용없을 것이다. 할 일은 하나뿐이다. 움직이라! 가능한 한 빨리 거기에서 벗어나라. 하지만 공손한 태도로 하라. "난 빠질게. 다음에 봐."라고 말해도 좋을 것이다.

친구들과의 관계를 영원히 단절시킬 비판적인 말을 할 필요는 없다. 오로지 자신의 입장만 밝히면 된다. 다니엘을 기억하라. 그는 자신을 더럽히지 않게 해달라고 환관장에게 분명히 밝혔다.다니엘 1:8. 어떤 모임에서든 행동으로나 말로나, 하나님의 자녀는 자신의 존재성을 분명히 밝혀야 한다.

하나님이 다니엘과 세 친구들을 축복하셔서 그들의 "지혜와 총명이

온 나라 박수와 술객보다 십 배나"다니엘 1:20 낮게 하셨음을 기억하라.

대부분의 경우에는, 어떤 모임에 참여할 것인지 미리 선택할 수 있는 기회가 있다. 만일 그룹원들의 계획을 따르는 것이 주님께 불신실한 행동임을 알고 있다면, 우리는 공손한 태도로 물러날 수 있다. 야단법석을 떨지 않고, 조용히 "난 빠질래요. 그러나 다른 계획이 있으면 연락주세요."라고 말할 수 있다. 혹은 "그렇게 하세요. 하지만 나는 집에서 TV를 보는 것이 좋겠어요."라고 말할 수도 있다.

오늘날 대부분의 사람들이 하류로 떠내려가지만, 그들은 흐름을 거부하는 소수를 존중한다. 사적인 대화에서 그들은 감탄을 표하기도 한다. 자신도 담대히 확신을 피력할 수 있는 용기를 갖고 싶어한다. 타율적인 사람보다는 자율적인 사람이 두드러진다. 우리가 확신을 피력할 용기를 지니고 있음에도 불구하고 다른 사람들의 선택을 강요하려 들지 않을 때, 그들이 우리를 존중할 것이다.

선택할 수 있는 행동이 제한받는 경우도 있다. 기숙사에서 이질적 생활 습관을 지닌 동료들과 함께 살아야 하는 그리스도인 학생들은 선택을 제한받는 상황에 직면할 수 있다. 가능하면, 몇 가지 기본 사항들에 대해서는 동조하려고 하라.

서로의 차이점에 대해서는 터놓고 의논하며, 감정에 좌우되지 말고 자신의 의중을 토로하라(서로 차분한 상태에서는 모든 의논이 매끄럽게 진행될 수 있음을 기억하라. 이것은 모든 상황에서 적용될 수 있는 원칙이다).

좋아하지는 않지만 감수하고 살 수 있는 것들도 있다. 이를테면, 룸메이트가 포르노 잡지들을 아무 데나 놓고 다니는 경우다. 반면에, 만일 당신의 룸메이트가 이성 친구를 불러 하룻밤을 지내려 한다면, 당신은 단호하게 반대할 권리가 있다. 학교의 정책상 그런 일마저 허용된다면 당신이 반대해도 별 소용이 없겠지만, 적어도 당신의 의사를 확실히 피력할 수는 있다. 예수님은 결코 우리로 하여금 도덕적 용기를 포기하게 하시지 않는다. 다니엘의 본보기를 명심하라. 우리는 구속함 받은 하나님의 자녀다!

## "내부" 용어

이제 우리 자신이 사용하는 용어와 그것으로 인해 야기될 수 있는 장벽도 돌아볼 필요가 있다. 모든 모임은 자체의 구성원들이 이해하는 "내부" 용어들을 가지고 있다.

그리스도인들은 성경을 가리켜 "말씀"이라고 지칭하며, 모든 그리스도인들은 그 의미를 알고 있다. 로마서 8:28은 그리스도인들이 아니고서는 이해하기 힘든 구절들 중 하나다. 그리고 "구원", "화목", "칭의" 등도 우리가 자연스럽게 사용하는 말들이다. "우리는 예수님을 우리 개인의 구주로 영접함"에 대해 말한다.

심지어 우리는 제임스 왕 시대의 영어를 사용하기도 한다. 저명한 언어학자인 유진 나이더는 이같은 기독교적 "내부" 언어를 "프로테스탄트 라틴어"라고 부른다.

당신이 하나님, 예수 그리스도, 그리고 성경에 대해 말할 때, 신앙의 문외한들에게 어떻게 들릴지를 생각하라. 이는 마치 컴퓨터를 만져본 적이 없는 사람이 MS-DOS의 세계, 모뎀, 컴퓨터 본체, 데이터 베이스, 암호화, 메가바이트 등의 용어들을 듣는 것과 같다. 그런 사람에게는 이런 말들이 외국어나 다름 없다. 스스로를 주의깊게 점검하라. 초심자의 귀를 배려하는 마음을 가지라. 당신의 생각을 가능한 한 단순하게 표현하라. 차분하게 이야기하고, 상대방이 알아듣고 있는지 살피기 위해 잠시 멈추라. 우리의 내부 용어가 사회적 장벽을 조성할 수도 있다.

### 사랑을 표현하라

우리가 이같은 사회적 장벽을 논의할 때 복음을 들고서 사람들에게 비밀스럽게 다가가기 위한 장치를 고안하려는 것이 아니다. 우리는 예수 그리스도의 사랑을 효과적으로 표현하기 위한 방법을 진심으로 찾고 있을 뿐이다.

그분은 우리의 삶 가운데 오셔서 우리 자신에게서 벗어나 남을 사랑할 수 있는 역량을 우리에게 주셨다. 우리의 삶 속에 부어주신 그분의 사랑을 우리는 남을 위해 쏟아붓길 원한다. 우리가 사랑하는 것은 그들 자신이지 어떤 추상적 개념이 아니다. 만일 예수 그리스도가 우리에게 개인적 실재이시라면, 그분의 사랑은 기피 대상인 어떤 사람들에게도 우리를 통해 전해질 수 있다. 그들을 사랑할 수 있는 역량은 그분께로부터 나온다.

다른 사람들을 향하신 예수 그리스도의 사랑을 전하는 것이 그들을 향한 우리의 사랑을 가장 잘 표현하는 것이다. 상대방이 복음에 어떤 반응을 보이는가에 따라 친분 관계가 좌우되어서는 안 된다.

불행하게도, 오늘날에는 사이비 신자들이 워낙 많기 때문에 대개 사람들은 모든 그리스도인들을 의혹의 눈으로 바라본다. 혹은 어떤 신앙인은 처음에는 친절하다가도 상대방이 믿지 않을 때는 갑자기 관계를 끊어버린다.

그런 경험을 한 사람들에게 우리는, 설령 그들이 예수 그리스도를 거부하더라도 우리가 그들의 친구로 남을 거라는 확신을 주기 전까지는, 예수 그리스도에 관해 한 마디도 말하지 못할 것이다. 우리는 사람들 자체를 사랑해야 한다.

우리가 다른 사람들에게 하나님의 역할을 대신할 수는 없다. 다른 사람들이 성령께 보이는 반응이 어떤 수준인지 우리는 단정하지 못한다. 어떤 사람이 자신의 마음을 열기까지는 여러 해가 걸릴 수도 있다. 그럼에도 불구하고 우리는 예수님 때문에 그들을 계속 사랑해야 한다. 각 사람을 회심시키는 이는 우리가 아니라 성령이시다. 예수 그리스도의 사신으로서의 특권을 받은 우리는 말로 메시지를 전할 수 있다. 우리의 인격과 삶을 통해 예수 그리스도의 은혜를 나타낼 수 있다.

성령의 사역으로 인한 공적을 가로채어 "우와! 내가 일곱 명을 구했어!"라고 말해서는 안 된다. 이같은 영적 교만은 예수 그리스도의 제자에게는 전혀 걸맞지 않은 모습이다.

사신이 기대하는 것은 수확 가능성, 하나님께로부터 연결되어 나온 체인의 *끄트머리* 역할을 하는 것, 그리고 예수 그리스도를 자신의 구주로 영접하는 사람들의 모습을 보는 것이다. 그런 일이 일어나더라도, 우리가 영혼들을 회심시켜 예수 그리스도께로 이끈 것은 아니다. 만일 누군가가 "내가 두 사람을 회심시켰다!"고 말하면, 나는 놀라서 고개를 젓는다. 성령으로 말미암지 않고는 누구도 진정으로 예수님을 "주"라고 부르지 못한다.

　예수 그리스도의 사신이 되는 것은 무엇에도 비길 수 없는 특권이다. 그분은 영원한 실재를 갈망하는 세상에서 우리를 당신의 대리자로 삼으신다.

## 스터디 가이드

1. 폴 리틀은 성령의 인도와 도우심을 받고 있지 않은 비그리스도인들에게서 기독교적 행실을 기대해서는 안 된다고 말한다. 당신의 생각은 어떤가? 우리가 그들에게 기대할 수 있는 것은 무엇일까?

2. 처음부터 상대방의 행동을 문제시하면서 대화를 시작하는 것은 잘못된 방법이다. 그리스도와 그분의 말씀을 전하는 우리의 언행과 태도는 어떠해야 할까?

3. 사신의 목표는 예수 그리스도를 통한 화목의 메시지를 듣게 하기에 충분할 정도로 상대방과 친밀해지는 것이다. 당신의 태도와 행동이 다른 사람들로부터 멀어지게 하는 원인이 될 때가 있는가? 구체적인 예를 들어보라.

4. 저자가 언급한 것들 외에, 당신과 비그리스도인들과의 교류를 방해하는 다른 사회적 장벽이 있는가?

5. 종종 그리스도인들은 특정한 행동 패턴을 그리스도인의 표지인양 집착함으로써 일을 그르치기도 한다. 당신의 행동 패턴을 십계명과 동등시한 경우가 있는가? 그렇다면 앞으로 그 문제를 어떻게 처리할 생각인가?

6. 폴 리틀의 철학은 이렇다. "다른 사람을 정죄하지 말고 나 자신의 신념에 대해 타협하지도 말라." 그는 대안, 유머, 어떤 행동에 대한 사전 동의, 자신의 기준 설정, 그리고 타협하지 않기 위해 자연스럽게 물러서기 등을 제안한다. 당신에게 효과적이었던 것은 무엇인가? 이 목록에 보태고 싶은 것은 무엇인가?

7. 그리스도인들이 단호한 입장을 피력하기 힘든 경우가 많다. 옳지 않다고 생각되는 것을 하도록 부탁받을 때 과장된 반응을 보이는 것도 바로 이 때문일 수 있다. 다음에 당신의 양심에 저촉되는 일을 하도록 부탁받을 때 할 말을 미리 생각해 두라.

8. 건전하고 멋진 농담으로 무장하기 위해서는 미리미리 준비할 필요가 있다. 당신이 재미있다고 여기는 농담이나 일화들을 대여섯 가지 준비하라. 리더스 다이제스트를 활용하는 것도 좋은 방법이다. 그 이야기를 효과적으로 표현할 수 있도록 연습하라.

9. 당신이 하고 싶지 않은 활동들을 미리 생각해 둘 수도 있다. 당신이 흥미를 느끼는 활동들을 목록으로 만들어 두었는가? 그런 목록이 없다면, 지금 하나 적어 보라.

10. 때로 우리는 자신의 기준을 세상과 타협한다. 그럴 경우에는, 비기독교적 영향을 받은 데 대해 비난받기 쉽다. 그런 상황에서 대안은 무엇일까?

11. 당신은 새신자나 비그리스도인들에게 이해되지도 않을 "프로테스탄트 라틴어"를 말하고 있지는 않은가? 그런 말을 사용하는 동기는 무엇인가? 비그리스도인들과 멀어지지 않으려면 어떻게 해야 할까?

## 리|더|를|위|한|제|안

1. 그룹원들로 하여금 지난주에 공부한 내용을 어떻게 적용했는지 이야기하게 하라. 그들이 적용에 성공하거나 실패한 이유를 함께 논의할 수 있다.

2. 위의 질문 8번을 제시하는 데 사용하기 위해 예닐곱 개의 농담이나 일화들을 준비하라. 리더스 다이제스트를 활용해도 좋을 것이다.

# How to
# Give Away
# Your Faith

chapter 5

어떤 메시지를 전하는가

## 어떤 메시지를 전하는가

사신은 메시지를 전한다. 많은 그리스도인들이 사신으로서 무능한 이유는 자신이 전하는 메시지의 내용을 확신하지 않고 또한 그것을 분명하게 전하지 못하기 때문이다.

많은 사람들에게 있어, 복음을 이해하는 것은 수학 문제를 이해하는 것과 같다. 그들은 수업 시간에 수학 문제 풀이를 듣고 분명하게 이해한다. 하지만 결석한 친구가 그 문제를 설명해달라고 부탁하면, 그들은 친구에게 충분히 이해시킬 정도로 명쾌하게 설명하지 못한다.

그리스도인들 역시, 자신은 복음을 믿고 이해하지만 다른 사람들도 동일하신 주님을 알며 경험할 수 있도록 그들에게 명확하게 설명하지는 못하는 경우가 많다.

## 진리를 사장시키지 말라

어떤 사람들은 복음을 충분히 설명하기 위해서는 진실되지만 별로 관련이 없는 사실들도 많이 포함시켜야 한다고 생각한다. 유익하나 복음에 핵심적이지는 않은 여러 가지 사실들에 눌려서 핵심 진리들이 사장된다. 그 결과, 듣는 사람이 혼란에 빠진다.

"성경이 하나님 말씀인가?" 하는 중요한 물음을 다룰 때도 마찬가지다. 이 질문에 답하려고 애를 쓰다 보면, "예수님이 누구신가?" 하는 더 중요한 물음에는 아예 도달하지 못할 수도 있다.

그런 질문이 제기되면, 성경이 믿을 만한 역사적 문헌임을 밝히며 이 사실에 근거하여 그리스도의 말씀을 상대방에게 소개하는 것으로 충분하다. 구주를 신뢰한 후에는, 예수 그리스도의 성경관을—그것이 영감 받은 하나님 말씀이라는 입장을—받아들이는 것은 당연한 논리일 뿐이다.

복음을 전할 때는, 기독교가 어떤 철학이나 삶의 방식이 아니라 살아계신 인격이신 예수 그리스도에 관한 내용임을 깨닫는 것이 필수적이다.

비그리스도인들이 주님과의 개인적 관계가 중요하다는 점을 파악하지 못했다면, 우리는 실패한 셈이다. 기독교에 대한 왜곡되고 혼란스러운 개념들이 전염병처럼 번져 있다.

비그리스도인 친구와 함께 펜실베이니아의 고속도로를 달리고 있었던 어느 그리스도인 학생이 했던 이야기가 기억난다. 그들은 "Jesus saves!"(예수님이 구원하신다!)라고 쓰여진 표지판을 지나갔다. 그때 비그리스도인 친구가 진지하게 말했다. "이전에는 저렇게 생각해 본 적이 없었어. 예수님이 검소하게 절약하시는 분이라면, 나도 당연히 그래야지!"(영어 단어 save는 "구원하다"는 뜻과 "절약하다"는 뜻을 모두 지닌다.)

중요한 것은 교인들이 어디에 속해야 한다거나 어떤 오락을 금해야 한다는 것이 아니다. 다음 내용은 기독교에 대한 통속적 오해들과 이들을 없애기 위한 간단한 설명이다.

### 1. 기독교는 유대인이 말하는 이방인이 되는 것이 아니다.

그리스도인이라고 부르면 화를 낼 이방인들이 많다. 그런가 하면 유대인이나 타종교 지지자들 중에 그리스도인이 된 사람들도 많다.

### 2. 기독교는 유산이 아니다.

태어나면서부터 그리스도인일 수 있다는 것은 나면서부터 기혼일 수 있다는 말과 같다. 하나님께 손자란 없다는 것은 지당한 말이다.

### 3. 기독교는 교회에 나가는 것이 아니다.

"교회에 나가면 그리스도인이 된다는 것은 '차고에 들어가면 자동차가 된다.'는 이야기와 같다."라는 말이 있다. 물론 그리스도인들은 교회에 가서 하나님의 백성과 교제를 나누지만, 그것이 그리스도인이 되는 방법은 아니다.

### 4. 기독교는 특정한 예배에 참예하는 것이 아니다.

참된 그리스도인들은 이렇게 하겠지만, 이것이 한 사람을 그리스도인으로 만들어주는 것은 아니다.

### 5. 기독교는 그리스도의 가르침을 따르는 것이 아니다.

그리스도에 의해 변화받은 자들은 그분의 가르침을 따르며 자신의 삶 속에서 그리스도의 도덕적 형상을 반영할 것이다. 그리스도인임을 자칭하면서 마귀처럼 생활한다면, 신약성경은 그를 가리켜 그리스도인이 아니며 영생을 지니고 있지도 않다고 말한다. 하지만 그들이 자신의 삶에만 근거하여 하나님의 임재 속으로 들어갈 수 있으려면 예수 그리스도처럼 완벽해져야 한다. 물론, 그럴 수 있는 사람은 아무도 없다!

### 6. 기독교는 소극적 측면에 집착하는 것이 아니다.

그리스도인의 삶은 매우 적극적이며 역동적이다. 그리스도인이 자제하는 것도, 다른 사람들의 눈에는 소극적인 듯이 보일 수 있으나, 그 자신에게는 적극적이며 건설적인 일이다. 그리스도인의 삶은 사람들을 기피하기보다는 그들에게 적극적으로 다가가는 것이다.

### 7. 기독교는 예수 그리스도에 관한 사실들을 믿는 것이 아니다.

단순한 지적 동의가 그리스도인의 삶을 가능하게 하는 것은 아니라는 점에 대해서는 앞에서 살펴보았다.

## 기독교란

복음은 예수 그리스도 자신이시다. 그분이 누구시며, 그분이 하신 일이 무엇이며, 또한 어떻게 그분을 개인적인 체험 속에서 알 수 있는 가 하는 것이다. 복음이 예수님에 관한 것이므로, 그것을 제시할 수 있는 엄밀하고 기계적인 방법은 없다. 만일 우리가 설명하려는 것이 어떤 공식이 아니라 사람이라면, 그 사람의 외모든, 특성이든, 혹은 인품이든, 현재 가장 연관성이 있어 보이는 측면에서부터 설명을 시작할 것이다.

만일 금발인 남동생이 하버드 대학에서 화학을 공부하고 있고 당신이 하버드에서 공부하고 있는 다른 어떤 사람을 만난다면, 당신은 대화를 이렇게 시작하지 않을 것이다. "내 동생은 금발이고 하버드에서 화학을 공부하고 있어요." 아마도 "내 동생도 하버드에 다녀요."라는 말로 시작할 것이다. 그러고서 연관성이 있는 다른 사실들을 언급하려 할 것이다. 반면에, 만일 쌍둥이처럼 당신의 동생을 빼닮은 사람을 만나면, 당신은 동생이 화학을 공부하고 있다는 말로 대화를 시작하지는 않을 것이다. 아마 "당신은 내 동생과 너무 닮았어요."라고 말한 후에 다른 이야기를 나눌 것이다.

마찬가지로, 예수 그리스도에 관해서 말할 때에도 만일 상대방이 그리스도의 신성을 논박한다면, 우리는 주님의 부활이 그 사람의 마음을 사로잡을 거라고 판단할 수 있다. 또 어떤 사람은 예수님의 죽음이나 인간 본성에 대한 그분의 진단 또는 그분이 누구신가 하는 것에 관심을 기울일 것이다. 이 경우에 우리는 상대방으로 하여금 주 예수께서 누구시며 무엇을 제공하시는지를 온전히 파악할 수 있도록 그분에 관한 모든 정보를 제시하고 싶을 것이다.

우리의 목표는 사람들이 그리스도인이 되기 위해 알아야 하는 복음의 기본적인 모든 사실들에 정통하는 것이다. 물론 우리는, 신약성경의 어디에 이런 사실들이 기록되어 있는지 알아야 한다.

## 기본 사실들

기본적인 사실들에 대한 간략한 개요를 소개하려 한다. 속속들이 자세하게 설명할 것은 아니지만, 적어도 우리의 사유를 위한 틀과 복음 제시를 위한 출발점으로 사용할 수 있는 기초를 제공해줄 것이다. 가능한 한, 주님의 말씀과 이 사실들을 뒷받침할 수 있는 성경 구절들에 근거함을 원칙으로 삼았다.

### 1. 예수 그리스도는 누구신가

그분은 하나님이시다. 신약성경에는 이를 뒷받침하는 구절들이 많지만, 다음은 가장 명백하게 나타나는 구절들이다. 요한복음 5:18, 10:10-30, 14:9. 그리스도께서 주장하신 내용에 대해 말할 때는 그분 자신의 말씀을 활용하는 것이 좋다. 어떤 이들은 제자들의 진술보다는 그분 자신의 언급만을 받아들이기 때문이다.

간단한 구절들을 활용하라. 그리스도의 신성과 관련하여 성경에 수록된 주장이나 예언을 비그리스도인들로서는 이해하기 힘들 것이다. 이를테면, 사단의 머리를 상하게 할 여자의 후손을 예수님과 연관시키는 창세기 3:15에서 설명을 시작한다면, 초심자들은 어리둥절할 것이다.

예수께서 온전히 하나님이심을 사람들에게 알려주려면, 우리는 그들이 하나님을 어떤 분으로 이해하는지 파악할 필요가 있다. 어떤 이들에게 하나님은 하찮은 미물도 해치지 않는 친절한 노인이시다. 또 어떤 이들에게는 엄정한 저울을 손에 들고 있는 대제사장 같은 분이시다.

우리가 복음을 증거할 때 예수님이 하나님이시라고 말하는 것은, 그분은 특출하게 신뢰할 만한 분이라고 말하는 것이다. 그분은 진리시다. 그분은 거룩하시다. 그분은 창조주시며 우주의 주인이시지만, 우리를 각별히 대하신다. 그분은 피조물인 우리 각자에 대해 진실하고 순수한 사랑을 지니신다.

동시에 예수님은 온전히 사람이시라는 사실도 강조되어야 한다요한복음 4:6, 11:35.

이 땅에 계실 때 예수님은 자신의 존재 목적을 아는 인생의 궁극적 본보기셨다. 그분은 자신이 옳다고 생각하는 것을 행하셨고, 아버지께 순종하셨으며, 또한 아버지께로부터 들은 말씀만 하셨다. 그분은 자신을 낮추셨으며 지혜롭고 후덕하셨다. 그분은 다른 모든 사람들처럼 시험당하셨지만, 전혀 죄는 없으셨다. 생의 마지막에, 그분은 다른 사람들을 위해 끔찍하고도 부당한 죽음을 당하셨다. 그분은 진정 사람이셨다.

## 2. 인간성에 대한 진단

온전히 하나님이시며 또한 온전히 사람이신 예수 그리스도를 언급한 후에, 피조물인 우리를 보시는 예수님의 관점으로 방향을 돌린다. 그분은 우리를 어떻게 보시는가?

마가복음 7:1-23에 분명한 답이 나와 있다. 거기서 예수님은 우리 모두가 근본적 병폐인 죄를 지니고 있고, 이것이 우리를 더럽히고 거룩하신 하나님과 우리를 단절시킨다고 말씀하신다. 이 죄는 다양한 증상들을 나타내며 "사람 안에서 나오는 것"이다. 그것은 외적이지 않고 내적이다.

죄를 명제적으로 규정하기보다는 경험적으로 규정하는 것이 더 효과적이다. 누군가에게 "모두가 죄를 범했다."고 말하면, 대개 그는 성경적 개념을 파악하지 못한다. 우리 사회에서 죄의 개념은 애매하고 불명확하다. 흔히 사람들은 죄를 특정한 종류의 부도덕성을 가리키는 것으로 본다. 그런 것에 대한 죄책감을 갖지 못하는 그들을 죄인이라고 말하면, 그들은 매우 화를 낸다.

그러나 경험적 용어로 죄를 설명하면 상대방도 자신을 죄의 범위 안에 포함시킬 것이다. 우리는 아이들에게서 쉽게 찾아볼 수 있는 사례들에서 시작할 수 있다. 사람은 모두 아주 어릴 때부터 죄를 경험한다. 거짓말을 한 적이 없는 사람이 누구이겠는가? 잔인함, 미움, 시기, 탐욕, 또는 이기심을 드러낸 적이 없는 사람이 어디 있겠는가? 이런 것들은 죄의 시작일 뿐이다!

드러난 행실들은 모두 예수께서 말씀하신 내면의 병폐로부터 나온다. 그 증상들은 사람에 따라 매우 다양하다. 그것의 뿌리는 하나님을 대적하고 반역하는, 그분의 뜻보다는 우리 자신의 뜻을 따르려는 근본적 병폐다. 이 반역의 뿌리는 파멸을 기다리는 부랑자에게만 있는 것이 아니다. 우리 모두의 안에 있다. 이같은 병폐와 그 결과는 우주적이다. 마치 줄기에서 떨어진 나뭇잎처럼 우리는 하나님께로부터 분리되어 있다. 따분함, 고독, 도덕적 연약성, 목적 의식 결여 등도 하나님으로부터 분리된 결과이다.

### 3. 십자가 처형의 의미

그리스도의 희생적 죽음이 없었다면, 앞의 이야기는 절망적일 것이다. 우리는 하나님으로부터 멀어진 채로 남을 것이다. 사복음서에는 예수님의 십자가 처형에 이르는 일련의 사건들이 묘사되어 있다.

마태복음 26:28에서, 주님은 자신이 죽으시는 이유를 짤막하게 말씀하셨다. "죄 사함을 얻게 하려고 많은 사람을 위하여" 죽음을 당하신다는 말씀이다.

마태복음 20:28에서는 "자기 목숨을 많은 사람의 대속물로" 주려 하신다고 설명하신다. 웹스터사전은 "ransom"대속물을 "요구되는 값을 지불하고 포로를 석방시키는 것"으로 정의한다.

주님의 가장 가까운 제자들 중 하나였고 그래서 그분의 마음을 잘 알았던 베드로는 이렇게 설명한다. "그리스도께서도 한 번 죄를 위하여 죽으사 의인으로서 불의한 자를 대신하셨으니 이는 우리를 하나님 앞으로 인도하려 하심이라"베드로전서 3:18.

하나님의 도덕 율법을 범함으로 우리에게 가해진 사형 선고를 예수 그리스도께서 대신 감당하셨다. 그분은 우리가 받아야 할 심판을 대신 받으셨고, 우리의 죄를 사하신다. 그 결과 하나님이 천지창조 당시 의도하셨던 신령한 관계로 우리를 회복시키신다.

### 4. 부활의 의미

죽었다가 살아나신 예수 그리스도에 관한 극적인 이야기도 사복음서에 수록되어 있다. 아마도 누가복음 24:36-45가 가장 생생할 것이다. 예수께서 죽으신 후에, 제자들은 고기잡이를 하러 갈릴리 바다로 돌아갔다. 그 무렵 갑자기 예수님께서 그들 가운데 서서 "평강이 있을지어다."라고 말씀하셨다36절. 그들은 영을 본 줄 알고 깜짝 놀랐던 것 같다.

그러나 예수님은 "내 손과 발을 보고 나인 줄 알라 또 나를 만져 보라 영은 살과 뼈가 없으되……나는 있느니라"고 말씀하셨다39절.

예수 그리스도께서 죽은 자 가운데서 다시 살아나셨다! 영뿐만 아니라 몸도 부활하셨다. 논쟁의 여지 없는 이 한 가지 사실이 그분의 신성을 명확히 증거해준다.

이외에도, 성경에는 부활하신 주님이 나타나신 사실들을 명확히 기록한 것만 해도 10회나 된다. 초기 그리스도인들의 삶을 혁신시킨 것이 바로 부활하신 예수님의 나타나심이었다. 수난 금요일에 그들은 놀라고 좌절했지만, 부활절 주일 이후에는 강력한 기독교 운동에 착수했다.

이 부활 사건은, 오늘날 우리 가운데도 예수 그리스도께서 살아계심을 시사한다. 예수님은 살아계시며, 그분을 영접하는 모든 이들의 삶 속에서 강력하게 역사하신다. 기독교를 유일무이한 종교이게 하는 것도 바로 이 부활의 능력이다.

## 5. 그리스도인이 된다는 것

앞서 예수 그리스도에 관한 사실들, 즉 그분의 신성, 죽으심, 부활, 그리고 그분과 분리된 우리의 모습을 이야기했다. 하지만 이것은 신학적 사실들 그 이상이다. 우리의 반응이 단순히 고개를 끄덕이는 데 그쳐서는 안 된다. 죄를 어떻게 볼 것인지에 대한 마음의 변화와 하나님께로 돌이키려는 결단이 수반되어야 한다. 우리는 하나님의 거룩하심을 그리고 하나님의 완벽한 기준에 부합할 수 없는 우리의 무능함을 이해해야 한다.

바울은 아그립바 앞에서 자신을 변호하면서, 자신이 유대인과 이방인들 앞에서 "회개하고 하나님께로 돌이키라"고 설교했다고 말했다<sub>사도행전 26:20</sub>.

하나님께로 돌이키는 데에는 감정도 수반된다. 피상적으로 죄를 후회하는 것과는 판이한 "경건한 슬픔"이 주께 대한 신앙에 앞서는 경우가 종종 있다. 고린도후서 7:10에서, 바울은 "하나님의 뜻대로 하는 근심은 후회할 것이 없는 구원에 이르게 하는 회개를 이루는 것이요"라고 설명한다. 감정이 참된 회개의 척도인 것은 아니지만, 감정적 체험은 신앙생활에서 꼭 필요하다.

참된 회개의 최종적 시금석은 의지를 수반한다. 탕자는 지적으로 깨우쳤을 뿐만 아니라 그것을 실행에 옮겼다. "내가 일어나 아버지께로 가서……이에 일어나서 아버지께로 돌아가니라"(누가복음 15:18, 20).

이 시점에서, 사람들은 예수 그리스도를 개인적으로 신뢰하는 첫 걸음을 내딛을 필요가 있다. 하지만 이 경험을 생생하게 설명하는 일이 늘 쉽지만은 않다. 우리가 "믿는다", "믿음을 갖는다" 등의 애매하고 추상적인 용어들을 사용하지만 이것이 그리스도인 됨을 구체적으로 묘사해주는 것은 아니다.

내가 보기에 신약성경에서 그리스도인이 되는 법에 관해 가장 명확하게 언급한 구절은 요한복음 1:12인 것 같다. "영접하는 자 곧 그 이름을 믿는 자들에게는 하나님의 자녀가 되는 권세를 주셨으니." 중요한 세 동사들이 여기서 발견된다. "영접하다, 믿다, 되다." 그리스도인이 되려면 무언가가 믿어져야 하고 또 누군가가 영접되어야 한다. 이것이 바로 이 구절을 요약한 뜻이다.

그리스도인 됨을 설명하기 위해 신약성경에서 사용하는 예화들 중 하나가 결혼이라는 점이 의미심장하다. 한 남자나 여자에 대한 믿음이 아무리 강렬하더라도, 그 믿음만으로는 결혼할 수 없다. 또한 감정적으로 사랑에 빠졌다고 해서 결혼하는 것도 아니다.

어떤 미혼 남자가 이렇게 말할 수 있다. "난 결혼을 믿어요. 그 가치를 인정해요. 내가 쓴 책들을 읽어보세요. 나는 그 방면에 전문가예요. 게다가 나는 결혼식에 많이 다녀 봤어요. 하지만 나는 결혼을 전혀 이해할 수 없답니다. 결혼이 내게는 실감나지 않는 것 같아요."

간단히 말해서, 그가 깨닫지 못한 것은 결혼하기 위해서는 먼저 한 남자가 한 여자를 믿어야 하고 그 다음에 그녀를 자신의 삶 속에 받아들여야 한다는 사실이다. 결혼하기 위해서는 자신의 의지를 밝혀 "난 당신과 결혼할 거야."라고 말해야 하며, 상대방에게 자신을 맡기고 관계를 형성해야 한다. 그것은 지성과 감정과 의지를 내맡김을 수반한다.

이 미혼 남자를 생각하며 웃을 수도 있지만, 우리도 그와 똑같을 수 있다. 유사점은 명백하다. 사람들은 예수님에 관한 모든 것을 알지만 그분 자신을 알지 못할 수도 있다. 그리스도인이 되려면 살아계신 주님께 자신을 맡겨야 한다. 이 의탁은 사랑과 순종의 관계에 의존한다. 우리는 예수님을 믿고, 개인적으로 그분을 자신의 삶 속에 받아들이며, 하나님의 자녀가 되어야 한다.

단순한 지적 동의만으로 결혼이 이뤄질 수 없듯이 단순한 지적 동의만으로 그리스도인이 될 수 없다. 많은 사람들이 기독교에 불만을 갖는 것은, 결혼에 뛰어들지 못하고 가장자리를 맴도는 그 미혼 남자와 같기 때문이다. 그들은 기독교에 관한 책을 여러 권 읽고 심지어 신앙 강좌를 들었을 수도 있지만, 결코 자신을 내맡기지는 않는다. 결혼은 독신주의와 반대되는 철학 개념이 아니다.

또한 기독교는 실존주의나 불가지론이나 논리 실증주의와 반대되는 철학 개념이 아니다. 오히려 기독교는 살아계신 예수 그리스도와의 역동적 관계이다. 결혼한다는 것이 자신의 독립성을 포기하고 배우자와의 협의 아래 살아감을 뜻하듯이, 그리스도를 영접하는 것도 마찬가지다. 죄의 본질은 하나님을 떠나 독립적으로 사는 것이다. 그분의 길보다는 우리 자신의 길을 가는 것이다. 이것이 비그스도인의 본질적 모습이다. 그들은 하나님을 떠나 독립적으로 살아가며 그들 자신의 길을 가고 있다.

회개의 본질은 자아중심적인 삶을 거부하고 그리스도와 그분의 뜻을 삶의 중심으로 삼는 것이다. 결혼 준비를 할 때 모든 결정을 내림에 있어 상대방을 생각해야 한다. 그리스도를 영접할 때 우리는 삶의 모든 영역에 대해 그분과 협의하는 관계 속으로 들어간다. 그분이 무엇을 생각하며 무엇을 바라시는지를 먼저 생각해야 한다. 하나님이 우리의 삶에 관심을 기울이신다.

실제로 예수 그리스도를 영접하려면 어떻게 해야 할까? 요한계시록 3:20에서 예수 그리스도는 우리의 삶을 집에 비유하시면서 "볼지어다 내가 문밖에 서서 두드리노니 누구든지 내 음성을 듣고 문을 열면 내가 그에게로 들어가 그로 더불어 먹고 그는 나로 더불어 먹으리라."고 말씀하신다.

종종 나는 관심을 보이는 학생들에게 이 구절을 보여주면서 "누군가가 자네 문을 두드린다고 생각해 보게. 그 사람을 들어오게 하려면 어떻게 하겠는가?"라고 묻는다. 학생들은 잠시 생각하고서 "그야, 문을 열어주죠."라고 말한다. "좋아. 그 다음에는 어떻게 할 건가?" "그 사람을 맞아들이겠죠."

그리스도인이 되는 방법이 바로 그렇다는 것을 깨달을 때, 대개 그들의 얼굴에는 통찰력의 광채가 언뜻 비친다. 예수 그리스도께서 우리의 삶의 문을 두드리고 계신다. 그분은 문을 부수거나 억지로 들어오지 않으시며 우리의 초대 여부에 따라 들어오실 것이다. 이 초대는 자신의 기도를 통해서만 가능하다. 우리가 주님을 영접할 때, 그분은 들어오셔서 영원토록 우리와 함께 계시리라고 약속하신다.

## 기본 패턴

복음의 이같은 다섯 가지 기본 사실들은, 적절한 기회를 맞았을 때 비그리스도인들에게 설명하기 위해 반드시 숙지해야 할 근본적 진리들이다. 이 모든 내용을 한꺼번에 설명하는 경우는 드물 것이다. 우리는 이것들을 광의적이며 일반적인 지침으로 삼아야 한다. 이외에도, 사람들을 쉽게 이해시킬 수 있는 형식들이 있다. 그 중 몇 가지를 소개하면 아래와 같다.

### 1. 3단계 패턴

사람들의 죄에 대한 예수님의 정의 : 그들을 지으신 분으로부터 분리되어 있다 이사야 53:6, 로마서 3:11-12.

예수님의 진단 : 우리의 죄가 이같은 분리를 야기시킨다 마가복음 7:15.

예수님의 해결책 : 그분의 죽으심을 통해 이 관계를 회복하라 로마서

5:8, 베드로전서 2:24.

## 2. 하나님께 이르는 네 단계

하나님 : 한 쌍의 사실—그분은 거룩하시다. 그분은 자애로운 창조주시다 요한일서 1:5, 시편 100:3.

사람들 : 한 쌍의 비극—우리는 반역했다. 우리는 하나님의 율법을 범했다 야고보서 2:10, 시편 14:2-3.

예수 그리스도 : 그분의 죽으심으로 사람들을 창조주와 화목케 하셨다 로마서 5:6-8.

요구되는 반응 : 회개하라, 믿으라, 영접하라 사도행전 17:30, 요한복음 1:12.

## 3. 기독교에 대한 예수님의 정의

"내가 곧 생명의 떡이니" 요한복음 6:35.

"내가 곧 길이요 진리요 생명이니" 요한복음 14:6.

"나는 세상의 빛이니" 요한복음 8:12.

"다 내게로 오라" 마태복음 11:28.

## 4. 종교 vs 기독교

어떤 이들은 기독교란 우리가 할 수 있는 그 무엇이라고 믿는다. 자신의 선한 행실이 악한 행실을 압도해야 한다는 것이다. 그들은 "만일 하나님이 상대 평가를 내리신다면, 나는 합격할 거야."라고 생각한다. 그러나 성경은 이렇게 증거한다. "너희가 그 은혜를 인하여 믿음으로 말미암아 구원을 얻었나니 이것이 너희에게서 난 것이 아니요 하나님의 선물이라 행위에서 난 것이 아니니 이는 누구든지 자랑치 못하게 함이니라"에베소서 2:8-9.

기독교는 이미 이루어진 그 무엇이다. 우리를 천국에 들어가기에 충분할 정도로 선하게 만드실 수 있는 분은 예수 그리스도뿐이시다. 그분은 우리의 죄를 사하시고 자신의 의를 우리에게 베푸신다로마서 5:8.

성경은 이렇게 말한다. "그러므로 사람이 의롭다 하심을 얻는 것은 율법의 행위에 있지 않고 믿음으로 되는 줄 우리가 인정하노라"로마서 3:28, "그러므로 우리가 믿음으로 의롭다 하심을 얻었은즉 우리 예수 그리스도로 말미암아 하나님으로 더불어 화평을 누리자"로마서 5:1.

### 5. 로마서의 길 Roman Road

"모든 사람이 죄를 범하였으매"로마서 3:23.

"하나님의 은사는 그리스도 예수 우리 주 안에 있는 영생이니라"로마서 6:23.

"사람이 마음으로 믿어 의에 이르고 입으로 시인하여 구원에 이르느니라"로마서 10:10.

이외에도 복음 증거에 이용할 수 있는 기본적인 메시지는 또 있을 것이다. 그러나 어떤 방법을 택하든, 우리는 성경에 문외한인 사회에서 살고 있음을 기억하라. 내부 언어를 경계하라. 상대방에게 성경 지식이 있을 거라고 생각하면 크게 낙심할 수도 있다.

우리에게는 큰 의미가 있지만 비그리스도인들에게는 별 의미가 없는 용어들을 명확하게 그리고 지혜롭게 설명할 필요가 있다. 이를테면 그리스도인, 구주, 영생, 죄, 거듭남, 중생, 구원, 속죄, 성화, 칭의 등의 용어들이다. 이 말들의 실제 의미를 어떻게 전해야 할까? 이 말들 자체를 언급하지 않고 그 개념을 적어 보는 것이 최선의 방법일 것이다.

## 세 단계

나는 복음 자체에 대한 우리의 지식과 이해를 높이기 위해 몇 가지 실천적 단계를 제시하려 한다.

### 1. 편지 형식으로 적으라

복음을 반대하지는 않지만 복음에 대해 무지한 가상의 친구에게 편지를 쓰라. 그리스도인이 되기 위해 무엇을 알 필요가 있는지 설명하라. 그 편지를 읽고 평가해달라고 누군가에게 부탁하라. 실제로 어떤 친구에게 그 편지를 보낼 수도 있을 것이다.

### 2. 그리스도인 친구와 복음을 전하는 역할극을 해보라

역할극을 두 차례 시도해 보라. 처음에는 그 친구가 영적인 일들에 별로 관심이 없는 척해야 한다. 다음에는 그 친구가 그리스도에 대해 알고 싶어하는 것처럼 연극해야 한다.

### 3. 비그리스도인 친구에게 당신의 계획을 말하라

복음에 대한 설명을 들을 시간이 있는지 친구에게 물어보라. 상대방에게 이해될 수 있는 방법으로 설명하려고 노력하라.

## 사후 관리 : 양육

아이를 낳은 후에 유기하는 엄마에 대해 어떻게 생각하는가? 다른 이들을 하나님 나라로 인도한 후에 스스로 신앙생활을 하도록 방치하는 사람의 경우도 마찬가지다. 새 신자를 돌보는 일은 그를 하나님의 자녀가 되도록 돕는 일만큼이나 중요하다.

새 신자가 그리스도를 믿기로 결심한 후에, 그 결심은 거기 함축된 의미를 충분히 이해하는 과정을 통해 강화되어야 한다. 모든 새 신자들이 동일한 필요를 느끼진 않겠지만, 다음 내용은 새 신자들을 위한 몇 가지 중요한 지침들이다.

### 1. 큰 그림을 제공하라

새 신자들은 복음의 큰 그림을 이해하기 위한 도움을 필요로 한다. 말하자면 그들은 하나님이 모든 사람을 흑암의 나라로부터 빛의 나라로 불러내고 계심을 알아야 한다. 그들의 회심은 온 세상을 위한 하나님의 더 큰 사역의 일부다. 그들이 들은 하나님의 부르심은 다른 많은 사람들도 듣는 것이다. 그들은 자신에게 일어난 일을 분명하게 표현하기 위해서도 도움을 필요로 할 것이다.

### 2. 영적 양식으로 안내하라

그들은 자신의 새로운 영적 생명에 자양분을 공급하는 법을 빨리 배워야 한다. "갓난 아이들같이 순전하고 신령한 젖을 사모하라"베드로전서 2:2. 성경 읽기와 관련하여 어느 정도 제한이 따르긴 하지만 매우 구체적 지침을 그들에게 제시하라. "가서 성경을 읽으세요."라고 말하는 데서 그치지 말라. 그들은 어떻게 해야 할까? 다른 책들과 마찬가지로, 자연히 그들은 첫 부분부터 읽기 시작할 것이다. 그런데 많은 사람들은 창세기부터 시작했다가 레위기 중간에서 중단하고 만다.

당신은 성경의 개요를 설명해줄 수도 있다(목차에 나열된 "책들", 큰 숫자나 장이라는 말로써 표시된 "장들", 그리고 본문 바로 옆에 작은 숫자로 표시된 "절들").

성경이 원래 한글로 기록되지 않은 까닭에 오랜 세월에 걸쳐 여러 사람들에 의해 번역되었음을 이야기해주라. 역본들마다 다른 어법을 사용하지만 본질적 메시지는 동일하다. 자신에게 적합한 역본을 고를 수 있도록 새 신자들을 도와주라.

그들이 마가복음을 읽는다고 생각해 보라. 그들 스스로 찾는 모습을 지켜보고 특정 구절을 찾는 법을 알려주라. 그리고 그런 방법을 알아두면 나중에 여러 모로 편리하다고 설명해주라.

그런 후에 마가복음을 읽으면서 한두 가지 질문에 스스로 답해 보라고 제안하라. 그들은 "이 구절에서 나는 예수 그리스도에 관해 무엇을 배우는가?"라고 자문해 볼 수도 있다.

또한 "따라야 할 예수님의 명령이 있는가? 그것을 따르려면 어떻게 해야 할까?"라고도 자문할 수 있다. 다른 질문들도 많지만, 두 가지 정도만 제시하라. 그들은 그런 간단하면서도 구체적인 과제를 성공적으로 해내는 경험을 할 수 있고, 또한 자신에게 직접 말씀하시는 하나님을 체험할 수 있다.

성경공부 책을 소개해도 좋다. 이를테면, 켈리 제임스 클라크의 "성숙한 그리스도인을 위한 큐티"*Quiet Times for Christian Growth*라는 소책자는 새 신자들에게 맞춰진 큐티 자료이며, 기도, 친교, 예배, 전도, 그리고 안내에 관한 내용을 40가지로 나누어 제시한다.

가능하다면 이들을 정기적으로 만나거나 통화하거나 또는 편지를 주고받으라. 만일 그들과 가까운 곳에 살지 않는다면, 이들로 하여금 그리스도인의 삶을 강력히 시작할 수 있도록 기꺼이 도와줄 지역 교회를 물색해 보라.

### 3. 하나님의 약속에 근거한 구원의 확신을 심어주라

종종 새 신자들은 자신이 하나님의 자녀라는 확신을 갖도록 도움 받을 필요가 있다. 더욱이 감정을 확신의 근거로 삼을 수 없음을 알아야 한다. 요한일서 5:11-13이 지적하듯이, 우리의 확신은 오직 하나님의 아들이 우리 속에 있다는 사실에 근거해야 한다.

죄악된 습관이 그들을 괴롭힐 수도 있다. 그들의 태도와 삶에서 어떤 변화들이 일어나기 시작해야 하는지 알려주라. 만일 그들의 삶 속에 하나님의 성령에 대한 증거가 없다면, 그들에게 하나님의 가족이라는 확신을 심어주지 말라. 이 시점에서, 예수 그리스도를 믿고 영접하는 것이 무엇을 뜻하는지를 그들에게 끈기있게 그리고 분명하게 설명하라.

### 4. 삶 가운데서 죄를 어떻게 처리할지 이해하도록 도와주라

새 신자들은 자신의 삶 속에 죄가 여전히 자리잡고 있다는 사실로 인해 낙심할 수도 있다. 요한일서 1:9에 근거하여 "친교"와 "관계"의 차이점을 그들에게 설명해주라. 결혼한 부부가 험한 말을 주고받고 난 후 서로 틀어졌다고 느낀다면, 그 상황은 매우 나빠 보일 수 있다. 하지만 그들이 화해할 때, 다시 결혼할 필요는 없다. 그들의 관계는 안전하다. 그 관계는 단 한 번 결혼할 때 성립되었다. 하지만 그들이 친교상으로는 문제를 겪었고, 그것을 회복할 수 있는 유일한 길은 자백과 회복이다.

그리스도인의 삶에 있어서도 마찬가지다. 우리는 새 신자들에게 자신의 삶 속에서 죄를 극복할 수 있는 방법을 알려줘야 한다. 고린도전서 10:13을 보여주라. 그리고 시험당할 때마다 그리스도를 바라보는 법을 알려주라.

### 5. 비그리스도인들과 건전한 관계를 유지하도록 도와주라

어떤 사람들은 그리스도인이 된 후에 자신과 아주 가까운 사이인 비그리스도인들과의 관계를 일부러 끊는 경향이 있다. 그래서 인간 관계에 심각한 문제가 발생한다.

집안 식구들과의 불화로 큰 고민에 빠진 사람들을 나는 많이 보았다. 십대나 학생들의 경우가 특히 많았다. 그리스도인이 된 데 대해 매우 열정적인 반응을 보일 수도 있지만, 그 열정을 그릇된 방식으로 표출한다면 오히려 복음에 대한 장벽을 쌓는 꼴이 되기도 한다. 서로의 관계가 친밀할수록, 더 세심한 주의가 필요하다.

특히 갓 믿음을 가진 젊은이들은 집으로 가서 무슨 말을 하기 전에, 자신의 방부터 깨끗이 정돈해야 한다. 혹은 집안 일을 도우러 나서야 한다. 부모의 입에서 "도대체 무슨 일이 있었니?"라는 말이 나올 때, 자신에게 일어난 일을 이야기한다. "엄마와 아빠는 평생 그렇게 잘 사셨지만, 나는 이제서야 깨달았어요." 그런 후에 그리스도께서 자신에게 어떤 의미로 다가오셨는지를 설명한다. 이때 부모를 무지한 이교도로 취급하듯이 말하지 않도록 주의해야 한다.

그러나 젊은이들이 집으로 가서 자신의 신앙을 표출하는 방법은 다양하다. 그중 하나를 예로 들면 이런 식이다. "내가 어릴 적에 엄마와 아빠는 도대체 무엇하고 계셨어요? 나는 이제서야 알게 되었어요. 엄마와 아빠도 믿음을 가지는 것이 좋을 거예요."

이런 사람들은 자신에게 일어난 일을 표현하길 진심으로 원하지만 자칫하면 상대방에게 치유되기 힘든 상처를 줄 수 있다. 비그리스도인 친구들에게 접근할 때도 동일한 배려와 신중함이 요구된다.

### 6. 친교를 나눌 수 있도록 도와주라

끝으로, 새 신자들에게 다른 그리스도인이나 지역 교회의 친교 활동을 소개해주는 것이 매우 중요하다. 주님은 우리에게 하나님의 가족의 따뜻한 온정과 후원이 필요함을 알고 계셨다. 사실, 이것은 그분이 교회를 세우신 이유 중 하나이다.

교회란 주님을 아는 지식과 기독교적 봉사에 있어 성장하기 위한 장

소임을 새 신자들에게 알려주라. 이 두 가지 요소들이 그들의 교회 선택을 위한 시금석이어야 한다. 만일 그들이 영적으로 그리고 성경 지식에 있어 성장하지 않고 있음을 발견하면, 그들은 특정 교회와의 관계를 잘 맺게 해달라고 기도해야 한다. 하나님이 인도해주실 것임을 그들에게 확신시키라.

새 신자들을 위한 일에는 많은 시간과 에너지가 필요하지만, 영원한 상급을 얻게 해준다. 이들을 위하는 마음을 달라고 그리고 그들로 하여금 지속적으로 주께 헌신하도록 돕게 해달라고 하나님께 간구하라.

## 스 | 터 | 디 | 가 | 이 | 드

1. 성공적 복음 증거란 반드시 그리스도를 구주로 영접하게 하는 것만이 아니다. 상대방으로 하여금 하나님과의 화목을 선택할 수 있도록 그리스도의 말씀과 요구 사항들을 분명하고도 정확하게 제시하는 것이 중요하다. 과거에 복음을 설명하려고 시도했을 때, 당신은 "성공"했는가? 성공한 이유 또는 실패한 이유는 무엇일까?

2. 다음 질문들에 답함으로, 폴 리틀이 제시한 복음의 기본 사실들을 설명해 보라.
   - 예수 그리스도는 누구신가?
   - 그분은 인간 본성을 어떻게 진단하시는가?
   - 주님의 십자가 처형에 담긴 뜻은 무엇인가?
   - 그분의 부활의 의의는 무엇인가?
   - 그리스도인이 된다는 것은 무엇을 뜻하는가?

3. 만일 비그리스도인이 당신에게 다음과 같이 말한다면, 그는 기독교를 어떻게 오해하고 있는 걸까? 이에 당신은 어떻게 대답하겠는가?
   - "솔직히 내가 보기에 그리스도인이나 비그리스도인이나 삶의 방식이 별로 다른 것 같지 않아요."
   - "나는 어릴 적에 세례받기 때문에 이미 그리스도인이예요."
   - "나는 기독교 가정에서 태어났어요. 난 태어나면서부터 그리스도인입니다."
   - "나는 그리스도인이 되고 싶지 않아요. 그리스도인들은 우리 민족인 유대인들을 배척하려 해요."
   - "나는 빌리 그래함이 다니는 교회에 나가요."

4. 폴 리틀이 언급한 오해들 외에, 당신은 비그리스도인들의 다른 왜곡된 생각들에 직면한 적이 있는가? 그것들을 어떻게 처리했는가?

5. 저자는 주장하기를, 우리가 그리스도와 그분의 말씀을 전할 때 상대방에게 가장 흥미로운 정보로부터 시작해야 한다고 한다. 만일 어떤 사람이 다음과 같은 말을 한다면, 당신은 어떻게 진행하겠는가?
   - "내 삶이 엉망이 되어 절망적입니다."
   - "나는 참 종교를 찾고 싶지만, 사실 모든 종교들이 매한가지예요."
   - "나는 누구에게서도 사랑을 받아 본 적이 없다고 생각해요."
   - "이 세상에 고통스러운 일들이 너무 많아요. 하나님은 우리에게 무관심해요."

6. "그리스도께서 내 죄를 용서하신다는 말을 들으니 기뻐요. 하지만 난 회개할 것이 없어요. 나도 누구 못지않게 선하게 살거든요."라고 말하는 사람에게 당신은 뭐라고 대답하겠는가?

7. 새 신자로 하여금 그리스도 안에서 성장하도록 돕기 위해 그 사람의 "영적 부모"가 맡아야 할 책임은 어떤 걸까?

8. 성경을 다른 책과 비교해 보라(구성, 역본들의 수효, 기록 목적, 읽는 법 등). 어떻게 하면 이 독특한 책을 새 신자들에게 설명하여 그들로 하여금 그 엄청난 내용에 주눅 들지 않고 잘 활용하게 할 수 있을까?

9. 새 신자들이 자신의 비그리스도인 가족이나 친구들을 잘 대할 수 있도록 도움을 받아야 하는 이유는 무엇인가? 당신은 그들에게 어떻게 조언하겠는가?

10. 본장에서 얻은 새로운 통찰력을 바탕으로, 복음을 명쾌히 설명하거나 그리스도 안에서의 성장을 돕기 위해 누군가를 만나볼 생각인가? 이번주에 실행에 옮겨 보라.

## 리ㅣ더ㅣ를ㅣ위ㅣ한ㅣ제ㅣ안

1. 그룹원들로 하여금 지난주에 공부한 내용을 어떻게 적용했는지 이야기하게 하라. 각자의 개인적 적용에 성공하거나 실패한 원인에 대해 논의할 수도 있다.

2. 그룹원들을 둘씩 짝지우라. 그리고 위의 물음들 중 5번을 기초로 삼아, 그리스도의 말씀을 상대방에게 설명하는 역할을 맡게 하라. 이 역할극을 통해 배운 교훈과 연극을 하면서 각자 겪은 어려움들을 함께 나누어 보라.

3. 8번 물음을 소개하면서, 성경을 읽어 본 적이 없는 사람에게 성경 읽는 법을 설명하는 역할극을 서로 시도해 보게 하라(이때 "새 신자" 역을 맡은 사람은 성경에 대해 무지한 것처럼 말하고 행동해야 한다).

# How to
# Give Away
# Your Faith

chapter 6

우리가 믿는 이유

# 우리가 믿는 이유

이 시대에는 그리스도인으로서 무엇을 믿는지 아는 것만으로는 충분하지 않다. 왜 믿는지도 알아야 한다. 모든 그리스도인들은 자신의 믿음을 변호할 수 있어야 한다.

이 영적 책임은 베드로전서 3:15에 분명히 언급되어 있다. "너희 마음에 그리스도를 주로 삼아 거룩하게 하고 너희 속에 있는 소망에 관한 이유를 묻는 자에게는 대답할 것을 항상 예비하되 온유와 두려움으로 하고." 이 명령은 선택적인 것이 아니며, 이 명령을 지켜야 할 실제적 이유들이 있다.

첫째, 진리에 관한 자신의 확신을 위해 대답을 준비해야 한다. 예수 그리스도께서 진리이심을 온전히 숙지하지 않으면, 다른 사람에게 복음을 효과적으로 전하지 못할 것이다. 더욱이 자신의 영적 삶도 조만간 궁핍해질 것이다. 자신이 지적으로 확신하지 않는 것에 의지력을 집중할 수는 없는 일이다. 그 결과 정서적으로도 나약해진다. 우리 자신이 먼저 진리를 확신해야 한다.

둘째, 우리는 사려 깊은 비그리스도인들로 하여금 기독교에 대한 의문들을 해결할 수 있도록 도와줄 책임이 있다. 만일 비그리스도인들의 질문에 줄곧 침묵한다면, 우리는 그들이 불신하는 이유들을 인정하는 셈이다.

내 말은, 모든 대답을 구비하고 있지 않다면 예수 그리스도에 관해 아예 증거하지 말아야 한다는 뜻이 아니다. 예수님 덕분에 치유받았던 한 대담한 남자가 그랬듯이, 우리는 늘 자신의 경험을 증거할 수 있다.

요한복음 9장에서, 소경되었던 사람이 대답하기 어려운 질문을 받았을 때, 그는 비판자들에게 "한 가지 아는 것은 내가 소경으로 있다가 지금 보는 그것이니이다"25절라고 간략하게 말했다.

어떤 대답을 해야 할지 모르겠을 때, 우리는 자신이 아는 것을 당당하게 말할 수 있다. 예수 그리스도께서 우리의 삶을 변화시키신다는 사실이다. 그러나 이 사실만을 의지해서는 안 된다. 우리에게는 거듭 제기되는 질문들에 대한 답변을 숙지할 책임이 있다.

## 두 가지 해로운 태도

비그리스도인들의 질문에 답함에 있어, 우리는 정반대이면서 똑같이 해로운 두 가지 태도를 피해야 한다.

첫째는 반지성적인 태도다. 어떤 이들은 "인간의 지혜로 성가시게 할 필요가 없어요. 기독교에 대해 굳이 생각하려고 하지 마세요."라고 단정적으로 말한다. 개념을 굳이 설명하려고 하는 것은 옳지 않다는 것이다.

혹은 "사람들의 질문 때문에 곁길로 빠지지 마세요. 단순하게 복음을 전하기만 하세요."라고 말하는 사람도 있을 것이다. 이런 견해를 따를 경우에 야기되는 비극적 결과는, 생각이 깊은 비그리스도인들이 우리의 태도를 보고서 자신의 솔직한 질문에는 답이 없다는 결론에 이른다는 것이다.

때로는 우리마저 자신이 진리 편에 서 있는지에 대해 의문을 갖기 시작한다. 있는 그대로의 사실에 직면할 때, 과연 우리의 믿음이 이치에 맞을까? 반지성적 태도는 대개 비그리스도인과 우리 모두를 궁지로 몰아넣는다.

둘째, 마치 자신의 대답 자체가 사람들을 예수 그리스도께로 이끌기라도 하듯이 자신의 대답에 고지식하게 의존하려는 태도를 경계해야 한다. 때로 우리는 자신에게 잘 이해되고 다른 이들에게도 도움을 주었던 설명을 마치 요술 지팡이인 것처럼 생각한다. 밖으로 나가서 사람들에게 그 설명을 제시하면 그들이 믿을 수밖에 없을 거라고 생각한다. 물론 그것은 순진한 생각이다. 왜냐하면 앞에서도 주목했듯이, 성령으로 말미암지 않고는 누구도 예수님을 주라고 부를 수 없기 때문이다.

만일 성령께서 사람들의 마음을 비추어 진리를 진리로 보게 하지 않으시면, 또 그분이 사람들의 교만한 의지를 예수 그리스도의 권위에 복종시키지 않으시면, 우리의 말은 전혀 힘을 발휘하지 못할 것이다. 다만 그들의 질문에 지혜롭게 대답하면, 그 대답은 하나님의 손 안에서 그들의 마음을 복음으로 열게 하는 도구로 사용될 수 있다.

우리 자신이나 질문자들과 관련하여 우리가 영적 전투 중이라는 사실에 대해서는 의심의 여지가 없다. 바울은 사람들이 믿지 않는 이유를 설명했다. "그 중에 이 세상 신이 믿지 아니하는 자들의 마음을 혼미케 하여 그리스도의 영광의 복음의 광채가 비춰지 못하게 함이니"고린도후서 4:4.

초자연적 역사가 그들의 마음을 밝혀주지 않으면 어떤 정보로도 그들을 진리로 이끌지 못한다. 종종 하나님과 성령께서는 어떤 사람으로 하여금 예수 그리스도를 믿게 하는 도구로 정보 제시를 활용하신다.

## 지적 성실성을 존중하라

런던 랭함 플레이스에 위치한 "올 소울즈 교회"의 명예 목사인 존 스토트는 이렇게 말했다. "어떤 사람의 지적 교만에 영합할 수는 없지만, 그의 지적 성실성은 존중해야 한다." 사람의 지성과 감정과 의지를 포함한 전인이 변화되어야 한다.

만일 어떤 사람의 지성만 변하고 의지는 변하지 않는다면, 그를 그리스도인이라 할 수 없을 것이다. 4장에서는 단순한 지적 동의만으로는 부적절함을 살펴보았다. 반면에, 사고와 의지를 아랑곳하지 않고 감정적으로만 그리스도께 동의하는 것도 불완전한 회심이다. 인격 전체, 즉 지성, 감정, 그리고 의지가 변화되어야 한다.

나는 우리가 그리스도인으로서 세상의 문제들이나 심지어 기독교 안의 문제들에 대한 답을 모조리 제시할 수 있어야 한다고는 결코 말하고 싶지 않다. 전혀 그렇지 않다!

프랑스의 철학자요 수학자이자 그리스도인인 파스칼은 이성을 초월한 것들이 존재함을 사람들에게 보여주는 것이 이성의 가장 큰 역할이라고 갈파했다. 하지만 주님은, 자신을 가리켜 "진리를 알지니 진리가 너희를 자유케 하리라"요한복음 8:32고 말씀하셨다. 분명 이 말씀은 우리의 삶과 운명의 기초가 되는 어떤 절대적인 것들을 지녀야 함을 가르친다. 이 절대적인 것들이 없다면, 우리가 오늘날의 세계에 그리스도인으로서 제시할 것은 거의 없다.

나는 비그리스도인들은 물론이고 그리스도인들에게서도 가끔 발견되는 태도로 인해 혼란을 느낀다. 그것은 진리 추구가 진리 습득보다 더 중요하다는 태도다. 이들은 어떤 답을 원하지 않는다. 왜냐하면 답을 얻으면 게임이 끝날 것이기 때문이다. 그들에게는 탐구가 전부이다. 진리 그 자체는 덜 매력적이다. 종종 그들은 진리란 도달할 수 없는 것이라며 합리화한다. 그 결과 거의 모든 답을 경솔하거나 부자연스러운 것으로 본다.

내 생각에 이것은 위험한 생각이다. 명확한 답이 반드시 경솔한 것은 아니다. "경솔함"은 답을 제시하는 사람의 태도에 의해 드러난다. 경솔한 답은 마치 동전을 넣으면 저장된 노래가 자동적으로 흘러나오는 기계와 같다.

질문자와 그 질문의 배경을 고려한 충분한 설득력을 갖춘 대답은 경솔한 대답이 아니다. 상대방의 생각에 맞추기 위해 객관적 사실을 변경시킬 수는 없지만, 그들의 지적 성실성에 화답하는 의미에서 그 사실을 제시할 수는 있다. 자신이 받은 진리를 솔직하게 증거하는 일을 기피하지 말자.

## 꼭 네 개의 박사 학위가 필요한 것은 아니다

질문을 생각할 때, 종종 우리는 자신이 숙지하지 못한 정보들을 염려하곤 한다. 효과적으로 대답하려면 네 개의 박사 학위와 5,000권의 책을 통한 지식을 지닐 필요가 있다고 생각한다. 이 절망적 과제를 생각하면서 우리는 숨이 가빠진다. 그래서 "난 할 수 없어. 이건 내가 증거할 수 있는 영역이 아닌 것 같아." 하고 결론짓는다.

하지만 국내외의 200개에 달하는 대학에서 수많은 비그리스도인 학생들에게 복음을 증거하는 과정에서, 나는 사실이 그렇지 않다는 것을 배웠다.

복음 전도 여행을 처음 시작했을 때 나는 오래하지 못할 거라고 생각했다. 처음 간 곳은 캔자스대학이라는 학문의 전당이었다. 속으로 "주님, 왜 하필이면 내가 총명한 학생들이 모인 자리에서 시작해야 합니까? 저들은 나를 갈기갈기 찢을 겁니다."라고 고했다. 그날 밤을 넘기기 힘들 거라고 예상했지만, 나는 하나님의 은혜와 그 선하심 덕분에 잘해냈다.

더욱이 그날 저녁 한 학생이 그리스도인이 되어 지금까지 신실하게 예수 그리스도를 섬기고 있다. 그날 밤 나는 몇 가지 소중한 정보를 얻었다. 나는 비그리스도인들이 마음에 품고 있는 질문들을 몇 가지 발견했고, 다른 캠퍼스들을 다니면서 많은 학생들과 대화하는 중에, 그들이 주로 하는 질문들의 패턴을 파악했다.

삶의 어떤 면에서나, 우리 모두는 알려지지 않은 것을 두려워한다. 왜 우리가 집집마다 다니면서 문 두드리는 것을 싫어할까? 그것을 생각만 해도 몸을 떠는 이들도 있다. 문 뒷편에 무엇이 있는지 모르기 때문에 두려워한다. 왜 사람들은 죽음을 두려워할까? 예수 그리스도를 영접하기 전까지는, 죽음이 커다란 미지의 영역이다. 알려지지 않은 것과 관련된 경험은 힘들기 마련이다.

토론을 처음 인도할 때 나는 무척 힘들었다. 무슨 이야기가 나올지 예상할 수 없었기 때문이다. 하지만 지금은 비그리스도인들과의 토론에서 어떤 질문을 받을지 예측할 수 있고, 그 예상의 적중도는 매우 높다. 소수의 질문들을 제외하면, 대부분은 몇 가지 기본적 범주들 중 하나에 속한다.

## 그릇된 질문, 올바른 대답

최근에 나는 한 기독교 대학 캠퍼스에서 학생들과 함께 자유토론 시간을 가졌다. 학생들은 전형적인 친목회 분위기를 원했다. 그래서 나는 그 분위기에 맞추어 잠깐 이야기한 후에 무엇이든 질문해 보라고 했다.

놀랍게도, 그들은 일반 대학의 캠퍼스에서는 나온 적이 없었던 온갖 질문들을 던졌다. 그 중에는 기독교의 신학 용어에 관한 내용이나 기독교 관행에 있어서의 차이점들과 관련된 질문들도 많았다.

일반 대학에 다니는 대부분의 비그리스도인들은 성경적으로 문외한이며, 그렇기 때문에 보다 기본적인 질문을 던진다. 이는 기독교 학교에 다니는 학생의 사고와 비그리스도인 학생의 사고가 대체로 상당한 차이를 보임을 시사한다.

따라서 그리스도인들이 비그리스도인들에게 다가서는 데에는 많은 어려움이 따른다. 전자는 후자가 실제로 던질 질문들에 대한 답을 미리 알아 둘 필요가 있으며, 제기되지도 않을 질문들에 굳이 골몰할 필요는 없다. 그릇된 질문에 올바른 대답을 해봤자 별 도움이 되지 않는다.

조지아대학 캠퍼스에서 봉사활동을 하는 중에, 팀원 중 한 명이 "히즈"His라는 잡지에 실린 나의 짤막한 기사 "비그리스도인들이 주로 하는 질문들"을 읽었다고 말했다. 미팅이 끝난 후, 우리는 리포트를 쓰는 시간을 가졌다.

그때 그가 흥분한 어조로 말했다. "정말 신기해요. 이번주까지 세 차례나 친목회에 참석했는데, 매번 그 기사에 실린 질문들이 제기되었답니다!" 그는 비그리스도인들과 직접 맞부딪히면서 그 패턴을 확인할 수 있었던 것이다.

이처럼 우리가 답해야 할 질문들에는 나름대로의 패턴이 있다. 굳이 정보를 산더미처럼 쌓을 필요 없다. 평범하고 기본적인 질문에 대한 답을 생각해 두기만 해도, 질문자들을 담대히 맞을 수 있을 것이다.

## 일곱 가지 기본적인 질문들

여기서는 일곱 가지 기본적인 질문들을 소개하려 한다. 질문들은 약간씩 차이가 나기도 하지만 그 뿌리 면에서는 모두 이 범주에 포함된다. 나는 이 질문들에 대한 답변도 간략히 덧붙였다. 독자가 나름대로 더 보완할 수 있을 것이다.

### 1. 불신자들은 어떻게 될까

비그리스도인들은 불신자에 관한 질문을 자주 던진다. 그리스도인들 중에도 이런 질문을 던지는 이들이 많다. "예수 그리스도에 대해 전혀 들어 본 적이 없는 사람들은 어떻게 될까? 지옥에 떨어질까?"

먼저 하나님이 이들을 어떻게 처리하실지 우리로서는 정확히 알 수 없다는 점을 인정해야 한다. 하나님께서 우리에게 모든 것을 말씀하지는 않으셨다. 하나님만 아시는 것들이 있다. 신명기 29:29는 "오묘한 일은 우리 하나님 여호와께 속하였거니와 나타난 일은 영구히 우리와 우리 자손에게 속하였나니"라고 가르친다. 어떤 것들에 대해서 하나님은 자신의 계획을 온전히 계시하지 않으셨다. 불신자의 운명이 그 예이다. 우리의 관심은 성경에 계시된 내용을 온전히 파악하는 데 있어야 한다. 성경에 계시된 다음의 내용에 대해서는 확신을 갖고 의지할 수 있다.

첫째, 하나님은 의로우시다. 우리에게 주어진 모든 증거들을 보면, 그분의 성품을 확고히 신뢰할 수 있다. 예수 그리스도에 관해 들어 본 적이 없는 자들을 하나님이 어떻게 처리하시든 정당할 것이라고 확신할 수 있다. 우리의 모든 정보에 의하면 하나님은 공평하시다.

둘째, 예수님에 관해 들어 본 적이 없는 자가 그분을 거부했다는 것으로 정죄를 받지는 않을 것이다. 대신에, 그는 자기 나름대로의 도덕적 기준을 범한 데 따른 정죄를 받을 것이다. 십계명을 들은 적이 있든 없든, 모든 사람들이 죄 안에 갇혀 있다.

로마서 2장에는, 모든 사람이 어떤 종류의 기준을 지니고 있으며, 또한 어느 문화권에서나 나름대로의 기준을 범한다는 사실을 분명히 지적한다. 이는 인류학에서 확언하는 내용이기도 하다.

바울은 이렇게 설명한다.

"무릇 율법 없이 범죄한 자는 또한 율법 없이 망하고 무릇 율법이 있고 범죄한 자는 율법으로 말미암아 심판을 받으리라 하나님 앞에서는 율법을 듣는 자가 의인이 아니요 오직 율법을 행하는 자라야 의롭다 하심을 얻으리니 (율법 없는 이방인이 본성으로 율법의 일을 행할 때는 이 사람은 율법이 없어도 자기가 자기에게 율법이 되나니 이런 이들은 그 양심이 증거가 되어 그 생각들이 서로 혹은 송사하며 혹은 변명하여 그 마음에 새긴 율법의 행위를 나타내느니라) 곧 내 복음에 이른 바와 같이 하나님이 예수 그리스도로 말미암아 사람들의 은밀한 것을 심판하시는 그 날이라" 로마서 2:12-16.

셋째, 성경은 피조물들을 통해 모든 사람이 하나님의 존재를 알 수 있다고 지적한다. 로마서 1:19-20에서 이를 분명히 증거한다.

"이는 하나님을 알 만한 것이 저희 속에 보임이라 하나님께서 이를 저희에게 보이셨느니라 창세로부터 그의 보이지 아니하는 것들 곧 그의 영원하신 능력과 신성이 그 만드신 만물에 분명히 보여 알게 되나니 그러므로 저희가 핑계치 못할지니라."

시편 19편도 이 사실을 확증한다. 또한 마태복음 7:7-11과 예레미야 29:13으로부터 우리는, 사람들이 자신 속에 있는 빛에 응답하여 하나님을 추구하면 하나님이 예수 그리스도에 관한 진리를 들을 수 있는 기회를 그들에게 주실 것이라는 결론을 내릴 수 있다.

넷째, 성경에는 사람들이 예수 그리스도를 떠나서 구원받을 수 있다는 언급이 전혀 나오지 않는다. 주님이 친히 요한복음 14:6에서 "내가 곧 길이요 진리요 생명이니 나로 말미암지 않고는 아버지께로 올 자가 없느니라."라고 선언하셨다. 예수님은 하나님의 권위로 말씀하셨다. 오직 그분만이 우리의 죄를 대속하셨다. 그분은 인간의 최고 업적으로도 하나님의 거룩하신 기준에 이르지 못하도록 가로막는 구렁을 넘어갈 수 있게 하는 유일한 교량이시다.

베드로는 사도행전 4:12에서 "다른 이로서는 구원을 얻을 수 없나니 천하 인간에 구원을 얻을 만한 다른 이름을 우리에게 주신 일이 없음이니라."고 분명하게 선언한다. 이는 우리 그리스도인들에게 큰 책임이 있음을 상기시킨다. 우리는 복음을 듣지 못한 이들에게 꼭 들려줘야 한다.

불신자들의 사후에 관해 질문을 던지는 사람들에게 알려줄 마지막 사항은, 복음을 들은 자들을 기다리고 있는 심판에 관해 성경이 분명하게 언급하고 있다는 것이다. 그들이 하나님을 대면할 때, 문제는 불신자에 관한 것이 아닐 것이다. 그들은 개인적으로 예수 그리스도를 어떻게 대했는지에 대해 해명해야 할 것이다.

때로 사람들은 개인적 책임을 회피하기 위한 연막 수단으로 불신자에 관한 질문을 제기하기도 한다. 우리는 자신의 확신을 위해 이 질문을 깊이 숙고함은 물론이고 이런 사람들을 위해서도 대답해줄 필요가 있다.

문제는 그들 자신이 예수 그리스도를 어떻게 대하는가이다. 우주 속에 내재된 도덕법에 대해서는, C. S. 루이스의 "기독교를 옹호함"*The Case for Christianity*이라는 책을 참조하라.

## 2. 그리스도는 우리를 하나님께로 이끄는 유일한 길인가

첫 번째 질문과 자연스럽게 연결되어 있으며 약간 변형된, 두 번째 질문은 이러하다. "신실한 이슬람교 신자나 불교 신자나 힌두교 신자가 예배하는 신은 그리스도인이 믿는 하나님과 이름만 다를 뿐 똑같은 신 아닌가?" 달리 말해서 "예수 그리스도가 우리를 하나님께로 이끄는 유일한 길인가?"

믿음의 진실도나 강도가 진리를 만들어내지는 못한다. 믿음의 대상이 타당하지 않으면 믿음도 타당하지 않다. 믿음 그 자체가 무엇을 진리로 만들지는 않으며, 진리를 믿지 않으려 한다고 해서 진리가 거짓이 되는 것도 아니다. 중요한 것은 진리 자체에 대한 물음이다.

이슬람교와 기독교를 비교해 보자. 도덕적, 윤리적 영역에서는 이들 간에 많은 유사점이 발견된다. 그러나 이들은 가장 핵심적인 물음에 있어 정반대 입장이다.

그 물음은 "예수 그리스도는 누구신가?"이다. 이슬람교는 예수 그리스도가 성자 하나님이심을 부정한다. 그리고 그분이 십자가상에서 죽었다가 다시 살아나셨다는 사실도 부정한다.

반면에, 기독교는 성자 하나님이신 예수 그리스도께서 우리 죄로 인해 십자가에서 죽었다가 다시 살아나셨다는 사실을 확신하며 거기에 초점을 맞춘다. 이 점에서 양자의 믿음은 동시에 참일 수 없다. 둘 중 하나만 올바를 수 있다. 만일 기독교의 핵심이 그릇되다면, 우리의 믿음은 무가치하다.

이 질문은 다른 종교들과 관련하여 감정적 문제를 유발할 수 있으므로 주의 깊게 논의되어야 한다. 우리는 하나님께로 이끄는 유일한 길은 그리스도라고 말하는 그리스도인들을 사람들이 고집불통이거나 편견에 사로잡혔거나 뻔뻔스런 존재로 보지 않길 바란다. 그리스도인으로서 우리는 다른 선택권을 갖고 있지 않다.

왜냐하면 예수 그리스도께서 친히 그렇게 말씀하셨기 때문이다. 사람들이 원하는 대로 믿고 싶은 것을 선택할 수 있지만, 임의로 기독교를 재규정할 권한을 지니고 있지는 않다. 예수 그리스도께 충실하길 원한다면, 우리는 그분의 말씀 위에 확고히 서야 한다.

이 사실을 고려할 때, 고집이 누그러지기만 하면 신앙 공동체에 소속될 수 있는 자격 기준을 다시 의논해 볼 수 있을 거라는 식으로 생각해서는 안 된다. 그런 생각은 핵심을 간과한 것이다. 우리가 언급하는 진리는, 예수 그리스도를 통해 친히 인간 역사 속으로 들어오신 하나님의 계시로 말미암아 제공된 것이다.

이 점을 명확히 이해하도록 도와주는 예화가 하나 있다. 삶의 어떤 영역에서는, 범법 행위에 대한 처벌이 사회적으로 결정된다. 이를테면, 길 모퉁이에 정지 표지판이 있다. 지역 사회에서는 그 표지를 위반할 경우 5달러, 10달러, 15달러 등의 벌금을 문다.

혹은 아예 벌금을 폐지할 수도 있다. 처벌은 정지 표시를 무시한 행위 자체에 의해 결정되는 것이 아니다. 위반 행위 자체에 처벌이 내재해 있는 것이 아니다.

하지만 물리적 영역 같은 삶의 다른 어떤 영역에서는, 사회적으로 결정될 수 없는 법칙이 존재한다. 지역 사회에서 오전 8시부터 9시까지 매일 한 시간씩 중력의 법칙을 중지시키기로 만장일치로 결정했다고 가정하자. 그 결정의 효력을 시험해 보기 위해 지붕에서 뛰어내릴 사람이 어디 있겠는가? 그 결정을 세 차례나 통과시켰다고 해도 상황은 매한가지일 것이다.

중력의 법칙을 어긴 데 대한 처벌은 사회적으로 정해지지 않는다. 위반 행위 자체에 처벌이 내재되어 있다. 그 벌칙에 동의하든 않든 간에, 높은 지붕에서 뛰어내리면 사고를 당하기 마련인 것이다.

도덕적 영역에서도 물리적 영역에서처럼, 사회적으로 결정되지 않는 법칙들이 있다. 우리는 우주의 내재적 법칙에 관한 하나님의 계시를 통해 이 법칙들을 알아차린다(도로시 L. 세이어즈는 "창조자의 심정"*The Mind of the Maker*이라는 책에서 이 주제를 상세히 다루고 있다).[1]

우리가 비그리스도인으로 하여금 예수 그리스도가 하나님께로 가는 유일한 길이라는 사실을 숙고하도록 도움에 있어, 공격이 최선의 방어인 경우가 종종 있다.

줄곧 질문에 대답만 하고 있을 필요는 없다. 우리도 질문을 던질 수 있다. 그들은 그리스도의 말씀을 믿지 않기 때문에 몇 가지 질문에 답해야 한다. 이런 질문으로 시작할 수 있다. "당신은 예수 그리스도께서 진리이심을 믿지 않으니, 그분과 관련하여 세 가지 중 어느 것을 믿나요? 예수 그리스도나 그분의 주장에 대해 내릴 수 있는 결론은 오직 네 가지뿐입니다. 그분은 거짓말쟁이거나, 정신병자이거나, 전설 속 인물이거나, 진리이십니다. 그분이 진리이심을 믿지 않는 사람은 그분을 거짓말쟁이, 정신병자, 또는 전설 속의 인물로 보는 셈이지요."

대부분의 비그리스도인들은 자신의 논리적 선택이 이러하다는 점을 자각하고 있지 않다. 따라서 우리는 불신자들에게 남겨진 선택 사항이 세 가지뿐임을 상기시켜야 한다.

"당신은 어떤 가설을 믿으며, 그 가설을 뒷받침하기 위해 무슨 증거를 제시할 수 있습니까? 그분은 거짓말쟁이인가요?"

　예수님의 신성을 거부하는 자들마저도 그분이 위대한 도덕적 현인이요 선생이었다고 주장하는 데는 망설임이 없다. 이 선한 선생을 거짓말쟁이로 지칭하는 것은 말도 안 된다고 생각한다. 그렇다면 가장 핵심적인 가르침, 즉 자신의 신성에 대한 가르침에 대해 그분이 거짓말을 하신 것으로 보기도 힘들 것이다.

　아니면 그분을 정신병자로 보아야 할까? 이렇게 보면 그분의 도덕성에 타격이 가해지지는 않을 것이다. 자신이 옳은 일을 하고 있다고 생각했지만, 과대 망상에 시달린 것일까? 오늘날에도 자신이 나폴레옹이나 심지어 예수 그리스도라고 상상하는 사람들이 있다.

　이같은 결론의 문제점은 오늘날 우리가 아는 과대 망상의 증상이 예수 그리스도께는 나타나지 않았다는 사실이다. 그분의 삶 속에서는 망상증 환자의 특징인 불안정한 모습이 전혀 발견되지 않는다. 이를테면, 엄청난 압박감에 짓눌리셨을, 그분의 죽음의 순간을 생각해 보라. 침착하게 평정을 유지하신 그 모습은 과대 망상에 시달리는 사람의 특징과는 거리가 멀다. 그분이 과대 망상이나 그밖의 정신 질환에 걸렸음을 보여주는 성경상의 증거는 전무하다.

　세 번째 가설은 예수 그리스도에 관한 기록이 전설이라는 것이다. 성경에 기록된 말씀은 그분이 직접 한 것이 아니며 3, 4세기의 광신적 추종자들에 의해 조작되었다는 것이다.

　하지만 현대 고고학이 이 이론을 지지하기 힘들게 만든다. 예를 들어, 신약성경의 문서들이 예수 그리스도와 동시대 사람들에 의해 기록되었음을 뒷받침하는 증거가 최근에 발견되었다. 전설을 정교하게 다듬으려면 훨씬 더 많은 시간이 필요했을 것이다.

오늘날 사람들이 미국 대통령 루즈벨트가 스스로를 하나님이라 칭했으며 죄를 사하는 권세를 지녔고 또한 죽었다가 살아났다고 하는 보도를 퍼뜨릴 수 없듯이, 의심 많은 그 시대에 사람들이 예수님에 관한 그런 전설을 퍼뜨리거나 받아들일 수도 없었을 것이다. 반박할 증거들이 너무나 많은 상황에서는, 거짓된 소문이 계속 돌 수 없다.

만일 상대방이 관심을 갖으면, 예수 그리스도에 관한 그분 자신의 언급을 제시할 수 있다. 요한복음 14장에 수록된 내용도 좋을 것이다. 그분은 자신이 진리라고, 하나님께로 가는 길이라고, 그리고 그를 본 자는 하나님 아버지를 보았다고 말씀하셨다. 지성적으로 솔직한 사람이라면 누구나 이 비범한 말씀과 더불어 씨름하지 않을 수 없다.

### 3. 왜 무고한 자가 고통당할까

자주 제기되는 세 번째 질문은 악의 문제와 관련된 것이다.

"하나님이 선하고 전능하시다면, 왜 무고한 사람이 고통당할까? 왜 어떤 아기들은 눈이 멀거나 정신 장애나 불구로 태어날까? 왜 전쟁이 일어나는 것일까? 도대체 왜? 하나님이 선하시지만 질병과 재난을 제거할 만큼 강하지는 못하신가? 아니면 그분이 강하지만 선하지 않은 까닭에 악을 모조리 제거하지는 않으시는 것일까?"

우리는 악의 문제와 그 기원에 대한 설명을 충분히 갖고 있지 않다. 이는 하나님이 그 일부만을 우리에게 계시하셨기 때문이다. 동정심이 많은 사람들은 과거의 역사나 현 시대에 나타나는 악의 참사들을 보고 부분적인 설명만으로는 미흡하다고 생각할 것이다.

그러나 우리가 확실히 아는 것들도 있다. 우리는 하나님이 우주를 완벽하게 만드셨다는 것을 알고 있다. 아담과 하와에게는 하나님께 순종하거나 불순종할 수 있는 자유가 주어졌다. 첫 부부의 불순종으로 말미암아 악이 세상에 들어왔다. 우주에 내재된 패턴들 중 하나는 우리의 행위가 자신뿐만 아니라 다른 사람들에게도 영향을 준다는 것이다. 사람들이 하나님의 율법을 어기고 불순종했기 때문에, 악이 두루 퍼져나갔다.

이 질문을 논의할 때, 우리 모두에게 악이 존재한다는 점을 간과하지 않는 것이 중요하다. 많은 사람들은 "왜 하나님이 개입하여 악을 제거하지 않으시는 걸까? 왜 전쟁을 근절시키지 않으시는 걸까?"라고 묻는다.

만일 하나님이 철저한 심판을 단행하시면 우리를 포함하여 그 누구도 살아남지 못할 거라는 사실을, 그들은 모르고 있다. 하나님이 "오늘 밤 자정에 우주의 모든 악을 박멸할 것이다."라고 선언하신다고 가정해 보라. 오전 1시에 우리 중 누가 남아 있겠는가?

인류의 개인적인 악의 문제를 지적한 후에, 우리는 하나님이 그 문제를 희생적으로 처리하셨다는 사실을 특별히 언급할 필요가 있다. 그분은 예수 그리스도를 통해 인간 역사 속으로 들어오셨을 뿐만 아니라, 악의 문제를 해결하기 위해 자신의 생명을 주셨다.

이 사실을 기꺼이 받아들이는 사람은 누구나 예수 그리스도 안에 있는 사랑과 은혜와 용서의 선물을 얻을 것이다. C. S. 루이스가 지적했듯이, 악의 기원에 관해 깊이 생각하는 것은 나태한 행동이다. 모두가 직면하는 문제는 악이라는 사실이다. 악에 대한 유일한 해결책은 하나님의 해결책인 예수 그리스도시다.

철학자요 신학자인 프란시스 쉐퍼가 생의 막바지에 이르러서 했던 말이 고통에 대한 기독교적 관점을 올바로 보여준다. 쉐퍼 박사는 오래도록 희생적으로 하나님을 섬기던 중 백혈병 말기 진단을 받았다. 죽음을 눈앞에 둔 현재 상황과 하나님의 선하심을 어떻게 설명할 수 있는지에 대한 질문을 받았을 때, 그의 대답은 다음과 같았다.

"내가 병에 걸리지 말아야 한다는 법이 있나요? 나는 타락한 세상에서 살고 있고 비그리스도인과 마찬가지로 세상의 온갖 질병들에 노출되어 있어요. 차이점이 있다면 나는 예수 그리스도께 속했으므로 나의 영원한 미래를 안다는 것이지요."

### 4. 어떻게 기적이 가능할까

네 번째 질문은 자연론과 초자연론을 대비시킨, 기적에 관한 물음이다. "어떻게 기적이 가능한가요? 이 과학 시대에, 우주의 질서에 대해 생각하는 지성인이 과연 기적을 믿을 수 있을까요?"

만일 이 질문의 뿌리를 다루지 않으면, 우리는 그리스도께서 물 위를 걸으실 수 있었는지, 오병이어로 5천 명을 먹이실 수 있었는지, 혹은 이스라엘 백성이 실제로 홍해를 건넜는지 등등을 논의하느라고 긴 시간을 허비할 수도 있다. 이 질문에 답하려면 그 근본 전제를 파고들어야 한다.

진짜 문제는 하나님이 존재하시는지의 여부다. 하나님이 계시다면, 이적은 당연한 것이며 지적 반감을 전혀 야기하지 않는다.

아시아에서 자란 한 친구는, 사람이 하나님이 될 수 있다는 점을 자신은 도무지 믿지 못하겠다고 내게 말했다. 나는 그의 문제가 무엇인지를 금방 알아차리고서 "나 역시 그 점을 믿으려면 시간이 꽤 걸릴 거야. 하지만 나는 하나님이 사람이 되셨다는 사실은 쉽게 믿을 수 있어."라고 말해주었다.

이 두 개념 사이에는 큰 차이가 있다. 당연히 하나님은 전능하시다. 그분은 자신이 지으신 우주 속에 개입하실 수 있고 또한 개입하신다.

우리는 "하나님이 존재하심을 내가 어떻게 알 수 있을까요?"라는 질문을 자주 받는다. 이에 대해 굳이 상세한 설명을 하기보다는, 두 가지 기본적 견해를 소개하려고 한다.

첫 번째 논거는 디자인에서 착안한 논거다. 만일 내 컴퓨터가 "우연히" 존재한 것이 아니라면, 그보다 무한히 더 복잡한 우주를 단지 "우연히" 생긴 것으로 보는 것은 비논리적이다. 설령 개별적인 부분들이 진화한다고 해도, 이들을 전체로서 작용하도록 배열하는 디자이너가 없다는 것은 설득력이 없는 생각이다.

두 번째 논거는 원인과 결과의 법칙을 근거로 한다. 복잡한 인간 존재인 우리가 막연하고 불명확한 힘의 작용에 따른 결과일 수 있을까? 우리에게 지성과 감정과 의지가 있다는 사실은, 우리보다 더 위대한 어떤 근원이 우리를 지으셨음을 시사한다. 이 논거를 뒷받침할 수 있는 실례들은 무수하다.

그러나 하나님의 존재를 확증하는 가장 큰 단서는 그분이 신인God-man으로서 인간 역사 속에 들어오신 것이다. J. B. 필립스가 말했듯이, 이 땅은 "방문받은 행성"이다. 제기되는 모든 질문들에 답하기 위해 우리는 결국 동일한 해결책에 의존해야 한다. 그 해결책이란 바로 예수 그리스도시다.

내가 하나님이 존재하심을 아는 것은, 철학적 논거들 때문이 아니라 그분이 예수 그리스도 안에서 인간 역사 속에 들어오셨고 또한 나 자신의 삶 속에서 개인적으로 그분을 만났기 때문이다. 우리의 대답은 그분께로부터 시작된다.

예수 그리스도께서 하나님임을 주장하시기 때문에, 우리는 그분의 주장이 사실인지 확인해 보아야 한다. 그분의 주장을 확증해주는 증거들이 있는지 그리고 그분이 진정 죽은 자 가운데서 다시 살아나셨는지 우리 스스로에게 물어보아야 한다.

누구나 자신이 하나님이라고 주장할 수는 있다. 내가 자란 필라델피아에는, 자신이 하나님이라고 주장하며 자신을 "성부"Father Divine라고 부르는 사람이 있었다. 하지만 그 주장을 뒷받침해줄 증거가 없었다. 만일 우리 중에 누가 자신이 하나님이라고 주장한다면, 우리는 단 몇 분만에 그것이 허구임을 입증할 수 있을 것이다. 하지만 예수 그리스도를 생각할 때, 그것은 그리 간단한 일이 아니다. 그분의 주장을 확증해주는 증거들이 많이 있기 때문이다. 가장 중요한 증거는 죽은 자 가운데서 다시 살아나셨다는 사실이다.

앞에서 밝혔듯이, 기적에 관한 질문은 우주를 지으신 전능자 하나님이 존재하시는가 하는 물음과 연관된다. 만일 하나님이 존재하신다면, 우리는 이적을 받아들이는 데 별 어려움을 느끼지 않을 것이다. 하나님은 자신이 만든 자연법칙을 초월하시기 때문이다. 데이비드 흄 같은 이들은 기적을 "자연법칙 위반"으로 규정했다. 그런 입장은 자연법칙을 신성시하는 것이며, 하나님을 자연 법칙 속에 갇힌 존재로 격하시키고 만다.

그리스도인들은 자연법칙을 믿는다. 말하자면, 사물들은 항상 인과법칙에 따라 움직인다. 그렇지만, 하나님이 원하시면 자연법칙 속에 개입하실 수도 있다. 하나님은 자연법칙 너머에, 위에, 그리고 바깥에 계시며, 그것에 속박되지 않으신다.

만일 우리가 기적이 자연법칙과 상충되지 않음을 이해한다면, 기적은 가능한 것이다. J. N. 호돈이 설명했듯이 "기적은 하나님에 의해 야기되는 유별난 사건이다. 자연의 법칙은 그분에 의해 야기되는 평범한 사건들을 개괄하는 개념이다."[2]

이적과 자연법칙의 관계에 대한 그리스도인들의 견해는 두 가지로 나뉜다. 첫째는, 이적은 현재로서는 우리에게 알려지지 않고 있는 "보다 높은" 자연법칙이다. 현대 과학의 인상적인 발견들에도 불구하고 우리는 여전히 무지의 바다의 해변에 서 있다. 만일 우리가 하나님께 속한 지식을 다 지니고 있다면, 우리는 이적을 단지 그 차원 높은 법칙의 결과로 여길 것이다.

그러나 현대 과학의 의미에서 법칙이란 규칙적이며 한결같이 작용하는 것이다. 기적을 보다 높은 법칙의 결과로 보는 것은 법칙이라는 용어의 통례적 의미와는 거리가 멀다.

기적에 대한 두 번째 견해가 있는데, 내가 보기에는 이것이 더 적절한 것 같다. 이 견해에 의하면 기적은 창조의 행위이며, 하나님의 초자연적 권능으로 말미암는 주권적이고 초자연적인 행위이다. 성경의 이적들에 대해서는 정밀조사를 해볼 필요가 있다.

왜냐하면 이들은 "자연적인" 또는 "심신상관心身相關적인" 현상으로 분류될 수 없기 때문이다. 예수께서 죽은 나사로를 살리신 일과 그분의 부활은 우리에게 알려지지 않은 그리고 소위 자연법칙의 영역 바깥에 있는 힘으로 말미암았다.

예수님의 치유 이적들도 마찬가지다. 치유받은 나환자들은 하나님의 직접적인 능력을 경험했다. 소경으로 태어난 사람의 치유는 심신상관적 근거로는 설명될 수 없다.

치유받은 소경은, 창세 이후로 소경으로 난 자의 눈을 뜨게 하였다 함을 듣지 못하였다고 증거했다. 이 이적을 당시의 자연적 현상으로써 설명할 수 없었듯이 오늘날에도 설명할 수 없다. 예수 그리스도의 부활 역시 마찬가지다. 우리는 그분의 삶의 초자연적 차원을 인정하지 않을 수 없다.

자연적인 것과 초자연적인 것에 대해 논의할 때, 우리는 하나님을 입증할 수 있다거나 입증할 수 없다는 말이 무슨 뜻인지를 분명히 파악할 필요가 있다. 과학적 방법으로는 하나님을 결코 입증하지 못한다. 하지만 이것이 우리가 손을 들었다는 뜻은 아니다. 검증 수단으로서의 과학적 방법은 어떤 실재의 측정 가능한 측면에 국한된다. 삶의 측면들 중에는 과학적 방법으로 검증할 수 없는 것들도 많다.

1m의 사랑이나 1kg의 공의를 본 사람은 아무도 없지만, 우리는 그것들의 실재를 부인하지 않는다. 모든 것을 과학적 방법으로 검증해야 한다는 주장은 염소 가스를 마이크로폰으로 측정해야 한다는 것처럼 어이 없는 주장이다. 마이크로폰은 그런 용도에 쓰이는 것이 아니다. 가스를 측정할 수 없는 도구로 가스를 측정하고서 가스의 실재를 부인하려 해서는 안 된다.

과학적 방법의 또다른 한계는 어떤 사실을 반복을 통해 검증해야 한다는 것이다. 하지만 역사는 반복될 수 없다. 그 누구도 나폴레옹의 경험을 반복하지는 못할 것이므로, 우리는 나폴레옹을 입증할 수 없다. 말하자면, 과학적 방법으로는 그렇다.

하지만 나폴레옹을 입증해주는 것은 무엇일까? 우리가 역사를 반복할 수는 없기 때문에, 그것은 과학적 검증의 영역을 벗어나 있다. 그러나 역사 과학이 있다. 기독교에 관한 자료, 특히 부활에 관한 증거를 조사하면서, 우리는 확신의 기초로 삼을 만한 굳건한 논거를 발견한다.

합리주의적 전제에 기초한 물질주의적 입장을 취하는 사람들에게, 그리고 초자연적인 것은 존재하지 않으므로 이적도 불가능하다고 주장하는 사람들에게, 우리는 이런 개념을 제시할 필요가 있다. 그들이 합리주의적 전제에서 시작할 경우에는, 아무리 증거가 많아도 진리를 확신하지 않을 것이다.

만일 당신이 이적 가능성을 부인함으로 전제를 시작한다면, 어떤 증거가 당신에게 이적 발생을 확신시킬 수 있겠는가? "만일 하나님이 내게 나타나시면, 내가 그분을 믿을 것"이라고 말하는 사람들은 너무 단순하다. 무슨 일이 일어나든, 그들은 이적과는 무관한 자연적 현상으로 설명하려 할 것이다.

그리스도께서 누가복음 16:28-31에서 이 문제를 다루셨다. 지옥에 떨어진 부자가 아브라함에게 부탁하기를, 나사로를 보내어 자기 형제들에게 경고해달라고 했다.

그때 아브라함은 "저희에게 모세와 선지자들이 있으니 그들에게 들을지니라."고 말했다. 그러나 부자는 이르기를 "그렇지 아니하니이다 아버지 아브라함이여 만일 죽은 자에게서 저희에게 가는 자가 있으면 회개하리이다."라고 했다.

그러자 아브라함은 "모세와 선지자들에게 듣지 아니하면 비록 죽은 자 가운데서 살아나는 자가 있을지라도 권함을 받지 아니하리라."고 대답했다.

이 원칙은 오늘날에도 여전히 적용된다. 하나님이 이 땅에 오신 사실과 관련된 자료들은 믿음을 위한 근거로 삼기에 충분하다. 그들이 이 증거를 거부한다면, 다른 어떤 증거로도 그들을 확신시키지 못할 것이다.

### 5. 성경은 오류로 가득하지 않은가

다섯 번째 질문은 "당신의 믿음은 성경이 오류들로 가득하다는 사실과 어떻게 조화되는가?"로 시작된다. 성경의 신빙성에 대한 도전이다.

이 경우에, 먼저 상대방이 염두에 두고 있는 특정한 오류들이 무엇인지 물어볼 필요가 있다. 99%의 경우에 사람들은 구체적인 대답을 하지 못한다. 그들은 성경이 모순으로 가득하다는 누군가의 말을 들은 적이 있을 뿐이다.

그러나 특정한 문제를 생각하고 있는 사람도 있다. 그의 질문에 대답하지 못한다고 해서 당황하지는 말라. 대신에, 자연스럽게 미소지으며 "지금은 정확한 대답을 드리지 못하지만 자세히 알아봐 드릴게요."라고 말해주라. 그런 주제를 다룬 책들이 많다. 2,000년이 지난 지금에 와서 누가 기독교를 무너뜨릴 만한 질문을 생각해낼 수 있겠는가?

만일 상대방이 성경을 읽지 않았다면, 그의 질문 자체가 불성실한 것이다. 그러나 상대방에게 그 점을 강조하지는 말라. 어떤 상황에서도 상대방을 우롱하거나 논쟁을 일으키려 해서는 안 된다. 이 중요한 문제들을 이야기할 때 그런 행동은 금물이다. 기독교 신앙에 가장 큰 타격이 가해지는 경우는, 다른 사람들의 입장을 조롱하는 방식으로 자신의 생각을 관철시키려 할 때였다. 이 경우에는 복음에 대한 평판이 나빠질 뿐이었다.

성경에는 명백한 모순점들도 조금 발견된다. 그러나 현대 고고학의 발견은 성경 속의 모순을 거듭 해결해 왔다. 현대 고고학자인 케이드 N. 쇼빌은 다음과 같이 주목할 만한 이야기를 했다. "중요한 사실은 고고학적 발굴을 통해 성경이 종교를 빙자한 위조 문서가 아님을 입증해줄 확실한 증거가 제시되어 왔다는 것이다. 지금까지, 성경에 수록

된 역사적 언급들 중에 고고학적 탐구를 통한 증거에 기초하여 거짓으로 입증된 것은 하나도 없다."³⁾

성경과 역사간에 여전히 상충되는 사항들에 대해서는, 더 많은 증거가 제시될 때까지 기다리는 것이 논리적 태도다. 우리가 모든 문제들에 대한 모든 대답을 지니고 있는 것은 아니다. 그러나 지금까지의 증거들로 미루어 볼 때, 우리는 여전히 의문시되는 성경 기록들에 대해서도 신뢰할 수 있다.

복음 전도에 있어 진화론이 문제시되는 때는 그것이 무신론적 결론으로 이끄는 경우뿐이다. 진화론과 관련하여 전문적 논의에 들어가는 것은 지혜롭지 못하다. 왜냐하면 진짜 문제는 그것 자체가 아니기 때문이다.

대개 나는 이렇게 묻는다. "우주가 우연히 생겼다고 믿는 당신의 진화론적 입장으로부터 이끌어내려는 결론이 무엇인가요? 혹시 당신은 하나님이 우주를 창조하시되 어떤 진화론적 과정을 활용하여 창조하셨다고 말하고 싶은가요? 그 입장에 대해 확신할 수는 없지만, 잠시 그게 옳다고 가정합시다. 당신은 어떤 결론을 이끌어내려 합니까?" 그러고서 나는 예수 그리스도의 말씀과 하신 일로 상대방의 관심을 돌린다. 하나님이 우주를 어떻게 지으셨는가 하는 것은 그분이 우주를 지으신 사실 자체만큼 중요한 것이 아니다.

종종 어떤 사람의 결론을 결정짓는 것은 실제적 증거가 아니라 그의 전제이다. 만일 사람들이 우주가 하나님에 의해 창조된 것이 아니라 우연히 생겼다고 생각한다면, 우리는 그같은 전제에 대해 논의할 필요가 있다.

　예수 그리스도에 관한 증거를 무시할 때 자연주의적 입장을 위한 강력한 논거가 마련될 수 있다. 많은 비그리스도인들은 그리스도의 성육신과 그 속에 담긴 의미에 대해서는 결코 진지하게 생각해본 적이 없다.

## 6. 그리스도인의 체험은 단지 심리적이지 않은가

　여섯 번째 질문은 미묘하며 상당히 개인적인 것일 수 있다. "그리스도인의 체험을 순전히 심리학적 용어로 설명할 수 있지 않은가?" 어떤 이들은 생각하기를, 우리가 신앙을 지니고 있는 것은 어릴 적부터 신앙적으로 생각하고 사는 환경에 처해 있었기 때문이라고 한다. 파블로프의 개들과 비슷한 경우라는 것이다.

　하지만 그들은 상황을 지나치게 단순화시킨다. 여행 경험이 풍부하고 다른 그리스도인들을 많이 만나본 사람이라면 어떤 전제 조건으로써 설명할 수 없는 회심 사례들이 많다는 것을 알고 있다. 왜냐하면 회심한 그리스도인들의 출신 배경은 너무나 다양하기 때문이다.

　어릴 적에 전혀 기독교를 접하지 못했지만 예수 그리스도와의 개인적 만남을 통해 자신의 삶이 변화되었음을 증거하는 사람들도 많다. 심리학자들은 자신의 연구 과정에서 일관성을 유지하려고 애를 쓴다. 자신의 결론을 입증하기 위해 그들은 가능한 한 많은 변수들을 제거해야 한다.

　하지만 그리스도인들의 삶을 비교해볼 때, 유일하게 일관된 요소는 예수 그리스도뿐이시다.

개인적 세부 사항들은 사람마다 다를 수 있다. 오직 예수님만이 늘 동일하시다. 도둑을 정직하게, 난봉꾼을 순수하게, 그리고 거짓말쟁이를 진실하게 만드는 분은 주님뿐이시다. 그분만이 증오로 가득한 마음을 사랑으로 채우실 수 있다.

심리학적 사고 방식을 지닌 또다른 사람들은 영적 실재에 대한 개념들이 본질적으로 "소망 성취"와 관련된 것이라고 주장한다. 모든 종교적 경험은 하나님을 필요로 하는 마음에서 비롯되며, 그 마음속에 어떤 이미지가 형성됨에 따라 결국 그것이 숭배 대상으로 자리잡는다는 것이다.

물론, 그런 사람이 믿고 있는 영적 실재는 객관성을 결여한 것이다. 종교란 삶을 꾸려나가기 힘든 사람들이 만들어낸 버팀목에 불과하다는 말을 우리는 자주 듣는다. 우리는 이런 견해를 깊이 생각해볼 필요가 있다.

우리가 믿고 싶은 것을 믿도록 스스로 최면을 걸지 않았음을 어떻게 알 수 있을까? 만일 우리의 영적 경험이 단지 소망 성취나 적극적 사고의 결과일 뿐이라면, 우리는 어떤 대상이든(이를테면 파이프 오르간을) 하나님으로 간주할 수 있어야 한다. 만일 우리가 충분히 오랫 동안 파이프 오르간을 하나님으로 생각한다면, 그것은 우리에게 하나님이 될 것이다. 하지만 이 주관적 경험을 뒷받침해줄 객관적 증거는 무엇인가?

또다른 상황을 생각해 보자. 누군가가 계란 프라이를 왼쪽 귀에다 걸고 당신의 방으로 어슬렁거리며 들어와서 "이봐요, 이 계란 프라이가 최고예요! 나는 이것을 통해 삶의 기쁨과 평안과 만족과 목적을 얻어요. 정말 엄청나요. 이 계란 프라이가 최고예요!"라고 말한다고 가정하자.

당신은 뭐라고 말하겠는가? 결국 당신은 어떤 경험에 대해서는 논리로 반박할 수가 없다. 그리스도인의 증언이 효과적인 것도 바로 이 때문이다. 누구도 그것에 대해 논리로 반박하지 못한다. 이 계란 프라이에 대해서도 마찬가지다.

그러나 당신은 몇 가지 핵심 질문들을 통해 그의 경험을 점검해볼 수 있다(그리스도인들도 이 질문들에 대답할 준비를 갖추고 있어야 한다). 당신에게 이같은 만족과 평안을 주는 것이 자기 최면이 아니라 계란 프라이임을 당신은 어떻게 아는가? 계란 프라이를 통해 동일한 유익을 얻은 사람들이 또 있는가? 이 경험은 어떤 객관적 사실과 결부되어 있는가? 그리스도인의 주관적 경험이 객관적이고 역사적인 사실, 즉 예수 그리스도의 부활과 확고하게 결부되어 있다는 점에서, 기독교는 자기 최면, 소망 성취, 혹은 다른 모든 심리적 현상들과는 다르다.

버클리에 있는 캘리포니아 대학에서 의미론을 담당하는 한 교수가 최근에 내가 강연을 맡았던 한 집회에 참석했다. 그는 사유에 있어 완벽한 상대주의자였다. 강연 중에 그는 청중 가운데서 일어서서 내가 한 말을 해석하곤 했다(그리고 간략한 반박도 덧붙였다). 그가 좋은 의도로 그랬다는 것은 인정하지만 다소 내 신경을 건드렸던 것도 사실이다.

그는 우리에게 참인 것으로 믿어지는 것이 반드시 다른 사람에게도 참인 것은 아니라고 하는 대중적 개념을 제시하면서, 이런 예화를 사용했다. 고참들이 한 신참자를 곯리기 위해 그를 철로에 묶어 둔다. 열차가 옆의 선로로 씽 하고 지나가자, 그는 심장마비로 죽었다. 열차가 자신이 묶인 선로로 지나가는 줄 알았기 때문이다. 그로서는 열차가 그 선로로 지나간 거나 다름없었다. 그는 그렇다고 믿었고 그래서 믿은 대로 되었다. 한 사람에게 참인 것이 다른 사람에게는 참이 아닐 수도 있다.

여러 차례에 걸쳐 우리는, 기독교는 다르다는 점을—부활이라고 하는 사실을—그 교수에게 알려주려고 노력했다. 네 번째쯤에서 마침내 그가 말뜻을 알아들었다. 분필을 들고 칠판 앞에 서 있던 그가 갑자기 말꼬리를 흐리며 "으음……. 그렇죠. 그건 분명 차이가 있겠네요."라고 말하고는 자리에 앉았다.

만일 부활이 사실이라면 그것은 엄청난 의미를 시사한다. 그것은 그리스도 안에 있는 하나님의 계시에 대한 확증이며, 절대적 진리이고, 우리 자신을 넘어선 역사적 사실이며, 또한 우리의 주관적 경험과 연결된 객관적 사실이다. 예수 그리스도께서 다시 살아나셨다는 사실은, 그분을 주님과 구주로 영접하기 전까지는 개인적으로나 경험적으로 내게 아무런 의미도 없다.

반면에, 만일 나의 경험이 나 자신만의 주관적인 것에 불과하다면, 조만간 나는 그것이 진짜인지 아니면 단지 자기 암시일 뿐인지 의심하기 시작할 것이다. 나는 내 경험이 역사상의 객관적 사실이라고 하는 탄탄한 기초에 근거한 것임을 자각할 필요가 있다.

예수 그리스도의 부활을 철저히 이해하는 것이 객관적 기초다. 간략하면서도 유익한 도움을 주도록 요약된 내용을 원한다면, 런던 대학의 동양 법학 교수인 J. N. K. 앤더슨의 소책자 "부활의 증거"*The Evidence for the Resurrection*를 읽어보라. 그는 부활을 설명하기 위해 제시되어 온 증거와 다양한 견해들을 논의한다. 그리고 여러 데이터에 근거하여, 부활을 반박하는 논거들이 부적합함을 보여준다.

### 7. 선하고 도덕적인 삶이 천국으로 이끌지 않겠는가

일곱 번째 질문은 우리 시대에 매우 널리 퍼져 있는 태도를 반영한다. "내가 도덕적으로 선하게 살기만 하면 천국에 들어갈 수 있지 않나요?"

듀크 대학의 한 학생은 토론 후에 "만일 하나님이 상대평가를 내리신다면, 나는 합격할 겁니다."라고 말했다. 그의 말은 종교에 관한 오늘날의 혼란스러운 개념을 적절히 요약한 것이다. 대부분의 사람들은 우리가 최선을 다하면 된다는, 그렇게 하면 모든 것이 잘 될 거라는, 혹은 간신히라도 성공할 거라는 철학을 받아들일 것이다. 이같은 기대감 속에서, 우리는 인간의 의를 과신하는 낙관론과 하나님의 무한하신 거룩성에 대한 지독한 무지를 본다. 하나님은 상대평가를 내리지 않으신다. 그분은 절대적 기준을 가지고 계시다. 그 절대적 기준이란 바로 예수 그리스도시다.

빛은 어둠을 파괴한다. 마찬가지로, 하나님의 성품의 불꽃은 너무나도 순수하고 강렬하여 모든 악을 태운다. 만일 우리가 아무런 도움도 없이 그분께로 나아가면, 우리는 그분의 임재 가운데 거할 수 없으며 부패한 삶으로 인해 타버리고 말 것이다. 우리로 하여금 살아계신 하나님과 더불어 친교를 누릴 수 있게 하는 유일한 근거는 예수 그리스도의 완벽하신 의義이다.

사람들로 하여금 자신의 오해를 깨닫도록 도와주는 예화가 하나 있다. 인류 전체가 '하와이'라고 하는 목적지를 향해 출발하기 위해 서부 해안에 줄지어 서 있다고 가정하자. 우리는 그들의 목표를 하나님이 정하신 의의 기준에 비길 수 있다. 총소리가 울리고 모두들 물 속에 뛰어든다.

수영하는 자들 중에 제일 빠른 사람이 있다. 그녀는 가장 도덕적인 사람이다. 그녀는 훌륭한 교수이며 선한 사람이다. 그리고 늘 최선을 다하며 높은 도덕 기준을 따른다. 하지만 그녀는 자신의 불완전함과 죄악 됨을 누구보다도 먼저 시인한다. 그러나 이미 해안으로부터 120km나 헤엄쳐 나갔다.

다음에 우리는 대학생 하나를 본다. 그는 교도소에 수감되어야 할 정도의 범죄자는 아니다. 시험 때 부정행위를 약간 하고 가끔 술판에서 흥청거리거나 탈선할 때도 있다. 하지만 아주 악하진 않다. 그는 16km 정도 헤엄쳐 나갔다.

빈민굴 출신의 한 낙오자는 해변으로부터 불과 150m 정도 떨어진 곳에서 익사하고 있다. 나머지 사람들은 제일 앞서 나가는 사람과 이

익사자 사이에 흩어져 헤엄치고 있다. 이들의 수영 실력은 천차만별이다. 하지만 하와이라고 하는 목표 지점을 놓고서 보면 무슨 차이가 있을까? 모두가 익사하고 말 것이다.

수영 기술을 알려줘도 소용이 없을 것이다. 하와이로 데려다줄 누군가의 도움이 필요하다. 예수 그리스도께서 하신 일이 바로 그것이다. 만일 혼자서 하와이까지 갈 수 있다면, 또한 생각과 말과 행동 면에서 절대적으로 완벽한 삶을 살 수 있다면, 우리는 스스로 천국에 들어갈 수 있다. 하지만 그럴 수 있는 사람은 아무도 없다. 세상의 다른 모든 종교들은 본질적으로 수영 기술을 가르치며, 특출한 삶을 위한 윤리 법규를 제시한다.

그러나 사람들의 근본 문제는 어떻게 살아야 하는지에 관한 지식의 결여가 아니다. 그렇게 살 수 있는 능력의 결핍이다. 기독교의 복된 소식은, 인간 역사에 들어오신 예수 그리스도께서 우리 스스로 할 수 없는 일을 대신해서 이루신다는 것이다. 그분을 통해 우리가 하나님과 화목해지고, 그분의 의를 덧입음으로써 하나님과 더불어 친교를 누릴 수 있다.

## 8. 신앙이란 참되지 않은 무언가를 믿는 것 아닌가

이것은 좀처럼 질문으로 제시되지 않겠지만, 상대방의 관심을 집중시키기 위해 내가 먼저 제기하곤 하는 질문이다. 신앙이 흔히 미신과 동일시되기 때문이다. 신앙을 갖기 위해서는 이성을 포기해야 한다고 말하는 사람들을 본 적이 있는가? "나처럼 지성적인 사람은 신앙에 빠질 수 없어."라고 그들은 말한다.

비그리스도인들만이 그렇게 느끼는 것은 아니다. 그리스도인들 중에도 신앙과 미신을 동일시하는 이들이 있다. 그들은 주일학교 아이들의 신앙 개념을 받아들인다. "신앙이란 자신이 참되지 않다고 생각하는 것을 믿는 것이다." 우리 중에도 이런 식으로 생각하는 이들이 많을 것이다. 신앙에 관한 다음의 몇 가지 간단한 사실들은 앞에서 논의된 사항들을 이해하는 데 도움이 될 것이다.

## 매일의 경험

먼저, 믿음은 누구나 흔히 경험하는 것이다. 많은 사람들은 버팀목 없이는 살아갈 수 없는 정서적으로 혼란스러운 사람을 위한 현상으로 많이들 믿음을 오해하고 있다. 하지만 믿음을 버팀목 정도로 보는 사람들 역시 매일의 삶 속에서 믿음을 드러낸다. 오늘 당신이 직접 만들지 않은 음식을 먹었을 수도 있다. 그 음식 속에 독이 들었는지 알 수 없었지만, 당신은 믿음으로 그것을 먹었다. 어쩌면 그것은 맹목적인 믿음이었다.

당신은 지금으로부터 한 시간 후에 독이 든 음식을 먹을 수도 있다. 레스토랑에서 안면도 없는 요리사가 만든 음식을 먹은 것은 그 요리사에 대한 믿음이 당신에게 있었기 때문이다. 당신은 합리적인 믿음을 드러냈다. 또한 학생들은 정해진 과정이 끝나면 학위를 받을 거라는 믿음을 갖고 있다.

모든 과학적 탐구와 진전 과정 역시 믿음을 바탕으로 한다. 과학과 과학자들의 객관성에 의문이 제기되는 경우도 종종 있지만, 과학자들은 입증되지 않은 공리들에 의거하여 연구를 계속해 나간다. 이것 역시 믿음의 표현이다. 과학자들은 고찰되어야 할 규칙적인 어떤 실재가 있다고 하는 믿음으로 시작한다.

또한 그들은 인과법칙이 그 실재에 적용된다고 믿는다. 말하자면, 모든 원인에는 결과가 따른다. 그래서 결국 그들은 인간의 논리가 물리적 실재를 설명하기에, 심지어 우주를 이해하기에 적합하다고 믿는다. 이같은 공리들은 맹목적으로 받아들여지며, 거의 의문시되지 않는다. 따라서 믿음은 누구나 경험하는 것이다. 문제는 "우리에게 믿음이 있는가 없는가?"가 아니라 "우리가 어느 정도나 믿음을 가지고 있는가?"이다.

## 믿음의 효력

믿음은 그 대상(사람이나 사물)만큼만 유효하다. 아마 당신은 동생을 믿을 것이다. 만일 동생이 오늘 오후에 50달러를 꾸어달라고 부탁하고 당신의 수중에 50달러가 있다면, 당신은 빌려줄 것이다.

그러나 당신이 모르는 사이에, 동생이 가문을 더럽히고 마을을 영영 떠난다고 가정해 보라. 그가 내일 떠나서 영영 돌아오지 않는다면, 동생에 대한 당신의 믿음이 돈을 되돌려받게 해주지는 않을 것이다. 동생에 대한 당신의 믿음은 그의 신실성만큼만 유효할 수 있다.

병에 걸린 어린 딸을 무당에게 데리고 가는 사람에 대해 생각해 볼 수도 있다. 그는 딸을 위해 조제된 약을 맹목적으로 믿을 수도 있다. 하지만 그의 믿음이 아무리 크다고 해도, 만일 그 조제약이 독이라면 그의 믿음이 딸을 구해주지는 않을 것이다. 믿음은 그 대상만큼만 유효하다. 그의 믿음은 미신일 뿐이다.

이 원칙은 다음 사실을 추론케 한다. 강한 믿음이 진실을 만들어내진 않는다. 믿음의 효력이 강렬함에 의해 증가될 수는 없다. 오늘날에는 이와 관련하여 고지식하게 생각하는 이들이 많다. 그들은 "당신은 그것을 믿을 수 있어서 정말 좋겠어요. 그것이 나에게는 진실이 아니지만 당신에게는 진실이겠지요."라고 말한다.

그러나 믿음이 소원을 진실로 변하게 하지는 못한다. 순전히 피상적인 내용을 자칫 일반화할 수도 있다. 자기 집에 세 들어 사는 젊은이에게 금품을 강탈당한 어느 할머니가 "이런, 정말 착한 청년이었는데. 그의 수건에는 YMCA라는 글자까지 새겨져 있었어!"라고 말하며 탄식했다. 할머니는 그 젊은이의 성실성을 여전히 믿고 싶었지만, 그 믿음이 객관적 진실을 만들어내진 못한다. 믿지 못한다고 해서 진실을 파괴할 수 없듯이 믿음이 진실을 만들어내지도 못한다.

몇 해 전 텍사스에 사는 한 사람이 영국에 있는 친척에게서 큰 재산을 상속받을 거라는 전갈을 받았다. 가난에 쪼들리며 살았던 이 텍사스인은 영국의 친척에 대해 들어본 적이 없었다.

그래서 굶주림에 허덕이면서도 그 소식을 믿지 않으려 했다. 그가 믿길 거부한다고 해서 그가 백만 달러 상속인이라는 사실이 변하는 것은 아니었다. 다만, 불신으로 인해 그는 그 재산을 소유할 수가 없었다. 그는 가난과 굶주림으로 인해 죽고 말았다. 객관적 진실은 남아 있지만, 그는 믿음으로 받아들이지 않았기 때문에 그 이득을 누리지 못했다.

매일 경험하는 삶의 영역에서, 대개 우리는 사실을 사실로 여긴다. 객관적 사실이 믿음에 의해 만들어지거나 불신에 의해 소멸될 수는 없다는 개념을 받아들이지 않는 이들은 거의 없다.

그러나 하나님에 관해 말할 때에는, 이상하게도 고지식한 사람들이 많다. 내가 만난 학생들 중에는 "나는 하나님을 믿지 않아요."라고 말하기만 하면 문제가 끝나는 것처럼 생각하는 이들도 더러 있었다. 그리고 어떤 친구는 "천국과 지옥? 나는 실제로 그런 곳이 있다고 믿을 수 없어."라고 말하고는, 그 문제에 대해 고민할 필요가 없다고 생각한다. 불신을 통해 그 문제를 제거했다고 보는 것이다.

A. W. 토저 박사는 "믿음"과 "미신"을 구분한다. 믿음은 보이지 않는 것을 보되 존재하지 않는 것은 보지 않는다. 히브리서 11:1에서 설명하듯이 "믿음은 바라는 것들의 실상이요 보지 못하는 것들의 증거"이다. 믿음의 눈은 보이진 않지만 실재하는 그 무엇을 보게 한다. 미신이 보는 것은 비실재와 비존재이다. 비실재와 보이지 않는 실재를 분별하는 법을 배움으로써, 우리는 이들 둘간의 차이점을 발견한다.

요컨대, 모든 사람은 무언가를 믿는다. 그 믿음의 효력을 결정짓는 것은 그 믿음이나 불신의 강도가 아니라 믿음의 대상이다. 비실재적 그 무엇에 대한 믿음은 미신일 뿐이다.

기독교는 믿음의 대상이 예수 그리스도시기 때문에, 예수 그리스도께서 믿음의 효과적인 대상이신지의 여부를 놓고 자문해 보아야 한다. 여러 사실들을 연구한 많은 사람들이 그러하다는 결론을 내렸다. 이제 그분과의 관계를 통해 그 가설을 개인적 체험으로 검증함으로써, 우리는 그분의 절대적 신실성을 입증하는 셈이다.

## 근본 문제는 도덕적이다

앞에서 여러 질문들을 간략히 살펴보았으므로, 이제 우리는 인류의 근본 문제가 지적인 것이 아니라 도덕적인 것임을 상기해야 한다. 우리의 대답이 사람들을 만족시키지 못할 때도 있다. 그렇다고 해서 그것이 무효화되는 것은 아니다.

반면에, 그들은 충분한 대답을 듣고도 여전히 비그리스도인으로 남을 수 있다. 어떤 사람들은 내게 "나의 모든 의문점들에 대해 만족스럽게 대답해줘서 고마워요."라고 말한다. 나는 "이제 그리스도인이 되실 건가요?" 하고 묻는다. 그러면 그들은 다소 쑥스러운 듯이 웃으면서 "글쎄요, 그런 것은 아녜요."라고 말한다. "왜 아니죠?" "솔직히, 그러자면 내 삶의 방식을 송두리째 바꿔야 할 것 같아서요."

많은 사람들은 다른 누군가로 하여금 (하나님을 포함하여) 자신의 삶에 개입하도록 허용할 준비가 되어 있지 않다. 이는 그들이 믿을 수 없다는 것이 아니라, 그들이 믿으려 하지 않는다는 뜻이다. 그들은 적어도 논점이 무엇인지는 알고 있다. 본장에서 우리는 그들로 하여금 이 사실을 이해하도록 돕고자 한다.

종종 사람들은 "만일 기독교가 참되다면, 왜 대다수의 지성인들이 믿지 않나요?"라고 묻는다. 이에 대한 대답은, 별로 지성적이지 않은 사람들 대다수가 기독교를 믿는 이유와 동일하다. 그들은 원치 않는 것이다! 그들은 기독교의 요구사항들을 자신의 삶 가운데 받아들이려 하지 않는다. 말을 물가로 데려갈 수는 있지만 물을 마시게 하지는 못한다. 사람들은 믿기 전에 믿으려 해야 한다. 명백한 반대 증거가 있는데도 검은 것을 희다고 주장하는 사람들에게는 아무 것도 해줄 수 없다.

우리는 자신이 주장하는 진리에 관해 스스로 확신해야 한다. 그러지 않으면 다른 사람들을 확신시키지 못할 것이다. 우리는 베드로처럼 "우리 예수 그리스도의 능력과 강림하심을 너희에게 알게 한 것이 공교히 만든 이야기를 좇은 것이 아니요"베드로후서 1:16라고 담대히 말할 수 있어야 한다. 그럴 때 우리가 권위와 확신을 가지고 성령의 능력으로 증거할 수 있을 것이다.

## 스 | 터 | 디 | 가 | 이 | 드

1. 베드로전서 3:15에서는 "너희 마음에 그리스도를 주로 삼아 거룩하게 하고 너희 속에 있는 소망에 관한 이유를 묻는 자에게는 대답할 것을 항상 예비하되 온유와 두려움으로 하라"고 명한다. 당신은 이 명령에 순종함에 있어, 혹은 순종하길 원함에 있어 무슨 어려움을 느끼는가? 만일 그렇다면, 그 이유는?

2. 폴 리틀은 믿음에 관한 질문에 대응함에 있어 때로 그리스도인들이 취하는 두 가지 나쁜 태도들이 있다고 한다. 하나는 질문하는 것을 나쁘게 여기는 것이고, 다른 하나는 질문에 대답만 하면 자동적으로 사람들을 예수께로 이끌 수 있다고 생각하는 것이다. 그리스도인들이 이런 식으로 반응하는 이유는 무엇일까?

3. 그러한 태도의 부정적 효과는 무엇인가?

4. 누군가가 기독교에 관해 질문할 때 당신은 어떤 반응을 보이는가? 당신은 당신의 그러한 모습을 어떻게 개선시킬 수 있는가?

5. 사람들의 질문을 다룸에 있어, 그들의 질문 의도를 이해하고 그후에 그들을 설득하는 것이 중요하다. 저자는 비그리스도인들이 종종 묻는 여덟 가지 질문들을 소개했다. 상대방이 어떤 동기에서 이런 질문을 하는지 파악하라.

- 불신자들은 어떻게 될까?
- 그리스도가 하나님께로 가는 유일한 길인가?
- 왜 무고한 자가 고통당할까?
- 어떻게 기적이 가능할까?
- 성경은 오류로 가득하지 않은가?
- 그리스도인의 경험은 단지 심리적인 것 아닌가?
- 선하고 도덕적으로 살면 천국에 가지 않겠는가?
- 신앙이란 참되지 않은 무언가를 믿는 것 아닌가?

6. 이런 질문을 받았을 때, 당신은 어떻게 대답하는가?

7. 본장을 읽은 후에, 당신은 이 기본적인 질문들에 쉽게 대답할 수 있다고 생각하는가? 그렇지 않다면, 앞으로 어떤 준비를 갖추겠는가?

8. 저자는 이르기를 "최근에 나는 한 기독교 대학 캠퍼스에서 학생들과 함께 자유토론 시간을 가졌다……놀랍게도 그들은 일반 대학의 캠퍼스들에서는 나온 적이 없었던 온갖 질문들을 던졌다."고 한다. 기독교에 대한 사람들의 지식이 늘어나듯이, 그들의 질문의 범위와 깊이도 확장될 수 있다. 당신은 이런 질문들에 어떻게 답하겠는가?

9. 그리스도만이 하나님께로 갈 수 있는 유일한 길이라고 믿는 이유를 적어보라.

### 리 | 더 | 를 | 위 | 한 | 제 | 안

1. 그룹원들로 하여금 지난주에 공부한 내용을 어떻게 적용했는지 이야기하게 하라. 그들의 개인적 적용이 성공하거나 실패한 이유를 놓고 토론할 수도 있을 것이다.

2. 만일 그룹원들이 그리스도만이 하나님께로 갈 수 있는 유일한 길이시라고 믿는 이론적 근거를 적었다면, 그 내용의 강점(명확하고, 실제적이며, 논리적인 부분)과 약점(비논리적이고, 모순되며, 비성경적인 부분)에 대해 그룹원들끼리 긍정적인 태도로 토론해 보라.

How to
Give Away
Your Faith

chapter **7**

그리스도는
오늘날에도 역사하시는가

# 그리스도는
# 오늘날에도 역사하시는가

오늘날 사람들에게 맨 먼저 떠오르는 질문은 "기독교가 참인가?"가 아니다. 질문은 보다 실제적이다. 그것은 오늘날에도 의미가 있는가? 학생들은 종종 이런 반응을 보인다. "난 당신이 예수에 관해 이야기한 것을 믿어요. 그런데 그게 현대인의 삶과, 아니 나와 무슨 관련이 있나요?" 오늘날 예수 그리스도에 대해 말하려면, 그분이 개인적으로 우리와 무슨 관련이 있는지 먼저 고려해야 한다. 그럴 때 우리는 이천 년 전에 일어난 사건들을 오늘날의 삶에 연관시킬 수 있다.

지금은 매일의 사회생활 중에 영적 실재에 관한 대화를 자유롭게 나누는 시대이다. "종교와 정치"에 대한 금기의 시대는 지나갔다. 그리고 지금은 그런 논의가 그 어느 때보다 필요한 시대이다. 메사추세츠 공과대학의 칼 콤프턴 박사는, 세상을 떠나기 얼마 전에 경고하기를, 인류가 기술적 진보에 버금가는 도덕적, 영적 진보를 달성하지 못하면 결국 멸절하고 말 거라고 했다.

잡지 "라이프"에서는, 몇 해 전 노벨 물리학상 수상자를 보도하면서, 엄청난 속도로 진전되는 과학 분야는, 기하급수적으로 증가하는 무지에 비하면 산술급수적 증가에 불과하다고 지적했다. 과학적으로 새로운 사실이 발견될 때마다, 우리가 알지도 통제하지도 못하는 것들이 얼마나 많은지를 더욱 절감하게 한다. 또한 그것은 좋은 일뿐만 아니라 나쁜 일도 더 많이 하게 만든다. 이를테면, 핵 에너지는 도시를 파괴하기도 하고 암 세포를 파괴하기도 한다. 우리에게 도움을 주기 위해 고안된 유전자 기술이 엄청난 재난을 초래할 수도 있다. 많은 사람들이 윤리와 과학을 서로 분리시키려 함에도 불구하고, 윤리적이고 형이상학적인 주제들은 보다 공공연하게 연구되고 있으며 또한 과거의 그 어느 때보다 오늘날 더욱 절실히 필요한 것이다.

## 내적 공허감

생각이 깊은 사람들 중에는 빵만으로는 살 수 없음을 자각하는 이들이 많다. 살아계신 그리스도가 과연 그들과 연관이 있으실까? 지금 그리고 영원히 인생에 필요한 것들을 생각하면서, 우리는 예수 그리스도께서 오늘날과도 관련이 있으시다는 사실을 그분의 말씀 속에서 발견한다. 요한복음에 수록된 예수님의 자기 호칭들, 즉 "I am……." 등은 현대인들의 요구가 그분과 관련이 있음을 보여주는 단서이다.

현대인의 근본 요구들 중 하나는 영적 공허감을 채우는 것이다. 오늘날 많은 사람들이 내적 공허감에 시달리고 있다. 종종 사람들은 온갖 종류의 활동이나 외부적 자극에 몰두한다(사실상, 자신을 망각하려 한다). 그런 외부적 자극을 제거하고 그들 혼자서 가만히 생각하게 하면, 그들은 지루해지거나 불안해 하거나 혹은 괴로워한다. 그들은 고통스러운 내적 공허감을 느끼며, 거기서 벗어날 수가 없다. 인생의 시련에 대처하게 해줄 내적 자원이 없음을 자각한다. 그들의 버팀목은 모두 외적인 것이다. 외적인 것은 지속적 만족을 가져다주지 못한다. 지속적 만족은 내면으로부터 와야 한다.

예수 그리스도께서는 요한복음 6:35에서 "내가 곧 생명의 떡이니 내게 오는 자는 결코 주리지 아니할 터이요 나를 믿는 자는 영원히 목마르지 아니하리라"고 말씀하신다. 살아계신 예수 그리스도와 개인적으로 연결될 때 놀라운 일이 일어난다. 그분은 우리의 내면으로 들어오셔서 우리의 영적 진공 상태를 채우신다. 내주하시는 성령의 임재를 통해 그분이 우리 안에 계시기 때문에, 우리는 궁극적 만족을 얻을 수 있다. 어거스틴을 비롯한 많은 사람들은 이렇게 고백했다. "하나님, 주께서 주를 위해 우리를 지으셨고, 우리 심령이 주 안에서 쉼을 얻기 전까지는 늘 불안합니다." 하나님이 우리를 이렇게 지으셨다. 우리는 창조주께 의존된 존재이다. 창조주께서 삶의 중심에 자리잡고 계실 때에만 그분의 뜻에 합당하게 행할 수 있다.

인생의 자극과 쾌락을 위해 의존하던 외적인 것들로부터 풀려나는 것은, 마치 수개월 동안 감자껍질만 먹다가 쇠고기 스테이크 앞에 앉는 것과 같다. 외적이고 물질적인 것들을 의존하지 않는다는 것이 그것을 아예 즐기지도 않음을 뜻하는 것은 아니다. 이를테면, 우리는 음악회나 아름다운 일몰을 즐기면서 하나님께 영광을 돌릴 수 있다. 하지만 더 이상 인생의 만족을 위해 이런 것들을 의존하지는 않는다. 주님처럼, 우리에게도 다른 사람들이 모르는 양식이 있다. 그것은 바로 하나님의 뜻을 행하는 것이다요한복음 4:32. 우리는 예수님께서 공급하시는 내적 자원들을 이용한다. 외적인 것들을 즐기되 의존하지는 않는다. 예수는 많은 사람들의 갈망을 채우실 수 있는 분이다. 그분은 공허감을 채우시며 그릇된 의존 상태로부터 자유케 하신다.

## 무목적성

예수 그리스도의 도우심이 필요한 또다른 영역은 바로 우리 시대의 특징인 무목적성이다. 나는 학생들에게서 이것을 거듭 발견하곤 한다. 많은 학생들이 토론 후에 나를 찾아와서 이렇게 말한다. "선생님이 내 모습을 정확히 묘사하셨어요. 나는 대학에서 도대체 무엇을 하고 있는지 모르겠어요. 왜 내가 하루 세 끼 식사를 하는지, 왜 건축학을 공부하고 있는지 모르겠어요. 내가 여기 있는 것은 가족이 등록금을 내주었기 때문입니다. 하지만 내가 무얼 하는지 앞으로 어떻게 될 것인지 통 알 수가 없답니다. 나는 매일의 일과 속에서 다람쥐 쳇바퀴 돌리듯 하고 있어요. 왜, 어디로 향하고 있는지도 모르는 상황에서 부지런히 공부한다는 것은 정말 힘든 일이에요." 이런 사람들에게 예수 그리스도는 "나는 세상의 빛이니 나를 따르는 자는 어두움에 다니지 아니하고 생명의 빛을 얻으리라"요한복음 8:12고 말씀하신다.

　주님을 따를 때 우리는 삶의 목적과 방향을 발견한다. 왜냐하면 우리를 향하신 하나님의 뜻과 그분 자신의 빛 안에서 살아가기 때문이다. 우리는 더 이상 혼란의 어둠 속에서 더듬거리지 않는다. 당신은 캄캄한 방에서 전등 스위치를 찾으려고 손으로 더듬은 적이 있는가? 무엇인가에 부딪힌다. 그리고 무엇이 얼굴을 스치고 지나가는 것을 느낀다. 당신은 펄쩍 뛰다가 쓰레기통 위로 넘어진다. 가슴이 두근거린다. 마음이 불안해진다. 마침내 전등 스위치를 찾아서 불을 켠다. 금새 안전해진다. 조금 전까지 있었던 일을 정확히 알고 있다. 우리가 예수 그리스도를 알게 되는 경험도 이것과 비슷하다. 그분은 우리를 혼란과 불확실한 상태에서 건져내어 당신의 빛 가운데로 이끄신다. 우리는 역사를 주관하시는 하나님의 뜻과 목적이라는 관점에서 우리의 삶을 본다. 이 비전은 삶의 의의와 의미와 목적을 깨닫게 해준다.

　우리를 향하신 하나님의 뜻은 대부분 성경에 이미 계시되어 있다. 우리가 아는 대로 하나님의 뜻에 순종할 때, 그분은 그 뜻을 보다 상세하게 밝혀주실 것이다. 우리가 하나님의 뜻이라면 무엇이든 받아들일 준비가 되었음을 고백할 때, 그분은 우리가 어디에 있어야 하며 무엇을 해야 하는지에 관한 세부 사항들을 점점 더 자세히 알려주실 것이다. 마치 두루마리를 펼치듯이, 당신의 자녀에게 신령한 목적들을 보여주신다.

　우리에게 개인적으로 너무나 의미심장한 이 세부 사항들도, 하나님의 근본 목적에 비하면 부수적인 것에 불과하다. 그분은 갖가지 언어를 사용하는 온갖 민족들로부터 당신의 백성을-각자 그리스도를 닮은 모습을 드러낼 백성을—불러내고 계신다. 하나님이 역사 속에서 행하시는 일이 바로 이것이다. 그분이 역사를 끝맺으실 때, 우리는 하나님의 영원하신 사역의 일부가 되는 특권을 누릴 것이다.

우리의 삶은 이생은 물론이고 영원을 위해서도 소중한 의의와 의미와 목적을 지니고 있다. 이 점을 생각해 보라! 많은 사람들은 현재 나름대로 삶의 목적들을 지니고 있다. 그러나 이 목적들 중 대부분은 잠시 지속될 뿐이다. 그것들은 궁극적 만족을 주지는 않는다.

영원의 측면에서는 아무런 의미도 없다. 궁극적 의미를 지니기 위해서는 시간만이 아니라 영원도 고려해야 한다. 오늘날 참된 삶의 의미를 알지 못하는 사람들이 너무나 많다. 그들은 그리스도를 떠나 어둠 속에서 더듬거리고 있다. 키를 잃은 선박처럼 목표도 없이 살아간다. 만일 우리가 삶의 방향과 목적을 밝혀주시는 예수 그리스도를 그들에게 잘 소개하면, 그들은 그분에게 이끌려 그 도우시는 손길을 의지할 수 있을 것이다.

## 죽음에 대한 두려움

예수 그리스도의 도우심을 필요로 하는 세 번째 사항은 죽음의 공포에 대한 대책이다. 젊은이들에게 죽음은 관념적이다. 젊은이들은 곧 죽을 거라고 생각하지 않으며, 그래서 죽음을 많이 고려하지 않는다. 그러나 조만간 죽음이 주요 고려 사항으로 자리잡는다.

원자핵 시대인 오늘날에는, 많은 젊은이들이 죽음에 대해 심각하게 생각한다. 그들은 자신들이 파멸의 가장자리에서 살고 있음을 예리하게 자각한다. 버튼 하나만 누르면 모든 것이 끝장난다. 1984년 전국민을 대상으로 한 여론 조사에서, 조지 갤럽은 미국이 직면한 문제들 중 가장 심각하게 느껴지는 것이 무엇인지를 물었다. 대다수는 핵전쟁으로 인한 멸절의 위협이라고 답했다.[1] 항상 맨 먼저 생각나는 것은 아니지만, 핵폭탄의 파괴력이 마음속에 늘 자리잡고 있다. 문명세계를 삽시간에 파괴할 수 있는 핵무기는 미국만이 아니라 미국의 적대국들도 보유하고 있다.

우리는 알코올 소비를 줄이고 콜레스테롤을 기피하며 또한 담배를 끊음으로써 죽음의 위협에서 벗어나 보려고 무진 애를 쓴다. "뉴욕 타임즈"는, 이같은 절제 생활을 통해 45세 남자는 수명을 약 11년 더, 45세 여자는 7년 더 연장시킬 수 있다.[2] 불치병인 에이즈도 위협적이다. 병원을 자주 찾는 노인들은 수혈로 인한 에이즈 감염을 두려워한다. 천천히 움직이는 죽음의 열차를 누구도 피할 수 없다.

이토록 두려운 세상을 향하여 예수 그리스도는 죽음에 대해 권세 있게 말씀하신다. "나는 부활이요 생명이니 나를 믿는 자는 죽어도 살겠고 무릇 살아서 나를 믿는 자는 영원히 죽지 아니하리니" 요한복음 11:25-26. 우리가 예수 그리스도를 개인적으로 알게 됨에 따라, 그분은 죽음에 대한 두려움으로부터 우리를 구원하신다. 죽음은 더 이상 미지의 대상이 아니라 살아계신 하나님의 임재 속으로 우리를 안내하는 종에 불과함을 우리는 알고 있다. 이 사실을 알았기 때문에 바울은 "사망아 너의 이기는 것이 어디 있느냐 사망아 너의 쏘는 것이 어디 있느냐"고린도전서 15:55라고 외치며 기뻐할 수 있었다. 죽음을 두려워하는 대신에, 우리는 가장 역동적인 체험을 기대한다.

나는 우리 중 누구도 천국을 생각할 때 분홍빛 구름 위에 앉아 하프를 연주하는 모습만을 떠올리지 않기를 바란다. 천국이란 일주일만 지나면 지겨워지는 곳이 아니다. 그런 어리석은 생각에 빠지지 않으려면, 천국이 지겨운 곳이 아닐 것임을 확신해야 한다. 천국에 대해 우리는 자세히 알지 못한다. 왜냐하면 하나님이 우리에게 자세히 알려주지 않으셨기 때문이다. 하지만 성경 말씀에 의하면, 천국은 우리의 유한한 생각으로 이해할 수 없을 정도의 역동적이고 다양하며 창조적 경험이 이뤄지는 곳이다. 기쁨과 만족과 노래의 진수를 경험하는 곳이다. 천국에 대해 온전히 이해하지는 못하지만 우리는 영원토록 주님과 함께 있길 고대한다. 그래서 우리는 예수 그리스도 자신이 곧 죽음의 공포에 대한 해결책이심을 사람들에게 증거할 수 있다.

하지만 우리가 직접 죽음의 기로에 서보기 전까지는, 그리스도께서 그 두려움으로부터 건지심을 경험적으로 확신할 수 없다. 근사한 식사 후에 친구와 함께 따뜻한 난로 곁에 앉아서 그분이 그렇게 하신다고 말하는 것은 너무나 쉬운 일이다. 그러나 실제로 죽음을 맞는 상황에서 그렇게 말하는 것은 전혀 다르다.

긴급한 수술을 받아야 하는 것 같은 상황들이 종종 죽음이라는 사실에 직면하게 한다. 24살에 심장 수술을 받았을 때, 나는 죽음의 공포를 극복하게 하시는 그리스도의 능력을 체험했다. 그전에는, 그리스도인들이 죽음을 두려워하지 않는다고 늘 주장하긴 했으나 개인적 체험으로 말할 수는 없었다.

수술하는 날 아침 의사가 마취 주사를 놓으러 왔을 때, 나 자신을 시험해 볼 기회가 왔다는 생각이 들었다. 당시에는 생명 유지 장치가 없었고, 나의 수술을 담당했던 의사는 성인의 심장을 수술해 본 적이 없었다. 나는 무사히 수술실에서 나올 거라고 생각했지만, 그 반대의 가능성도 있었다. 심장 수술은 온전히 성공으로 끝날 수도 있지만, 74가지 요소들 중 하나만 잘못되면 환자가 죽을 수도 있다.

그날 아침 수술실로 실려 들어갈 때, 외부에서 오는 기쁨과 평안이 나를 가득 채웠다. 나는 그것을 결코 잊지 못할 것이다. 만일 내가 죽음 앞에서 적극적 사고의 힘으로 평안을 일으킬 수 있다고 생각했었다면, 당시 상황에서 그런 생각은 송두리채 사라졌을 것이다. 그 위기를 나 스스로 극복할 수 없다는 것을 나는 절감했다. 맹장 수술을 받으러 수술실로 향하는 한 남자는 죽음에 대한 두려움에 사로잡혀 있었다. 만일 적극적 사고가 그에게서 효력을 발휘했다면, 그는 두려움을 쫓아낼 수 있었을 것이다.

나로 말하면, 내가 수술실로 실려가는 중에 "메시아" 곡의 선율이 머리 속에서 장엄하게 울렸다. 간호사들이 최면용 펜토탈 나트륨을 준비할 때, 나는 얼마나 오래도록 잠들지 않고 버틸 수 있는지 농담하기까지 했다. 나는 여섯까지 세고 의식을 잃었던 것 같다. 그것은 죽음의 공포를 이기게 하는 신앙의 힘을 입증해준 멋진 경험이었다. 따라서 우리는 죽음의 공포로부터 자유로워지고 싶은 자들을 예수 그리스도께로 돌이켜 그분에게서 적절한 해결책을 발견하게 할 수 있다.

## 내적 평안에 대한 갈망

오늘날 채워져야 할 또다른 갈망은 내적 평안이다. 웨스트코스트의 한 그리스도인 의사가 3년에 걸쳐 환자들을 대상으로 비공식적 여론 조사를 실시했다. 그는 환자들 각자가 가장 바라는 소원이 무엇인지를 알고 싶었다. 그 환자들 중 87%는 마음과 영혼의 평안을 으뜸가는 소원으로 꼽았다. 최근에 신앙 서적들이 엄청 팔린 것도 이같은 갈망을 반영한다. 사람들은 내적 평안을 간절히 바란다. 자신의 마음 깊은 곳에서 그들은 이생의 모든 것들이, 즉 물질적 소유와 권력과 특권과 명성 따위가 먼지와 재로 변할 것임을 자각한다. 그들은 이 덧없는 것들을 초월하는 지속적인 내적 평안과 만족을 갈망한다.

이 갈망에 대해서도 예수께서 친히 대답하신다. 요한복음 14:27에 기록된 그분의 약속을 보라. "평안을 너희에게 끼치노니 곧 나의 평안을 너희에게 주노라 내가 너희에게 주는 것은 세상이 주는 것 같지 아니하니라 너희는 마음에 근심도 말고 두려워하지도 말라."

그분의 평안은 세상이 주는 것과 다르다. 세상에서 발견하는 평안은 그 순간에는 진짜인 듯하지만 금방 사라져버린다. 예수님은 자신이 세상에 속하지 않는다고 말씀하셨다요한복음 17:14. 따라서 그분은 이 세상을 초월한 평안을 주실 수 있다. 그것은 깊고 영원한 평안이다. 마음과 영혼의 깊은 이 평안은 예수 그리스도를 개인적으로 믿고 의지하는 데서 비롯된다. 그분은 자신의 초청을 받아들일 것을 우리에게 요구하신다. "수고하고 무거운 짐진 자들아 다 내게로 오라 내가 너희를 쉬게 하리라"마태복음 11:28. 만일 안식을 돈으로 살 수 있다면, 사람들은 수백만 달러를 지불할 것이다. 하지만 그것은 그런 식으로 얻지 못한다. 오직 예수 그리스도만이 당신의 평안을 무상의 선물로 받아들이는 자에게 그것을 주실 수 있다.

## 고독

모든 사람이 사랑과 안전을 갈망함에도 불구하고, 오늘날 고독은 흔하다. 하버드 대학 사회학자인 데이비드 라이즈먼은 "고독한 군중" *The Lonely Crowd*이라는 책에서 이 사실을 강조했다.[3] 그의 지적에 의하면, 많은 사람들이 군중 가운데서 단지 껍질로서만 존재하고 있다.

주님은 "나는 선한 목자라 선한 목자는 양들을 위하여 목숨을 버리거니와"요한복음 10:11라고 말씀하셨다. 목자는 양을 보살핀다. 주님은 목숨을 버리면서까지 양떼를 돌보셨다. 또한 그분은 "내가 세상 끝날까지 너희와 항상 함께 있으리라", "내가 과연 너희를 버리지 아니하고 과연 너희를 떠나지 아니하리라"고 말씀하셨다.

우리 가족이 뉴욕에 거주했을 때, 콜럼비아 대학의 버나드 칼리지 출신인 한 학생이 어느 날 오후 아내를 찾아 왔다. 그 여학생은 너무나 고독했고, 가족과 친구들에 얽힌 과거의 경험 때문에 아무도 신뢰할 수 없었다. 예수 그리스도께서 그녀의 삶에 필요한 것을 채우실 거라고 마리가 말했을 때, 그녀는 눈물을 글썽이며 "그분이 결코 나를 떠나지 않으실 거라는 말인가요? 만일 내 삶을 그분께 맡기면 그분이 항상 나를 사랑하신다는 뜻인가요?"라고 물었다. 아내는 그렇다고 확언했다. 왜냐하면 주님의 말씀의 권위와 아내 자신의 경험이 그분의 신실하심을 확증해주었기 때문이다.

예수 그리스도의 임재가 언제나 고독을 물리쳐줄까? 나는 여행을 많이 하기 때문에, 낯선 벽지에서 외톨이인 나 자신을 종종 발견한다. 그런 때에 믿음으로 주의 임재를 자각함으로써 결코 혼자가 아님을 깨닫는다. 때로 자신이 혼자라고 생각할 때, 그리스도의 임재를 기억했다면 하지 않았을 행동을 하려는 유혹을 받곤 한다. 그러나 그분의 임재의 빛을 의식적으로 자각하며 그 빛 속에서 살 때, 우리는 적극적이며 역동적으로 살아갈 뿐만 아니라 죄도 멀리한다.

## 자제력 결여

자제력이 부족하다고 하소연하는 사람들이 많다. "나는 결코 빠져들지 않을 거라고 생각했던 짓을 하고 있는 나 자신을 발견해요. 앞으로 변하겠다고 다짐하지만 그렇게 할 수가 없습니다." 학생들이 자신의 속마음을 털어놓을 때, 대부분 이 문제를 시인한다. 그들은 캠퍼스 생활에 깊이 연루되어 있다. 친교상의 압박이 소용돌이처럼 그들을 빨아들인다. 노력해 보지만, 그 손아귀에서 벗어날 수가 없다.

주님은 이런 곤경에 처한 우리에게 생명과 능력을 주시겠다고 약속하신다. "내가 곧 길이요 진리요 생명이니" 요한복음 14:6.

그분을 의지하며 예기치 않은 시험들로부터 구원하시는 그분의 능력을 신뢰함에 따라, 그분은 자제력이 결여된 우리를 변화시켜 죄악의 세력으로부터 구해주신다. 이 변화는 예수 그리스도를 알게 된 많은 사람들의 삶에서 나타나는 특징이다. 이것은 이교적 배경으로부터 극적으로 변화된 회심자들에게서 특히 두드러진다. 예수 그리스도는 자제력 결여라고 하는 그들의 사슬을 끊으시고, 그들에게서는 나올 수 없는 능력을 주신다. 이것은 오늘날 인류에게 예수 그리스도의 도우심이 너무나 절실한 이유들 중 하나다.

## 우리의 사고는 통합되어야 한다

"내가 곧 길이요 진리요 생명이니"라는 말씀에서, 주님은 또 한 가지 우리에게 꼭 필요한 사항을 말씀하신다. 그것은 바로 사고의 통합이다. 위스콘신 대학의 4학년 학생 하나가 나의 그리스도인 친구 교수에게 이 문제를 털어놓았다. "나는 144시간을 이수했고, 2주 후면 졸업해요. 하지만 대리석을 하나 들고 대학을 떠나는 것 같은 느낌입니다. 내가 공부해 온 여러 과정들 사이에 아무런 연관성도 없는 것 같아요. 마치 서로 짝이 맞지 않는 대리석들이 가방 속에 가득한 느낌이예요." 이 학생은 진리이신 주님을 알지 못했다. 그분은 절대적 진리이시고 모든 진리의 원천이시며, 또한 그분 안에서 모든 진리가 서로 연관되고 함께 결합된다. 예수 그리스도를 궁극적으로 유일한 진리로 받아들임에 따라, 우리는 온갖 것들이 그분 안에서 조화를 이루기 시작함을 볼 수 있다.

예수님께서 진리이시므로 우리에게는 그리스도인으로서 그분에 대해 말할 권한이 있다. 복음이 참으로 실용적이긴 하지만 복음을 단지 실용적 근거에서만 전해서는 안 된다. 하나님이 우리의 모든 필요 사항들을 만족시켜주는 심부름꾼 정도로 간주되어서는 안 된다. 기독교를 참되다고 주장하는 것은 무슨 효력이 있어서가 아니다. 기독교는 참되기 때문에 효력을 발휘한다. 예수 그리스도는 진리이시다.

주님은 "천지는 없어지겠으나 내 말은 없어지지 아니하리라"마가복음 13:31고 권위 있게 말씀하셨다. 예수 그리스도에 관한 메시지는 현실적이며, 그분을 신뢰하는 자에게 실용적 효력도 발휘한다. 하지만 이것은 그 복음의 한 측면일 뿐이다. 그것이 복음 자체는 아니다. 우리의 주요 메시지는 예수 그리스도를 통한 구속 및 회개와 관련된, 하나님의 계시된 진리여야 한다. 그래서 예수 그리스도를 현대의 필요 사항들과 연관시키며, 그분이 우리의 개인적 경험들과 연관될 수 있는 분이심을 다른 사람들에게 알려줄 수 있다. 예수 그리스도를 통해 특별한 요구 사항들이 채워지는 우리 자신의 개인적 경험은, 다른 사람들로 하여금 그분의 약속을 믿게 하는 데에도 도움이 될 것이다.

본장에서 현대인들의 모든 요구 사항들, 각자를 위해 주께서 구체적으로 도우신 사례들을 모두 다룰 수는 없었다. 예수 그리스도를 영접하기만 하면 모든 고투가 끝난다고 설명하는 것도 아니다. 그리스도인의 삶은 전투이며, 예수 그리스도와 사단은 피차 결코 물러서려 하지 않는다. 불변의 진리는 주님이 승리자시며, 우리의 전투에 함께 하시며, 또한 세상에서 강력한 영향력을 발휘하신다는 것이다.

## 스터디가이드

1. 우리가 진리 수호에는 열심을 내면서 듣는 이들의 처지에 대해서는 무관심할 수 있을까?

2. "기독교가 참되다고 주장하는 것은 무슨 효력이 있어서가 아니다. 기독교는 참되기 때문에 효력을 발휘한다. 예수 그리스도는 진리이시다." 복음을 제시함에 있어, 과연 어느 정도나 그것이 참되다는 사실보다는 상대방의 결핍 상태에 초점을 맞춰야 할까?

3. 내적 공허감, 무목적성, 죽음에 대한 두려움, 내적 혼란, 고독, 자제력 결여…… 폴 리틀은 그리스도께서 이같은 어려움들을 어떻게 극복하게 해주시는지를 개인적 경험을 통해 설명한다. 당신은 사람들이 자신의 곤경을, 그리고 그리스도의 도우심이 필요하다는 사실을 깨닫지 못할 수도 있다고 생각하는가?

4. "함께" 하는 삶을 우리보다 더 강조하는 것처럼 보이는 사람들에게는 어떻게 다가가야 할까?

5. 그리스도인이 아닌 사람이 그리스도를 떠나서 내면의 이같은 요구 사항들을 충족시킬 수 있을까? 그 이유는 무엇인가?

6. 5번의 사실은 우리의 복음 제시에 어떤 영향을 미칠까?

7. 요구 사항들을 채워주시는 그리스도의 능력에 관해 다른 사람들에게 이야기할 때, 폴 리틀의 경험만 의존할 수는 없다. 당신이 살아가면서 그리스도에 대한 믿음의 효력을 체험했던 상황들을 얘기해 보라.

8. 당신의 경험을 듣고 유익을 얻을 사람은 누구일까?

## 리 | 더 | 를 | 위 | 한 | 제 | 안

1. 그룹원들로 하여금 지난주에 공부한 내용을 어떻게 적용했는지 이야기하게 하라. 개인적 적용에 성공하거나 실패했던 원인을 함께 토론할 수도 있다.

2. 그리스도를 주님으로 영접하기 전에 자신에게 가장 절실히 요구되었던 것이 무엇인지 그룹원들에게 물어보라. 그들로 하여금 직접적으로나 간접적으로 하나님께 대한 신앙을 갖도록 이끌었던 것이 바로 그것들 때문이었을까? 현재 예수께서 그것들을 채워주셨는가?

How to
Give Away
Your Faith

chapter 8

세속성 :
외면적인가 내면적인가

# 세속성 :
# 외면적인가 내면적인가

참된 그리스도인들은 거룩한 삶을 원한다. 야고보는 세상에 물들지 않도록 자신을 지키라고 당부했다 야고보서 1:27. 바울은 "저희 중에서 나와서 따로 있고 부정한 것을 만지지 말라"는 구약성경의 명령을 인용했다 고린도후서 6:17, 이사야 52:11. 또한 베드로는 하나님의 요구 사항을 보다 적극적으로 제시했다. "내가 거룩하니 너희도 거룩할지어다" 베드로전서 1:16. 오늘날 친구들이나 목사들도 이같은 말씀들로 우리를 권면하나 그 의미를 제대로 설명하지는 못하는 경우가 많다.

## 분리는 격리가 아니다

거룩에 대한 개념이 애매한 것은 대체로 분리와 격리를 혼동하는 데서 비롯된다. 의학적 분석을 예로 들어보자. 성홍열이 전염될 우려가 있는 경우에, 질병예방 통제센터에서는 성홍열 세균 보유자들을 격리시키려 한다. 그들이 모두 격리되면 질병이 전염되지 않을 것이다. 마찬가지로, 복음 확산을 막으려면 그것을 지닌 자들, 즉 그리스도인들을 다른 모든 사람들로부터 격리시키면 된다. 그리스도께서 이런 상황을 원하실리가 없다.

우리가 비그리스도인들과의 불필요한 접촉을 모조리 끊고서 우리끼리만 어울리면 주변 세상에 오염되지 않을 거라며 우리를 확신시키려 하는 자는 사단이다. 사단은 참된 영성이란 주변 세상으로부터 자신을 철저히 격리시키는 거라며 우리를 설득해 왔다. 자신의 집에 비그리스도인들이 방문한 적이 없음을 자랑스럽게 말하는 그리스도인들도 있다. "영성"이라는 명목으로, 그들은 비그리스도인 친구가 하나도 없다는 것을 자랑한다. 그들이 비그리스도인을 주께로 인도하는 기쁨을 누려본 적이 없다는 것은 놀라운 일이 아니다.

신약성경의 가르침을 다시 살펴볼 때, 세상으로부터의 분리란 "부정한 것을 만지지 않듯이" 악을 피하는 것도 포함한다는 사실을 발견할 수 있다. 그러나 다른 가르침들에 비춰 볼 때, 그것이 세상으로부터의 격리를 뜻할 수는 없다.

요한복음 17장에 수록된 기도에서, 예수님은 이 점을 분명히 밝히셨다. "내가 비옵는 것은 저희를 세상에서 데려가시기를 위함이 아니요 오직 악에 빠지지 않게 보전하시기를 위함이니이다" 15절. 우리를 보전해달라고 아버지께 안전하게 맡긴 후에, 이렇게 명하셨다. "그러므로 너희는 가서 모든 족속으로 제자를 삼아"마태복음 28:19. "땅 끝까지 이르러 내 증인이 되리라"사도행전 1:8.

우리가 "분리"와 "격리"를 혼동하는 것은 새로운 문제가 아니다. 고린도인들 중에도 동일한 오해가 있었다. 그들에게 바울은 이렇게 설명했다.

"내가 너희에게 쓴 것에 음행하는 자들을 사귀지 말라 하였거니와 이 말은 이 세상의 음행하는 자들이나 탐하는 자들과 토색하는 자들이나 우상숭배하는 자들을 도무지 사귀지 말라 하는 것이 아니니 만일 그리하려면 세상 밖으로 나가야 할 것이라 이제 내가 너희에게 쓴 것은 만일 어떤 형제라 일컫는 자가 음행하거나 탐람하거나 우상숭배를 하거나 후욕하거나 술 취하거나 토색하거든 사귀지도 말고 그런 자와는 함께 먹지도 말라 함이라" 고린도전서 5:9-11.

고린도의 그리스도인들은, 우리와 마찬가지로, 예수 그리스도를 모르는 사람들을 기피하는 것이 주님의 뜻에 불순종하는 짓임을 깨달을 필요가 있었다.

이 점에 비추어 볼 때 "영적"이라는 말과 "세상적"이라는 말은 과연 무슨 뜻일까? 이 용어들을 어떻게 보느냐 하는 것은, 젊은 그리스도인들, 특히 비기독교적 환경으로부터 돌이킨 회심자들에게 주는 우리의 인상은 물론이고 우리 자신의 일상생활에도 깊은 영향을 미친다. 사실 그것은 집에서든, 교회에서든, 혹은 다른 곳에서든 거룩한 삶에 관한 우리의 조언에도 영향을 미친다.

불행하게도 "거룩"에 대한 정의는 다른 그리스도인들과의 쓸모없는 논쟁을 유발할 수 있다. 그들이 우리보다 더 엄격하든 자유롭든 상관없이 그런 논쟁은 일어날 수 있다. 대개 우리 주변에 즐비한 비신앙적 관행이나 오락들을 놓고서 이같은 차이점이 드러난다. 늘 그렇듯이, 이 문제의 초점도 성경적 가르침에 맞춰져야 한다. 이 용어들에 대한 성경적 용례를 폭넓게 살펴보자.

## 명확한 명령들

대체로 성경은 그리스도인의 행위에 대한 하나님의 뜻을 명확히 제시한다. 이를테면, 신명기 5:17-21을 들 수 있다. "살인하지 말지니라 간음하지도 말지니라 도적질하지도 말지니라……네 이웃의 소유를 탐내지도 말지니라." 이런 계명들은 보편적이며 구체적이다. 이것들은 모든 시대의 모든 문화권의 모든 사람들에게 적용되며, 의심이나 이견의 여지를 남기지 않는다. 이것들을 놓고서 하나님의 뜻인지를 알려고 간구하는 것은 시간 낭비다.

덜 친숙하지만 매우 명확한 계명이 고린도후서 6:14에서 발견된다. "너희는 믿지 않는 자와 멍에를 같이 하지 말라." 이는 그리스도인이 불신자와 결혼해서는 안 된다는 뜻이다. 혹시 비그리스도인과 결혼해야 하는지의 여부를 놓고 기도하는 사람이 있는가? 당신은 그 사람에게 "그만하라."고 말할 수 있다.

## 불명확한 명령들

반면에, 하나님이 명확하게 지시하지 않으신 분야들도 있다. 성경에 언급되지 않는 불명확한 분야들을 놓고서 무엇이 세상적인지와 관련하여 그리스도인들간에 의견이 엇갈린다. 이를테면, VCR, 카드놀이, 영화, 춤, 록 음악, 음주 등이 그렇다. 우리가 규정하는 행동규범들을 다른 사람들은 거부할 수도 있다. 이 금기 사항들 중 대부분은 성경 기록 당시에는 아예 존재하지도 않았으며, 그렇기 때문에 성경이 이들에 대해 침묵하는 것은 당연하다.

논의의 여지가 있는 이 항목들 중 대다수가 명확한 성경적 기준이 없다는 데서 문제가 시작된다. 지리적, 문화적 차이는 상황을 한층 더 복잡하게 만든다. 한 나라의 일부 지역에서는 청바지를 입고 교회에 가는 것을 생각조차 할 수 없다. 그런가 하면 다른 지역에서는, 또는 어떤 교파에서는 복장 문제로 하나님 말씀을 듣는 것을 배제한다는 것은 있을 수 없는 일이다. 그만큼 기준들이 다양하다.

유럽을 방문했을 때, 나는 많은 프랑스인들이 자연스럽게 포도주를 마시는 것을 보았다. 그들의 신앙은 이 관행을 거부하지 않는다. 사실, 어떤 교회들의 바깥 주위에는 그리스도인들이 경작하는 수 마일에 달하는 포도원이 펼쳐져 있다. 하지만 미국에서는 그리스도인이 술을 한 잔만 마셔도 호되게 비난하는 그룹들이 많다. 또한 자신의 특정한 신념에 성경적 권위를 부여하는 이들도 있다. 그들은 자신의 특정한 상황에 적용되는 행동규범을 모든 사람들을 위해 일반화한다. 강력한 확신을 갖고서 다른 사람들에게도 자신의 생각을 주입시킨다.

## 무엇이 적법한가?

기독교적으로 적법한 행위가 무엇인가 하는 문제는 새로운 것이 아닙니다. 1세기에, 바울은 이 문제와 관련하여 로마와 고린도의 그리스도인들을 바로잡아주어야 했다. 로마의 상황을 언급하면서, 바울은 로마서 14장에서 기본 원칙들을 제시했다. 바울이 편지를 보낸 그 교회의 구성원들 중에는 이방인 신자들도 있었다. 어떤 이들은 이교적 우상숭배로부터 돌이킨 회심자들이었고, 우상을 숭배해 본 적이 없는 이들도 있었다. 그런가 하면, 율법적 의식과 성일들을 유산으로 간직한 유대인 신자들도 있었다. 예수 그리스도 안에서 이 모든 신자들은 하나가 되었다. 하지만 그들의 출신 배경과 행동상의 차이점들이 충돌과 불화를 일으켰다.

그중 하나는 고기에 관한 것이었다. 아마도 고기를 시장에 내놓기 전에 우상숭배에 썼던 것 같다. 이 논쟁은 고린도교회에서 일어난 것과 유사하다 고린도전서 8:1-13, 10:25-29. 유대인 그리스도인들로 짐작되는 어떤 신자들은 아무런 양심의 가책도 없이 이 고기를 먹었다. 아마 그들은 고기 시장에 들어서면서 "우상에게 바쳐졌다고? 그래서 어쨌다는 건가? 고기는 고기일 뿐이고, 난 고기를 좋아해."라고 생각했을 것이다.

그 유대인들은 고기가 전에 어디에 쓰였는지 무관심했다. 반면에 다른 신자들, 즉 이전에 우상을 숭배했던 자들은 이 고기를 먹은 신자들을 괘씸히 여겼다. 회심 전에 그들은 우상숭배의 일환으로 그 고기를 먹었었다. 이제 우상을 버렸으므로 그 고기도 버렸다. 그들로서는 이 두 가지 행위를 분리해서 생각할 수가 없었다. 따라서 그런 고기를 사서 즐기는 그리스도인을 보면 당황스러웠다.

로마 교회에서는 또 다른 논쟁이 일어났다. 이번에는 그리스도인들이 유대교의 성일과 절기들을 지켜야 하는가 하는 문제였다. 골로새서 2:16에서는 이들을 "절기나 월삭이나 안식일"이라고 표현한다. 아마도 유대인 그리스도인들은 성일과 절기들을 가볍게 무시하는 이방인들을 이해할 수 없었을 것이다. 반면에 이방인들은 그토록 사소한 일에 흥분하는 유대인들을 보고 놀랐을 것이다. 그들은 이렇게 말했을 것이다.

"도대체 그런 규례가 기독교와 무슨 상관이 있나요? 핵심은 예수 그리스도십니다. 우리는 그분만 알면 되지요. 여러분이 성일과 절기를 지키고 싶다면 지킬 수 있어요. 하지만 우리는 상관없어요. 그것들을 기독교의 일부로 간주할 수는 없습니다."

## 논쟁을 처리하는 법

쌍방간에 팽팽한 긴장이 감돈 것은, 쌍방 모두가 실수를 범했기 때문이다. 서로 기독교 규범이 자신의 관습과 문화에 영감받았다고 착각했던 것이다. 상대방의 관점을 볼 수 없어서, 대립은 더 심해졌다. 상대방의 내적 동기를 이해하려 하지 않고 외적 행위만 보고서 영적 결론을 이끌어냈다.

당신도 삶 속에서 이와 유사한 경험을 하는가? 그리스도인들이 그런 논쟁에 휩쓸리면 영적 성장으로부터 멀어지고 동료 신자들에 대해서도 냉담해질 수 있다. 모든 기독교 공동체들이 이같은 상황에 직면할 수 있기 때문에, 우리는 로마서 14장에 제시된 바울의 원칙들을 필히 이해할 필요가 있다.

### 1. 판단하지 말라

바울은 로마서 14:3-4, 10-13에서 첫 번째 원칙을 제시한다. "먹는 자는 먹지 않는 자를 업신여기지 말고 먹지 못하는 자는 먹는 자를 판단하지 말라"3절.

바울은 "남의 하인을 판단하는 너는 누구뇨"4절라고 묻는다. 그리고서 불변의 사실로써 자신의 논거를 뒷받침한다. 하나님이 이 사람들을 받으셨다는 것이다. 오직 하나님만이 우리의 주인이요 재판관이시다. 우리에게는 다른 사람을 판단할 자격이 없다. 성경이 어떤 행위에 대해 명확하게 제시하지 않는다면, 우리의 의견과 상반되게 행동한다는 이유로 다른 사람을 비판하거나 정죄할 권리가 우리에게는 전혀 없다.

이 원칙을 퍼즐 놀이에 적용해 보자. 나는 퍼즐 맞추기를 할 자유가 있다. 하지만 이 놀이를 멀리하는 사람을 가리켜 "시대에 뒤진 구식 인간"이라고 부를 권리는 없다. 그런가 하면, 내가 이 오락에 몰두할 수 없다고 해서, 퍼즐을 하고 있는 다른 그리스도인을 가리켜 세속적이라고 비난해서도 안 된다.

영역 성경 RSV는 로마서 14:3을 이렇게 번역한다. "먹는 자는 삼가는 자를 멸시하지 말고, 삼가는 자는 먹는 자를 비판하지 말라." 여기서 중요한 것은 다른 사람들에 대한 우리의 태도다. 만일 우리가 올바른 태도를 가지면, 행위상의 차이로 인한 긴장의 90%는 사라질 것이다. 상대방의 행동 패턴을 모두 받아들일 필요는 없다. 다만 다른 사람들을 받아들이며 각자 우리 앞에서가 아니라 하나님 앞에서, 서거나 넘어짐을 명심할 필요가 있다. 만일 그들이 하나님께 불순종하면, 그분 앞에서 그것에 대해 답변해야 한다.

### 2. 내적 확신에 따라 행동하라

로마서 14:5에 나오는 두 번째 원칙은 하나님 앞에서의 책임을 강조한다. "혹은 이 날을 저 날보다 낫게 여기고 혹은 모든 날을 같게 여기나니 각각 자기 마음에 확정할지니라." 우리의 행위는 사회적 압박이나 다른 어떤 저급한 동기에서가 아니라 개인적 확신에서 비롯되어야 한다. 그리스도인으로서 우리는 예수 그리스도를 기쁘시게 하고 그분께 영광 돌리는 일을 하길 원한다. 그래서 우리를 위한 하나님의 뜻으로 믿어지는 것을 행위의 기초로 삼는다. 이 내적 원칙은 모든 장소와 상황에서 적용된다.

이 원칙의 의미를 자녀교육과 연관지어 살펴볼 수도 있다. 이를테면, 부모가 무엇을 하거나 하지 말라고 자녀에게 강요하면서 그 이유를 이해하도록 도와주지 않는다면, 그들은 부모의 감독에서 벗어나자마자 부모가 금한 것들을 내팽개치기 쉽다. 이는 그들이 원칙들을 충분히 이해하지 못했기 때문이다. 새 신자는 영적으로 어린아이다. 종종 우리는 그들이 자신의 삶 속에서 하나님이 어떻게 역사하시는지 경험할 기회를 갖기도 전에 그들을 우리에게 익숙한 행위에다 맞추려 한다. 이럴 경우, 우리와 함께 있지 않을 때의 그들은 우리의 행동 방식을 거부하고 회심 이전의 생활로 돌아갈 수도 있다.

자신의 행동이 하나님께 영광을 돌리고 있다고 확신하는가? 맨 먼저 이렇게 물어보아야 한다. "주님의 영광을 위해서"라는 확신을 갖고 어떤 행동을 하거나 금할 때, 우리의 선택은 짐스럽지 않고 기쁨이 된다. 하나님께 순종하고 있다고 확신하는 한, 그 원칙은 유효하다. 하나님의 뜻을 따르고 있음을 확신하기 위해 성경에 비추어 자신의 행동을 거듭 살펴야 한다.

### 3. 삶 전체를 하나님의 선물로 귀하게 여기라

세 번째 원칙은 개인적 확신의 근거를 제시한다. "우리가 살아도 주를 위하여 살고 죽어도 주를 위하여 죽나니 그러므로 사나 죽으나 우리가 주의 것이로라" 로마서 14:8.

우리의 삶 전체는 하나님의 영광을 위해 드려져야 한다. 우리의 삶 전부가, 즉 기도하거나 성경을 읽거나 혹은 복음을 증거하는 시간들만이 아니라 삶 전체가 하나님께 속한 것이다. 그리스도인의 삶에는 성스러운 부분과 세속적인 부분이 따로 구분되어 있지 않다. 우리는 하나님의 영광을 위해 성경을 공부한다. 마찬가지로 체스도 그분의 영광을 위한 것이어야 한다.

어떻게 체스를 하나님의 영광을 위해 할 수 있을까? 만일 자신의 모든 에너지와 모든 시간과 모든 돈과 다른 모든 측면들을 포함한 삶 전체가 예수 그리스도께 속한 것임을 먼저 자각한다면, 그것은 간단한 일이다. 우리는 단지 그분의 청지기들이며, 그분은 우리의 삶 전체를 가지고 당신을 기쁘시게 하길 기대하신다. 내가 성경공부 대신에 체스를 해야 할 때도 있다. 그런가 하면 체스를 하지 않고 성경을 공부해야 할 때도 있다. 오로지 예수 그리스도께 영광을 돌리려는 마음으로 하나님의 임재 속에서 살아갈 때 우리는 불필요한 긴장에서 놓여난다.

그리스도인들이 삶을 즐기는 데 어려움을 느끼는 때도 있다. 아주 맛있는 스테이크를 먹거나 가족과 함께 멋진 하루를 보내면서 죄책감을 느껴본 적이 있는가? 그럴 필요가 없다. 디모데전서 6:17에서, 바울은 성경의 위대한 사실들 중 하나를 디모데에게 상기시킨다. "우리에게 모든 것을 후히 주사 누리게 하시는 하나님." 사실, 우리가 온갖 것들을 풍성히 누릴 수 있는 이유는 바로 우리가 그리스도인이기 때문이다. 조지 로빈슨은 "영원하신 사랑으로 사랑하시네"라는 찬송에서 이렇게 노래했다.

위로는 연청색 하늘,
주위에는 감미로운 녹색의 대지!
그리스도인의 눈에만 보이는
온갖 색깔의 아름다운 것들.

무엇인가 즐거운 것을 접할 때 괜히 불편한 느낌에 집착할 것이 아니라, 주께로부터 받은 모든 것을 감사함으로 그리고 주님의 영광을 위해 한껏 누리자.

다만 하나님의 모든 선물을 받은 자로서, 청지기 임무를 흔쾌히 받아들이자. "내가 지금 이 행동을 해도 되는 것인가?"라고 자문해야 할 때가 많을 것이다. 때로 우리는 기도 대신에 밖으로 나가서 눈을 치워야 할 때도 있다.

그런가 하면, 눈에 대해서는 잊어버리고 기도해야 할 때도 있다. 활기찬 기독교는 소위 영적 활동 시간이나 기독교적 친교 시간 등에 국한되지 않는다.

예수 그리스도는 주일 오전 11시 교회에서와 마찬가지로 화요일 오후 4시에 도서관이나 집이나 사무실에서도 역동적으로 실재하는 분이시다. 우리는 매순간 그분의 임재 속에서 예수님과 함께 동행할 수 있다. 삶의 모든 국면과 모든 순간이 하나님께 속해 있고, 매순간 하나님께 영광 돌릴 수 있다.

당신은 이 개념을 알고 있었는가? 아니면 아직도 구획화된 존재에 집착하는가? 만일 우리가 하는 일을 영적인 부분과 비영적인 부분으로 나눈다면, 이는 일관된 그리스도인의 삶에 실패했음을 나타내는 표시일 수도 있다. 반면에, 매순간 하나님의 뜻에 따라 그분의 영광을 위해 살 수 있다고 하는 사실을 깨달을 때, 그 매순간들이 영원한 의의를 지니게 된다.

### 4. 동기를 점검하라

네 번째 원칙은 로마서 14:14에 나온다. "무엇이든지 스스로 속된 것이 없으되 다만 속되게 여기는 그 사람에게는 속되니라."

그 자체로서는 나쁘지 않지만 나쁜 용도로 쓰일 수 있는 것들이 많다. 앞에서 스테이크를 언급했다. 음식은 꼭 필요하지만 폭식함으로써 몸을 상하게 할 수도 있다. 하나님의 귀한 선물인 성性도 그 기능이 왜곡되면 인생의 가장 추잡한 것들 중 하나가 된다. 그 자체로는 나쁘지 않다. 오용이 문제다.

우리는 외적인 것들에 집착할 수 있다. 이 때문에 바울은 태도를 중시한다. 만일 하나님 앞에서 특정한 행동을 나쁜 것으로 여기면서도 실행에 옮긴다면, 우리는 불순종을 범하는 셈이다. 그럴 경우에 다른 사람이 그 행동을 옳게 여기는지 여부는 중요하지 않다.

## 연약한 형제

우리는 "연약한 형제"를 배려해야 한다. 연약한 형제를, 우리가 자유롭게 할 수 있는 것을 하지 못하는 나약한 사람이나 자신이 세운 금지 규정을 모두에게 강요하려는 거만한 사람으로 여기지 말자. 본질적으로, 연약한 형제들은 사고가 성숙하지 못한 그리스도인들이다. 종종 그들은 어떤 행위와 그 이면의 동기를 구분할 줄 모른다. "내가 왜 그렇게 해야(혹은 하지 말아야) 하지?"라고 묻지 않고, 외적 행동으로 영성을 판단한다. 아마 그들의 평가 기준은 자신의 가족이나 교회 그룹원들에게서 대강 터득한 내용일 것이다.

하나님이 우리의 동기에 관심을 기울이심을 기억해야 한다. 로마서 14:6에서, 바울은 먹는 자들도 주의 영광을 위해 먹고 먹지 않는 자들도 주의 영광을 위해 삼간다고 말했다. 여기서는 두 가지 극단적 행위들이 소개되지만, 둘 다 주의 영광을 위한 것이다. 연약한 형제들은 이 두 가지 극단들 중 하나를 올바른 것으로 받아들이고 그것을 올바르게 하는 동기를 간과한다. 만일 반대편 극단을 따르는 사람을 보면, 그들은 상처를 받거나 혼란에 빠질 것이다. 예수 그리스도를 향한 사랑과 그분의 영광을 추구하는 열망이 늘 최우선시 되어야 함을, 그들은 그리고 때로는 우리 모두도 배울 필요가 있다. 무엇을 하거나 하지 않는 것은 그 다음 문제이다.

그러면 연약한 형제들을 어떻게 대해야 할까? 그들을 무시하고 말아야 할까? 로마의 그리스도인들 중에는 "쳇! 연약한 형제들에게 신경 쓸 것이 뭐야. 그들이 성숙하지 못할 뿐인데."라고 말하는 자들도 있었을 것이다. 바울은 그런 사람들을 거침없이 꾸짖는다. "만일 식물을 인하여 네 형제가 근심하게 되면 이는 네가 사랑으로 행치 아니함이라"15절. 외적 행위에 따라 영적 판단을 내리는 것이 오류임을 잘 아는 성숙한 그리스도인이라면, 아직 그 점을 이해하지 못하는 형제들을 배려해줄 수 있어야 한다.

하나님의 사랑 안에서 우리는 사소한 문제로 형제를 실족시키는 짓을 삼가야 한다. 고린도전서 8-10장에서, 바울은 연약한 형제들을 위한 우리의 책임을 상세히 설명한다. 만일 이 주제에 관심이 있다면, 고린도전서 8:10-13, 9:19-23, 10:23-33을 묵상하라. 바울 자신도 "만일 식물이 내 형제로 실족케 하면 나는 영원히 고기를 먹지 아니하여 내 형제를 실족치 않게 하리라"고린도전서 8:13하고 다짐했다. 중요한 것은 우리의 개인적 자유가 아니라 하나님 나라이다. 그리고 하나님 나라는 성일을 지키거나 고기를 먹는지의 여부보다 더 깊은 문제를 수반한다. 로마서 14:17에서 밝히듯이 "하나님의 나라는 먹는 것과 마시는 것이 아니오 오직 성령 안에서 의와 평강과 희락"이다.

외적인 것들을 둘러싼 의견 차이에 너무나 많은 생각과 논의와 시간과 에너지가 집중될 수 있다는 것은 애석하고도 놀라운 사실이다. 우리는 적극적이고 외향적인 그리스도인의 삶으로부터 교묘하게 뒷걸음질친다. 어떻게 해서든 이런 태도를 물리치기로 결심하자. 영적 의견에 대한 차이가 깊어지는 것을 볼 때, 연약한 형제들을 배려하여 그들로 하여금 하나님 나라가 무엇인지를 이해하도록 도와줄 필요가 있다.

아울러, 그들로 하여금 자신의 행동 패턴을 다른 사람들에게 강요할 수 있다는 생각을 갖게 해서는 안 된다. 보다 성숙한 사고를 하도록 도와주어야 한다. 바울이 로마와 고린도의 교회들에 편지를 쓴 목적도 바로 이것이다. 그는 외적 행동을 강조하는 미성숙한 시각을 바꾸도록 그들을 도와주었고, 자신과 다른 행동을 하는 그리스도인들을 너그럽게 용납하도록 격려했다.

몇 년 전 뉴저지에서 열린 어느 학생수련회에서 나는 이 문제를 직접 경험했다. 거기서 세일즈맨 한 사람을 만났다. 그는 그리스도인이 되기 전에는 말 그대로 야구광이었다. 여름 내내 야구에만 몰입하기 위해 겨울 동안 뼈빠지게 일하곤 했다. 약 12년 동안 필라델피아에서 열린 경기는 하나도 놓치지 않고 다 관람했다. 그는 1910년 이래의 타율을 모두 알고 있었다. 그는 야구를 먹고 마셨고, 자면서도 야구 꿈을 꾸었다. 그러던 중에 주님을 만났으며, 자신의 우상을 포기하고 예수님의 발 앞에 두었다.

고되고 힘들었던 수련회가 끝날 무렵, 이 친구는 "이봐요, 수련회가 끝나면 코니 맥 구장으로 필리스를 보러 갑시다. 세인트루이스 카디널스와 맞붙는답니다."라고 내가 다른 동료에게 말하는 것을 들었다. 그는 당황했다. 의심스런 눈길로 나를 바라보면서 "당신은 그리스도인이면서 어떻게 야구 게임을 보러 가려고 하나요?" 하고 물었다.

지금은 내가 기독교 단체 내에 금기들이 많다는 것을 알고 있지만, 당시에 야구를 금기시하는 말은 그에게서 처음 들었다. 나는 어리둥절해서 무슨 말을 해야 할지 몰랐다. 그가 재차 물었다. "당신과 프렛이 그리스도인이라고 하면서 어떻게 야구 게임을 보러 갈 수 있어요?"

프렛과 나는 곰곰히 생각하면서 그 상황에 대해 토론했다. 그 세일즈맨과 이야기를 나누는 중에, 우리는 그의 문제를 파악했다. 그는 이전에 우상을 숭배했던 로마의 이방인 그리스도인들과 같은 사람이었다. 이전에 그에게는 야구가 중대한 것이었다. 그래서 이제 그의 눈에는 야구 경기를 보는 사람이, 우상숭배적 의도가 전혀 없더라도, 야구숭배자로 비쳤다.

프렛과 나는 야구 관람을 취소했다. 왜냐하면 민감한 단계에 있는 귀한 동료를 우리가 괜히 혼란스럽게 만들 수 있다고 판단했기 때문이다. 아울러 우리는 그와 오래도록 이야기를 나눴고, 100% 헌신을 통해 주님을 기쁘시게 하려는 그의 마음을 따뜻하게 격려해주었다. 잠시 후에 그는 모든 그리스도인들이 야구를 문제시하는 것은 아님을 알게 되었다. 그에게 있어서는, 야구가 위험스러운 시험거리였을 것이다. 하지만 후에 그는 스포츠에 대해 아무런 문제점도 느끼지 않는 그리스도인들을 자신이 고려하지 못했음을 인정했다. 그의 태도가 성숙해지기 시작하는 모습에 우리는 흐뭇해졌다.

우리에게는 연약한 형제들을 배려해야 할 책임이 있다. 성경적 원칙에 의하면, 막무가내로 자신의 길을 고집하며 "그들은 틀렸어. 고지식해. 난 그들을 무시하면 그만이야."라고 생각해서는 안 된다. 또한 자신에 대한 탐구와 성찰 없이 다른 사람의 양심에 따르는 것도 성경적인 원칙이 아니다.

성경적 원칙은 동기를 점검할 것을 요구한다. 내가 무엇을 하거나 하지 않는 것이 과연 예수 그리스도를 향한 사랑과 그분을 영화롭게 해드리려는 열망 때문일까? 아니면, 다른 곳에서는 통하지 않을 사회적, 문화적 편견 때문일까?

자신의 동기를 점검한 후 특정한 행동을 취할 때, 우리는 어떤 태도로 할 것인지 결정해야 한다. 성경에서 명확한 입장을 표하지 않을 때 이것은 특히 문제가 된다. 그리스도인의 행위에 관한 부차적 주제들 중에는 상대주의라고 하는 회색 지대에 방치되는 것들이 많다. 나에게 옳은 것이 다른 사람에게는 옳지 않을 수도 있다. 하지만 바울은 명확한 조언을 제시한다. 그는 "의심"이라고 하는 구분선을 긋는다.

"무엇이든지 스스로 속된 것이 없으되 다만 속되게 여기는 그 사람에게는 속되니라……네게 있는 믿음을 하나님 앞에서 스스로 가지고 있으라 자기의 옳다 하는 바로 자기를 책하지 아니하는 자는 복이 있도다 의심하고 먹는 자는 정죄되었나니 이는 믿음으로 좇아 하지 아니한 연고라 믿음으로 좇아 하지 아니하는 모든 것이 죄니라" 로마서 14:14, 22-23.

나의 동료 세일즈맨이 내 입장을 이해해주었다면, 나는 야구 경기를 즐기러 가는 것이 옳았을 것이다. 그러나 그로서는 여전히 야구 경기를 보러 갈 수 없었을 것이다. 왜냐하면 그의 경우에는 의심과 다른 도덕적 문제들이 수반되었기 때문이다.

### 어림 짐작법

내가 발견한 매우 유용한 어림 짐작법은 이렇다. 만일 어떤 행동의 적절성에 대해 조금이라도 의심이 간다면, 즉시 중단하라. 그러나 만일 하나님 앞에서 양심이 깨끗하고 하려는 행동이 그분의 영광을 위한 것일 수 있다면, 그리고 다른 누군가에게 혼란을 주지 않는다면, 즐겁게 그것을 하라. 기뻐하라. 하나님께로부터 제공된 것을 마음껏 누리라. 이것은 바울의 분명한 원칙이다.

물론, 자신이 원하는 대로 무엇이나 할 수 있다는 식으로 개인적 자유를 곡해하고 남용하는 사람들도 있다. 그런 행동은 바울이 여기서 말하고 있는 내용을 모조리 부정하는 것이다. 자신이 얼마나 "자유로운지" 보여주기 위해 자신의 이질적 행동을 과시하려는 자들에 대해 나는 늘 의구심을 갖는다. 이것은 거룩과는 거리가 멀다. 그들은 바울의 의도를 전혀 이해하지 못하고 있다.

다른 그리스도인들을 향한 사랑은, 하나님의 영광을 위해 사는 자의 모든 행위를 결정짓는 핵심 요소이다. 결혼식이 끝난 후에, 신랑이 사랑하는 신부에게 "자, 이제 예식이 끝났으니, 나는 놀러나갈 거야. 나중에 봐요!"라고 말하진 않는다. 두 사람을 서로 끌어당기는 사랑이 결혼의 기초다. 그들은 서로 사랑하기 때문에 서로를 기쁘게 하는 일은 무엇이든 하고 싶다. 상대방을 불쾌하게 하거나 해롭게 한 것을 알면 그들은 고통스러워한다. 사랑이 그들을 억제한다.

어거스틴이 "하나님을 사랑하라, 그리고 그대가 원하는 대로 하라."고 말했을 때, 그는 그 말뜻을 알고 있었다. 그는 신성한 영역과 세속적 영역을 나누고자 한 것이 아니다. "내 죄가 사해졌으니, 이제 난 마귀처럼 살 수 있어."라는 태도는, 하나님 아버지와 십자가에 달리신 구주의 사랑을 전혀 모른다는 증거다.

예수 그리스도를 향한 사랑을 표현하며 온전히 그분의 영광을 위해 살기를 바라는 것은 그리스도 안에 있는 새 생명의 증거다. 그리스도 안에 있는 우리의 개인적 자유가 이같은 동기에 이끌릴 때, 그것은 참으로 멋진 자유다. 그것은 그리스도께 영광 돌리고, 우리 자신에게 기쁨을 주며, 또한 다른 사람들에게 위로와 감화를 주는 자유다.

## 세속성 : 방종

끝으로, 세속성은 본질적으로 방종하는 태도다. 그것은 여러 가지 외적 행동 패턴으로 나타날 수도 있지만, 내적 태도로 자리잡고 있는 부분이 더 많다. 그리스도인들에게서 나타나는 가장 흔하면서도 미묘한 형태의 세속성은 교만일 것이다.

가장 세속적인 사람들도 흔히 "세속적"이라고 불리는 모든 행동들을 자제함으로써 자신을 위장할 수 있다. 하지만 그들이 세속적인 이유는 근본적 관심이 자신과 자신의 위안과 자신의 특권과 자신의 물질적 형통에 있기 때문이다. 특정한 행동을 억제한다고 해서 영성을 보장받는 것은 아니다.

참된 영성은 매사를 하나님의 관점에서 보는 것이다. 내가 전심으로 추구하는 것은 하나님의 가치 기준과 그분의 뜻이다. 말하고 행하는 모든 것이 우리를 사랑하시고 우리를 위해 자신을 내어주신 예수 그리스도께 영광 돌리는 것이 되길 우리는 바라고 기도해야 한다.

## 스 | 터 | 디 | 가 | 이 | 드

1. 19세기, 어느 기독교 대학은 다음과 같은 문구가 적힌 요람을 자랑으로 삼았다. "죄악된 세속으로부터 60마일 떨어진 곳에 위치함." 그 경우에, 캠퍼스는 인적이 없는 곳으로 멀리 격리되어야 했을 것이다. 우리 자신을 비그리스도인들로부터 격리시킨다 해도 죄 문제가 해결되지 않음에도 불구하고, 왜 어떤 그리스도인들은 그렇게 하는 것일까?

2. 폴 리틀은 "고린도의 그리스도인들은, 우리와 마찬가지로, 예수 그리스도를 모르는 사람들을 기피하는 것이 주님의 뜻에 불순종하는 짓임을 깨달을 필요가 있었다."고 말한다. 예수님은 우리가 어떻게 하길 원하실까? 그 이유는?

3. "분리"와 "격리"의 차이점은 무엇일까?

4. 대개 그리스도인들은 비그리스도인들과의 차이점보다는 다른 그리스도인들과의 도덕적 차이점을 더 힘들어 한다. 이와 관련하여 그리스도의 사신으로서 우리는 어떻게 처신해야 할까?

5. 로마서 14:1-4에 의하면, 그리스도인들이 부차적 문제와 관련해서는 완벽하게 통일된 행위 규범을 가질 수가 없다. 그러나 사도 바울은 모든 그리스도인들이 취해야 할 행동과 태도를 어떻게 설명하는가?

6. 당신을 "연약한 형제"로 보일 수 있게 만드는 행동은 어떤 것일까? 당신이 "강한 형제"인 경우는 언제일까?

7. 애매모호한 상황에 대처하는 법을 배우기 위해, 다음과 같은 사례 연구들에서 어떻게 행동할지 결정해 보라. 그리고 아래의 질문들을 활용하라.

사례 연구 1 : 스테레오 장치가 없어도 살 수 있지만, 그것이 있으면 우리집이 더 아름답고 안락해질 것이다. 그 돈을 선교사들에게 보내거나 우리 교회에 헌금할 수도 있다. 새 스테레오 장치를 사는 것이 옳을까?

사례 연구 2 : 나는 주일에 숙제를 해야 한다. 일주일 내내 과제에 시달렸고, 토요일에도 교회 일에 매여 있다. 주일에 교회에 다녀와서 숙제하는 것은 괜찮지 않을까?

사례 연구 3 : 포르노 잡지를 파는 가게를 내가 보이콧하지 않기 때문에 나의 절친한 친구가 당황하고 있다. 사실, 이곳은 우리 마을에서 물건을 가장 싸게 파는 가게이다. 그는 말하기를, 지역민들 전체가 결속하지 않으면 아무 일도 해낼 수 없다고 한다. 내가 좋아하는 할인점을 보이콧해야 할까? 만일 보이콧하지 않으면 그 친구에게 복음 증거하기가 힘들어질까?

- 이 상황에서 당신은 어떻게 할 것인가?
- 그리스도인 친구가 당신의 행동을 비판한다면 당신은 어떤 기분일까?
- 만일 그리스도인 친구가 이 상황에서 당신과 정반대되는 결정을 내린다면, 당신은 어떤 기분이 들며 또한 어떻게 해야 할까?

8. 폴 리틀은 어림 짐작법을 제시한다. "어떤 행동의 적절성에 대해 조금이라도 의심이 간다면, 중단하라. 그러나 만일 하나님 앞에서 양심이 깨끗하고 하려는 행동이 그분의 영광을 위한 것일 수 있다면, 그리고 다른 누군가에게 혼란을 주지 않는다면, 즐겁게 그것을 하라." 이번주에 이것을 활용해야 할 상황이 있는가?

## 리 | 더 | 를 | 위 | 한 | 제 | 안

1. 그룹원들로 하여금 지난주에 배운 것을 어떻게 적용했는지 이야기하게 하라. 개인 적용의 성공 또는 실패 이유를 함께 토론할 수도 있다.

2. 그룹원들이 실제로 직면한 상황들을 놓고서 토론하고 싶어하는지 알아보라. 당신은 앞의 7번 질문에서 제시된 질문들에 답함으로써 그 딜레마들을 분석해 볼 수 있다.

# How to Give Away Your Faith

chapter **9**

믿음으로 삶

믿음으로 삶

믿음은 기독교적 경험을 유지하는 비결이다. 우리는 믿음으로 구원받는다는 교리를 받아들인다. 오직 믿음을 통해서만 예수 그리스도께로 가서 그분을 주님과 구주로 삶 속에 영접할 수 있다. 그러나 우리는 매일의 삶에서 믿음이 지속적 응용 원칙으로 작용되어야 한다는 점을 쉽게 잊는다.

우리는 믿음으로 그리스도인의 삶을 시작한 후에도 여전히 행위로써 살아가려 한다. 행위로 구원을 얻을 수 없다는 것을 알면서도, 때로 우리는 특정한 일을 함으로써 그리스도인의 삶을 실현해야 한다고 생각한다. 이것은 잘못된 생각이다. 우리를 예수 그리스도 안에 있는 생명으로 이끈 믿음은 삶 전반에 걸쳐 계속 작용해야 한다. 그리고 믿음의 대상도 줄곧 예수 그리스도이셔야 한다.

## 선물을 바라지 말고 그리스도를 바라라

성경은 예수께서 믿음의 일관된 목표가 되심을 분명히 지적한다. 나는 고린도전서 1:30 말씀을 좋아한다. 거기서 바울은 "너희는 하나님께로부터 나서 그리스도 예수 안에 있고 예수는 하나님께로서 나와서 우리에게 지혜와 의로움과 거룩함과 구속함이 되셨으니"라고 증거한다. 예수 그리스도가 우리의 지혜이셔야 한다. 그분은 우리의 의와 성화와 구속이시다. 베드로후서 1:3에서는 주님에 관해 더욱 놀라운 사실을 언급한다. "그의 신기한 능력으로 생명과 경건에 속한 모든 것을 우리에게 주셨으니 이는 자기의 영광과 덕으로써 우리를 부르신 자를 앎으로 말미암음이라."

무슨 뜻인지 이해되는가? 우리는 은혜로써 우리를 부르신 예수님을 알기 때문에 생명과 경건을 위해 필요한 모든 것을 가지고 있다는 것이다. 그분은 신령한 은혜로 말미암아 그것들을 우리에게 주셨다. 예수 그리스도를 구주와 주님으로 당신의 삶 속에 영접했기 때문에 경건하고 거룩한 삶을 위해 필요한 모든 것을 지니고 있다는 사실을 당신은 깨닫고 있는가?

우리 대부분은 자그마한 선물 꾸러미들을 하나님께 간구하는 경향이 있다. 나도 마찬가지다. 우리는 "주님, 더 많은 사랑이 필요해요." 또는 "주님, 더 많은 돈이 필요해요. 그리고 마음의 평안도 더 많이 필요해요." 하고 아뢴다. 우리는 이것 저것을 더 많이 필요로 한다. 그러나 하나님은 사랑이나 기쁨이나 평안의 선물 꾸러미를 공급하시는 분이 아니다. 만일 그분이 그런 것을 주신다면, 우리는 자신이 성취한 것으로 여겨 이렇게 자랑하고 다닐 것이다. "내가 얼마나 사람들을 사랑하는지 보세요. 내 능력을 좀 봐요. 내 마음의 평안도 간과하지 마시기 바랍니다." 하나님은 우리보다 더 잘 아신다. 그분은 예수 그리스도 안에서 우리에게 필요한 모든 것을 주셨다.

일단 주님을 삶 속에 영접하고 그분과 더불어 개인적 관계를 확립하면, 하나님이 주실 모든 것을 지니고 있는 셈이다. 이 순간에 우리에게 필요한 모든 것이 예수 그리스도 안에 있다. 우리가 원하기만 하면 마음대로 쓸 수 있다. 그리고 예수 그리스도께서 우리 안에 거하신다. 우리가 매일 믿음으로 간구할 때, 그분은 우리에게 필요한 모든 것을 공급해주실 것이다.

하지만 어떻게 하면 이 사실이 이론에 그치지 않고 실제가 될까? 어떻게 우리가 믿음으로 주께 간구하며 믿음의 실재를 경험할까? 기독교적 삶을 특징짓는 데 필수적인 요소들은 무엇일까? 예수 그리스도께 대한 참된 믿음을 어떻게 보존할 수 있을까?

## 하나님의 음성이 들리는가?

먼저, 자신이 무엇을 찾고 있는지를 알아야 한다. 어떤 비그리스도인들은 "만일 내게 하나님을 증명할 수 있다면 그분을 믿겠어요."라고 말한다. 내가 "어떤 증거를 원하나요?"라고 물으면, 그들은 당황해 한다. 그들은 자신이 찾고 있는 것만을 줄곧 생각한다. 자신의 마음에 들지 않는 증거는 인정하지 않으려 한다.

하나님과 더불어 개인적 만남을 갖는 과정에서, 때로 우리는 그들의 문제점에 공감한다. 우리는 자신이 무엇을 추구하는지에 대해 다소 막연하다. 다른 누군가의 경험을 기다리고 있는 걸까? 그것은 하늘로부터 들리는 음성일 수도 있다. 한 친구가 "하나님이 내게……라고 말씀하셨어!"라고 말할 수도 있다. 그러면 우리는 "놀라운 일이네!" 하고 감탄한다. 하지만 그러다가 우리는 자신에 관해 생각하기 시작한다. "하나님이 내게는 결코 말씀하시지 않아. 왜 나는 그 음성을 듣지 못할까? 내게 무슨 문제가 있는 것 같아."

우리는 다른 사람의 표현을 오해하기 쉽다. 그래서 우리는 혼란에 사로잡히고, 자신이 무엇을 찾고 있는지도 모르는 채 그의 경험을 모방하려 한다. 근사한 황홀경을 반드시 체험해야 한다고 생각할 때, 믿음의 실재에 대한 우리의 개념은 변질된다. 조만간 우리는 낙심하기 시작한다.

하나님이 내게 말씀하실 때 나는 그 음성을 듣지 않는다. 내가 듣는 것은 그분의 말씀이다. 아침마다 성경을 읽으면서, 특정한 구절이 그날을 위해 당신에게 주시는 하나님의 메시지임을 느낀 적이 있는가? 하나님이 성경 말씀을 통해 무엇인가를 당신에게 직접 말씀하신다고 느낀 적이 있는가? 위기 속에서 예수 그리스도의 평안을 깨달은 적이 있는가? 그런 것들이 바로 하나님과의 개인적 만남을 보여주는 사례들이다.

당신의 삶 중에서 예수 그리스도로 인해 달라진 부분이 있는가? 그

달라진 부분은 하나님과의 참된 관계에 따른 결과이다. 잠시 생각을 멈추고서, 만일 예수 그리스도를 만나지 못했다면 오늘 당신의 모습이 어떠할지 자문해 보라. 당신의 삶 속에 예수 그리스도의 역사하심에 대한 객관적 증거가 생각보다 많음을 발견할 수 있을 것이다.

믿음으로 우리는 예수 그리스도의 실재를 알고 있다. 믿음으로 우리는 가족보다 그분이 더 우리에게 실재적이심을 발견한다. 믿음으로 우리는 "그분의 임재를 연습할 수 있다." 즉 그분을 줄곧 우리와 함께 하시는 분으로 생각하는 법을 배울 수 있다.

물론, 하나님은 무소부재하시다. 그리스도인들은 그것을 하나님에 관한 사실로 받아들이지만, 그 사실을 행동으로 나타내는 이들은 거의 없다. 우리는 구체적 상황 속에서 그분을 생각하도록, 그분이 지금 여기에 우리와 함께 계심을 의식하도록, 또한 그분께로서 공급되는 자원들을 늘 활용할 수 있음을 기억하도록 우리 자신을 훈련할 수 있다. 그렇게 함으로써 우리는 그분이 우리에게 필요한 모든 것을 넘치도록 풍족하게 공급하심을 발견할 것이다.

## 유혹

예수 그리스도 자신이 우리에게 필요한 모든 것이 되신다. 당신이 바짝 긴장한 상태이고 벌컥 화를 내고 싶다고 가정하라. 룸메이트의 행동을 더 이상 참을 수가 없다. 어떻게 하겠는가? 이 순간에 당신은 믿음으로 예수 그리스도께 돌이켜 "주님, 나는 이 멍청이를 사랑할 수 없습니다. 이 친구를 사랑할 수 있는 것은 오직 주의 사랑뿐입니다. 나로 하여금 그를 사랑하게 해주세요."라고 말할 수 있다. 당신은 스스로의 부족함을 인정하고서, 힘든 순간에 믿음으로 예수 그리스도께 나아간다.

어떤 이들은 "유혹"을 성적인 것과만 연관시킨다. 성적 음란 행위가 유혹인 것은 분명하지만 험담하거나 비방하고 싶은 충동과 같은 온갖 종류의 것들도 우리를 유혹한다. 그리스도인들은 외면적으로 그릇된 행동을 범하기보다는 심령의 죄에 빠지기가 훨씬 더 쉽다. 여러 가지 외적 유혹들에 대해서는 오히려 신경을 덜 써도 되지만, 줄곧 다가오는 내적 유혹들에 대해서는 더욱 경계할 필요가 있다. 주님은 우리에게서 다음과 같은 기도가 나오기를 기다리고 계신다.

"주님, 내가 참을성이 없으므로 주의 인내를 필요로 합니다. 압박감이 나를 짓누르며, 내게는 그것과 맞서 싸울 힘이 없습니다. 주께서 내 속에 살아계시며 또한 주의 인내를 공급해주심으로 유혹을 이겨내게 하시니 감사합니다."

생각 속에 떠오르는 유혹은 처음부터 제거되어야 한다. 당신은 다음과 같은 격언을 들어본 적이 있을 것이다. 이것은 계속 반복해서 들을 만한 가치가 있다. "당신의 머리 위로 새가 날아가지 못하게 할 수는 없지만, 당신의 머리털 속에 둥지를 짓지 못하게는 할 수 있다." 부정적이거나 악한 생각에 유혹당하자마자, 우리는 예수 그리스도께로 돌이켜서 이렇게 말할 필요가 있다. "주님, 내게는 이것을 물리칠 힘이 없습니다. 나는 제대로 악에 대항하지 못합니다. 하지만 주께서는 능력이 있나이다. 주께 의지하오니 주의 능력을 공급해주소서."

승리를 위해 예수님을 바라보는 대신에, 유혹 그 자체와의 싸움에 몰두하려는 이들도 있다. 그럴 때 우리는 패배하고 만다. 내가 "5분 동안 유혹 거리를 생각하지 말라."고 말한다고 가정하자. 당신은 시도해 보지만 결코 성공하지 못할 것이다. 유혹 거리를 생각하지 않으려고 하면 오히려 더욱 거기에 집중하게 된다.

당신은 유혹적인 상황에서 눈을 떼고 예수님을 바라볼 필요가 있다. "주님, 주님은 사랑의 원천이십니다. 나는 이 사람을 사랑할 수가 없습니다. 그를 경멸하고 싶습니다. 그러나 주님은 사랑할 수 있나이다. 나를 도와주소서." 예수 그리스도는 우리에게 필요한 모든 것이 되신다. 그분은 우리에게, 사랑이나 평안이나 능력 따위의 선물 꾸러미 대신 자신을 주신다. 이 사실에 대해 솔직히 어떻게 생각하는가?

예수 그리스도는 우리에게 무엇인가? 단지 종이 위의 기록일 뿐인가 아니면 살아계신 인격이신가? 우리가 깨닫든 깨닫지 않든, 예수 그리스도는 성령을 통해 우리 안에 거하신다. 만일 그 점을 깨닫지 못한다면, 분명 그분은 우리에게 무의미할 것이다. 그분이 살아계시다는 진리를 깨닫는 것은 획기적인 경험이다. 매일 믿음으로 사는 삶이란 부활해서 살아계신 주님을 줄곧 자각하는 것이다.

## 얻으려고 애쓰는 것이 아니라 그저 바라봄

때로 우리는 자신의 믿음이 충분히 강한지에 대해 너무 오래도록 염려하기 때문에 실패하고 만다. 사단은 우리로 하여금 불리한 입장에 서게 만든다. 허드슨 테일러도 이 진리를 힘들게 배워야 했다. 그는 한 편지에서 자신의 곤경을 묘사했다.

"내게 필요한 모든 것이 그리스도 안에 있다는 사실을 나는 늘 확신하는 듯했다. 그러나 문제는 그것을 어떻게 실제적으로 활용하는가였다……나는 믿음이 유일한 요건임을 알았지만……내게는 이 믿음이 없었다."1)

어느 날 그는 한 친구에게서 편지를 받았는데, 그 편지 속에 해결책이 들어 있었다.

"하지만 어떻게 믿음을 강화시킬까? 믿음을 얻으려고 애를 씀으로써가 아니라 신실하신 분을 의지함으로써라네."2) "신실하신 분을 바라봄으로써라네."3)

우리의 관심을 요구하시는 이는 믿음 그 자체가 아니라 믿음의 대상이시다. 우리가 믿음을 갖게 하시는 이를 무시하고서 믿음에 몰두해서는 안 된다. 예수 그리스도를 바라보라. 누군가가 이르기를, 부실한 널빤지에 실린 강한 믿음은 우리를 강에 빠트리고 말지만, 튼튼한 널빤지에 실린 약한 믿음은 강을 건너게 해준다라고 했다.

믿음은 그리스도인의 삶 속에 "이미 주어진 것들"을 붙들며 그것들에 비추어 살아가는 것이다. 그렇게 하는 것이 항상 쉽지는 않다. 마음이 우울해진다, 비참한 생각이 든다. 그 상태로부터 어떻게 빠져나올 수 있을까? 우울함과 여러 가지 잘못된 것들을 곰곰이 생각한다고 해서 해결되는 것이 아니다. 가만히 앉아서 예수 그리스도에 관한 사실들을 생각하라. 그분이 누구신지, 그분이 역사 속에서 행하신 일이 무엇인지, 그리고 그분이 당신의 삶 속에서 어떤 일을 행하셨는지 생각하라. 위대하신 대제사장으로서 당신을 위해 하나님 앞에서 중재하시는, 긍휼이 많고 당신을 끝까지 구원하실 수 있는 그분을 생각하라. 10여 분 동안 그분을 묵상하라. 그러면 자신도 모르게 콧노래가 나올 것이다.

성경에 수록된 기도들은 이 기본 패턴을 따른다. 신앙의 인물들은 하나님이 누구시며 그분이 행하신 모든 일이 무엇인지를 스스로에게 상기시키며, 그런 후에 자신의 상황을 놓고 기도한다. 창조 사역으로부터 시작해서 하나님이 이스라엘이나 엘리야에게 행하신 일을 회상할 수도 있다. 확신을 얻은 후에는 "주님, 내가 여기 있나이다. 현재 상황을 타개할 용기와 지혜를 주소서."라고 기도한다.

자신의 삶 속에서 체험한 하나님의 자비를 상기할 필요가 있다. 그리스도인들은 하나님과 함께 한 경험들을 잘 기억하지 못하는 경향이 있다. 과거에 하나님이 행하신 일을 상기하면 현재의 문제들에 직면했을 때 보다 담대한 확신을 가질 수 있다.

에베소서 6:16에서 사도 바울이 악한 자의 모든 화전을 소멸하기 위한 방안으로 제시하는 믿음의 방패가 바로 하나님의 사랑과 지혜와 능력을 구체적으로 상기하는 것이라고 나는 믿는다. 악한 자의 화전들이 무엇일까? 그것은 명백한 죄악들만이 아니라 자신만이 알고 있는 은밀한 공상과 두려움과 의심도 포함된다.

## 하나님이 주관하심

나는 하나님이 내 삶을 주관하시며 나의 모든 곤경을 알고 계심을 믿음으로 받아들인다. 내가 믿든 믿지 않든, 하나님이 세상을 주관하신다는 것 또한 사실이다. 만일 내가 이 사실을 믿지 않는다면, 나 자신이 그 사실을 누리지 못할 따름이다. 반면에 만일 내가 이 사실을 묵상하고 단단히 붙들면, 미래에 대해 두려워할 필요가 없다.

경험이 이를 입증해준다. 캠퍼스에서 캠퍼스로 이동할 때 나는 비행기를 많이 이용한다. 내가 어딘가로 이동하려는 계획을 세우기 직전, 아내는 최근의 비행기 사고 소식을 듣는 경우가 많다. 그런 소식을 들으면 당연히 불안한 마음이 생긴다.

사실, 만일 내 생명이 하나님의 손에 달려 있음을, 내 가족도 그분의 손에 달려 있음을, 그리고 우리의 삶 가운데서 우연히 일어나는 일이란 없음을 내가 확신하지 못한다면 비행기 여행을 취소할 때가 많을 것이다. 자신의 장래에 대해 확신하지 못하는 사람들 중에는 실제로 비행기 기내에서 초조해 하는 이들이 더러 있다. 그런 때에 하나님은 내 마음을 평안하게 하신다. 하나님의 보살핌을 믿는 사람들도 있고 믿지 않는 이들도 있다. 하나님이 주관하신다는 말은 사실 아니면 거짓이다. 만일 그것이 거짓이라면, 하나님에 관해 잊어버리는 것이 더 나을 것이다. 그러나 만일 그것이 사실이고 하나님의 자기 계시를 받아들인다면, 우리는 믿음을 통해 그분의 섭리를 확신하는 가운데 기뻐하며 평안할 수 있다.

믿음을 통해 우리는 자신의 삶을 전혀 새로운 관점으로 바라본다. 믿음은 하나님의 주권적 섭리를 받아들이지만, 숙명론적이진 않다. 숙명론은 사람이 통제할 수 없는 어떤 맹목적이고 비인격적인 힘에 복종하는 것이다. 하나님의 섭리를 믿는 사람은, 땅에 떨어지는 참새 두 마리도 살피시며 각 사람의 머리털까지 세고 계시는 자애로우신 하나님 아버지께 기꺼이 복종한다. 믿음은 숙명론과는 거리가 멀고, 이같은 차이점에서 큰 위안을 얻을 수 있다.

믿음은 많은 도전에 직면한다. 에드워드 카넬 박사는 그리스도인을 마술쇼를 보는 물리학자에 비긴다. 멋진 속임수가 불변의 법칙에 대한 물리학자의 믿음을 위협한다. 그가 당황할 수도 있지만, 불변의 법칙이 사적인 근거보다는 과학적 근거에 의존함을 알기 때문에 그의 믿음은 흔들리지 않는다.

마찬가지로, 그리스도인들이 하나님의 약속을 붙들며 "이해하기 힘든 약속 방식보다는 그 약속을 하신 하나님의 성품과 능력을"로마서 4:20 참조4) 생각할 때 그들의 믿음은 강화된다. 견디기 힘든 시련에 처한 욥을 조롱하는 아내에게 욥이 보여준 것이 바로 이 모습이다. 아내는 그에게 이르기를, 바보처럼 굴지 말고 하나님을 저주하고 죽으라고 했다. 그러나 욥은 "비록 그가 나를 죽이시지만, 나는 그 안에서 소망을 가질 것이라"영역 성경 NKJV-욥기 13:15고 선언했다.

하박국은 당시 사건들로 인해 당황스러웠다. 유다가 도덕적으로 타락했지만, 하나님의 심판이 임하지 않고 있었다. 하박국 선지자가 하나님께 어떻게 하실지 묻자, 하나님은 갈대아 사람들을 이용하여 유다를 징벌할 것이라고 대답하셨다. 하박국 선지자는 그 말씀을 더욱 받아들이기 힘들었다. 왜냐하면 갈대아는 유다보다 더 사악했기 때문이다.

하박국은 유다 백성을 다루시는 하나님의 긴 안목에 대해 배워야 했다. 그랬을 때 비로소 그는 하나님의 임재와 능력이 외적으로 전혀 보이지 않는 상황에서도 담대한 확신을 가질 수 있었다. "비록 무화과나무가 무성치 못하며 포도나무에 열매가 없으며……나의 구원의 하나님을 인하여 기뻐하리로다"하박국 3:17-18. 여기서 우리가 보아야 할 것은 자신이 바라는 생각이 아니라 믿음이다. 믿음은 예수 그리스도 안에서 계시된 실재들을 자각한다. 믿음은 그 실재들을 붙들고 그것들에 비추어 살아가게 한다.

## 매일의 믿음

믿음으로 사는 것은 매일의 경험이다. 어제 남겨놓은 만나가 오늘 우리를 만족시키지는 못한다. 우리는 매일 하나님의 임재 안에 거해야 한다. 이 점에 대해서는 논의의 여지가 없다. 이것은 매우 간단하면서도 심오한 사실이며, 하나님과 함께 하는 삶에 있어 매우 중요한 사항이다.

영국에서 고아원을 창설했던 조지 뮬러에 대해 들어보았을 것이다. 그는 믿음의 사람으로서 공공연하게 도움을 의뢰한 적이 없으며 필요한 모든 것들을 위해 하나님만 의지했다. 조지 뮬러의 삶은 하나님과 더불어 매일 친교하는 삶에 대한 소중한 교훈을 내게 가르쳐주었다. 나는 일단 그리스도인들이 하나님과 더불어 친교관계를 맺기만 하면 그들의 모든 문제가 해결될 거라고 생각하곤 했다. 나는 그들이 늘 밝은 햇빛을 보고 지저귀는 새소리를 들으며 또한 항상 즐거워할 거라고 생각했다. 하지만 조지 뮬러마저도 "나는 하나님과 사람 앞에서 내게 가장 필요한 것은 매일 어떤 사람을 만나기 전에 먼저 내 영혼을 행복하게 하는 것이라고 생각한다."라고 시인했다.

조지 뮬러의 말 가운데 핵심 단어는 "……하게 하는"이다. 그가 잠에서 깨어날 때마다 항상 행복한 느낌이었던 것은 아니다. 자명종이 울릴 때 그 역시 내가 느끼는 것과 같은 기분인 적도 있었을 것이다. 아침에 눈을 떠서 온갖 문제들을 생각하기 시작할 때 느껴지는 짓이겨진 감자 같은 기분을 당신도 알 것이다. 그도 이런 기분을 잘 알고 있었을 것이다. 뮬러가 하루를 시작하면서 맨 먼저 한 일은 하나님의 임재 속으로 들어가서 주님 안에서 행복해질 때까지 그분을 묵상하는 것이었다. 그러고서 하루를 맞았다.

그리스도인의 삶은 소극적인 것이 아니다. 나는 "승리하는 삶"보다 "승리하는 전투"라는 표현을 더 좋아한다. 이는 전자가 그리스도인에게는 아무런 문제도 없는 듯한 그릇된 인상을 주기 쉽기 때문이다. 분명 힘들게 싸워야 하는 경우들이 있다. 우리는 실제 세상에서 살고 있다. 신약성경이나 나 자신의 경험을 보아도 이 점은 분명하다. 삶은 전투이다. 하지만 우리가 하박국과 조지 뮬러의 하나님을 그리고 하나님의 성품과 신실하심을 결코 잊지 않고 그분의 전투에 기꺼이 참여하는 다른 모든 사람들의 하나님을 믿음으로 매일 신뢰할 때, 그것은 위대한 승리의 전투이다.

때로는 우리가 "승리하는 그리스도인의 삶" 또는 "성령으로 충만해지는 것"을 너무 복잡하게 만든다는 생각이 든다. 나를 너무 단순한 사람으로 여기는 이들도 있겠지만, 나는 그 주제와 관련된 책을 많이 읽었고 강연도 여러 차례 들었으며 여러 가지 공식들을 접할 수 있었다. 내가 신약성경을 읽고 다른 사람들과 이야기하면서 얻은 결론에 의하면, 예수 그리스도께 전적으로 맡기는 것이 비결이다.

그런 믿음은 인생의 온갖 고비들을 극복하게 해준다. 때로 우리는 예수님을 정서적으로 느낀다. 그렇지 않을 때도 있다. 이것은 건강한 모습이다. 사람은 감정의 절정 상태를 오래도록 유지하지 못하고 쉽게 지친다. 농구 결승전에서 당신의 팀이 마지막 몇 초를 남겨 두고 동점인 상태에서 공을 가지고 있다고 가정하자. 그런 감정 상태로 줄곧 살아간다면 어떻게 될까? 격렬한 감정을 느낄 때도 있지만, 사람의 감정에는 기복이 있다. 하지만 우리의 감정 상태가 높든 낮든, 그 속에서 우리는 예수 그리스도의 실재와 평안과 위안이라고 하는 그분의 선물을 감지할 수 있다.

예수 그리스도를 알기 때문에 우리는 더 이상 상황에 매여 있지 않다. 상황의 지시에 따라 상하로 흔들리지 않는다. 대신에, 우리는 살아계시며 불변하시는 하나님께 매여 있다. 우리가 그분을 신뢰하며 또한 그분의 생명을 적극적으로 받아들이고 있음을 아는 한 우리는 모든 상황들을 능히 극복할 수 있다. 이같은 믿음으로, 사도 바울은 옥중에서도 찬양할 수 있었다.

바울에 대해 오해하지 말라. 그는 투옥 생활이나 서른아홉 대 맞는 태형을 재미있어 하지 않았다. 그런 핍박은 우리에게와 마찬가지로 그에게도 큰 고통이었다. 다만 그는 예수 그리스도로 말미암아 그 힘든 상황을 초월할 수 있게 하는 무엇인가를 발견했다. 자신 속에 있는 그리스도의 생명에 의지함으로써, 바울은 진정으로 믿음을 체험하는 삶을 살았다.

한 찬송의 가사는 모든 상황에서 믿음으로 사는 삶의 실재를 잘 표현했다. 그것이 바로 예수님의 지속적 임재이다. 예수께서는 "내가 과연 너희를 버리지 아니하고 과연 너희를 떠나지 아니하리라"히브리서 13:5, "볼지어다 내가 세상 끝날까지 너희와 항상 함께 있으리라"마태복음 28:20고 말씀하셨다. 이 기본 약속을 붙들고 그 약속에 비추어 살아갈 때, 우리도 이 찬송 작가가 확언하는 믿음의 삶에 동참할 수 있다.

주여, 내가 주의 약속의 깊이와 넓이를
온전히 받아들임으로 날마다 힘을 얻으며,
나의 장래를 두려워하지 않는 것은
예수께서 늘 나와 함께 계심이로다.

죄악이 유혹하고 위협하는
어둠과 곤경의 날들도 있겠지만,
어둠 속에서도 내가 두려워 않는 것은
그림자 아래에도 주께서 가까이 계심이로다.

천지가 화창하고 밝은 듯하고
기쁨으로 가득한 날들에는,
주께로 더 가까이 이끄시며
오직 주의 품에서만 안식하게 하소서.

또한 특별한 기쁨이나 슬픔이 없는
내 삶을 구성하는 다른 모든 날들,
부담 없는 의무들과 사소한 배려,
그리고 가벼운 짐들로 가득한 날들,

이 날들 동안도 나와 함께 하심으로
가장 암울한 시간에도 빛을 보게 하소서.
이 세상의 날들이 지나갈 때,
완전한 그날에 주와 함께 있게 하소서.[5]

## 스 | 터 | 디 | 가 | 이 | 드

1. 폴 리틀은 그리스도인의 삶을 "승리하는 삶"보다는 "승리하는 전투"로 묘사한다. 우리 중 대부분은 주님을 거듭 실망시키고 있다. 당신도 마찬가지라면, 본장을 읽고서 배운 것은 무엇인가?

2. 저자 폴 리틀이 복음 증거를 다루는 책에서 믿음에 관한 내용을 한 장 포함시킨 이유는 무엇일까?

3. "우리는 믿음으로 그리스도인의 삶을 시작한 후에도 여전히 행위로써 살아가려 한다. 행위로 구원을 얻을 수 없다는 것을 알면서도, 때로 우리는 특정한 일을 함으로써 그리스도인의 삶을 실현해야 한다고 생각한다." 대부분의 사람들이 행위로써 사는 삶을 믿음으로 사는 삶보다 더 매력적으로 느끼는 이유가 무엇일까?

4. 히브리서 11장 전체에 비추어 당신은 믿음을 어떻게 정의하겠는가?

5. 혹자는 믿음을 가리켜 "어떤 상황에서 하나님이 원하시는 것을 생각하며 그분의 계획 안에서 행동하는 것"으로 정의한다. 이런 맥락에서 아브라함과(히브리서 11:8-10) 모세의 부모와(23절) 라합이(31절) 보여준 믿음은 어떠한가?

6. 저자는 이렇게 지적한다. "우리 대부분은 자그마한 선물 꾸러미들을 하나님께 간구하는 경향이 있다……그러나 하나님은 사랑이나 기쁨이나 평안의 선물 꾸러미를 공급하시는 분이 아니다……그분은 예수 그리스도 안에서 우리에게 필요한 모든 것을 주셨다." 예수 그리스도께서 함께 하실 경우에 우리에게 필요한 모든 것이 어떻게 충족될 수 있을까?

7. 만일 예수 그리스도를 만나지 못했다면 오늘 당신은 어디에 있을까? 이 사실은 예수 그리스도께서 당신의 삶 속에서 역사하심을 보여주는 분명한 증거가 되는가?

8. 폴 리틀은 이렇게 말한다. "우리의 관심을 요구하시는 이는 믿음 그 자체가 아니라 믿음의 대상이시다." "매일 믿음으로 사는 삶이란 부활하셔서 살아계신 주님을 줄곧 자각하는 것이다." 이같은 깨달음이 다음 상황에서 당신으로 하여금

어떤 태도와 행동을 취하게 하는가?
- 당신은 음란 영화 채널로 가득한 TV를 갖춘 모텔에 머물고 있다.
- 고객에게 점심식사를 대접하는 자리에서 사장이 매우 불쾌하게 행동한다.
- 당신이 돌보는 아기가 도무지 잠을 자려고 하지 않는다.
- 성적 경계선을 자꾸 넘어서려는 사람과 데이트하고 있다.

9. 저자는 "과거에 하나님이 행하신 일을 상기하면 현재의 문제들에 직면할 때 보다 담대한 확신을 가질 수 있다."고 말한다. 빌립보서 4:6-7을 읽어 보라: "아무것도 염려하지 말고 오직 모든 일에 기도와 간구로, 너희 구할 것을 감사함으로 하나님께 아뢰라 그리하면 모든 지각에 뛰어난 하나님의 평강이 그리스도 예수 안에서 너희 마음과 생각을 지키시리라." 현재 구할 것을 하나님께 간구하기 전에, 과거에 유사한 응답을 보여주신 하나님께 잠시 감사드리라. 당신은 하나님이 당신에게 필요한 것을 아시며 또한 그것에 관심을 가지심을 느끼고 있는가? 다음주에 이 원칙을 적용해 보라.

10. 믿음과 숙명론은 어떻게 다른가? 이들을 구분하는 것이 왜 중요할까?

11. 때로 하나님의 응답이 우리의 기대와 다른 이유는 무엇일까?

## 리 | 더 | 를 | 위 | 한 | 제 | 안

1. 그룹원들로 하여금 지난주에 공부한 내용을 어떻게 적용했는지 나누게 하라. 개인적 적용의 성공 또는 실패 원인들에 대해 토론할 수도 있다.

2. 1번 질문에 대한 다양한 답들에 미리 준비하라. 어떤 이들에게는 격려가, 또 어떤 이들에게는 권고가 필요할 것이다.

How to
Give Away
Your Faith

chapter 10

내면의 자아를 함양하라

# 내면의 자아를 함양하라

누군가 이르기를, 아무도 보지 않을 때 하는 행동이 바로 그 사람의 성품이라고 했다. 우리 중 대다수는 다른 사람들의 이목에 더 많은 관심을 갖는다. 사람들 앞에서 말하고 행하는 데에 있어 자신이 남기고 싶은 인상에 관심을 집중한다. 혼자일 때 하는 생각과 행동에는 신경 쓰지 않는다.

하지만 진정한 성품이 나타나는 것은 바로 그때이다. 탁자에다 발을 올리고서 느긋하게 쉴 때의 모습이 자신의 실상이다.

예리하고 유익한 책인 "인격의 의미" *The Meaning of Persons*에서, 폴 투르니에 박사는 우리의 내면적 모습과 다른 사람들에게 드러나는 모습 사이의 불균형에 대해 설명한다. 그는 이 불균형을 인격과 배역의 차이점이라 부른다. 대부분의 상황에서는, 외면적 모습이 실제적 자아와 가까울수록 정신건강 상태가 더 양호할 것이다.

## 은밀한 자아

성경 전체에 걸쳐, 하나님은 우리의 실제 자아가 은밀한 내적 자아임을, 혼자일 때 나타나는 성품임을 강조하신다. 또한 하나님은 우리의 내적 자아를 속속들이 알고 계신다. 이새의 아들에게 기름부어 왕으로 삼으시려고 사무엘을 보내면서도 그분은 내적 삶의 중요성을 상기시키셨다.

사무엘은 다음과 같은 여호와의 말씀을 듣기 전까지는 키가 크고 잘생긴 엘리압이 적격자라고 생각했다. "그 용모와 신장을 보지 말라 내가 이미 그를 버렸노라 나의 보는 것은 사람과 같지 아니하니 사람은 외모를 보거니와 나 여호와는 중심을 보느니라"사무엘상 16:7.

하나님은 우리의 마음과 내적 생명, 즉 지, 정, 의를 포함한 인격의 중심을 평가 근거로 삼으신다. 히브리서 기자 역시 이 사실을 확언한다. "지으신 것이 하나라도 그 앞에 나타나지 않음이 없고 오직 만물이 우리를 상관하시는 자의 눈앞에 벌거벗은 것같이 드러나느니라"히브리서 4:13.

이 말씀들은 성경에서 가장 고무적이고도 놀라운 말씀들에 속한다. 이들은 하나님이 항상 우리를 잘 이해하고 계심을 단언한다. 가장 친한 친구들도 때로는 우리를 오해한다. 종종 본의 아니게, 그들이 어떤 말이나 동기를 오해하여 슬픈 결과가 초래될 때가 있다. 그러나 하나님은 진리 전체를 알고 계신다. 우리가 그분을 신뢰할 수 있는 것은 그분이 우리를 철저히 아시기 때문이다. 이 사실은 우리가 그분 앞에서 위선적인 행동을 해서는 안 됨을 뜻한다. 그분이 나를 나 자신보다 더 잘 아신다는 사실은 때로 놀라움을 금치 못하게 한다. 살아계신 하나님이 모든 가식을 벗고 홀로 있는 나를 보신다.

우리는 오직 하나님만이 보시는 내밀한 삶을 부정적인 면과 긍정적인 면의 두 측면에서 생각해 보아야 한다. 모세는 시편 90:8에서 부정적 측면을 언급한다. "주께서 우리의 죄악을 주의 앞에 놓으시며 우리의 은밀한 죄를 주의 얼굴 빛 가운데 두셨사오니." 이 구절은 적어도 세 가지 중요한 사실들을 계시한다.

### 1. 우리 모두에게 은밀한 죄가 있다

모세는 특별히 "우리의" 죄악들과 "우리의" 은밀한 죄를 언급한다. 그는 어떤 사람도 배제하지 않는다. 우리의 은밀한 죄는 자신을 실제보다 더 현명하게, 더 친절하게, 더 매력적으로, 그리고 더 중요하게 보이려는 숨겨진 교만과 자만심일 수도 있다. 우리의 행위를 "정당한 불만", "이해할 만한 낙심" 또는 "의분"의 표현으로 합리화하는 자기 기만일 수도 있다.

그것은 진실을 은폐하거나 거짓된 인상을 나타내기 위해 말이나 행동을 가장하는 부정직일 수도 있다. 이기적 서두름, 시간이나 재능을 부주의하게 낭비하는 일, 또는 하나님이 우리를 사랑하시듯이 우리가 그분을 사랑하는 일에 실패한 것일 수도 있다. 우리를 향하신 하나님의 뜻을 벗어나 어떤 사람이나 사물을 원하는 것일 수도 있다. 그것은 마치 벌레가 요나의 박넝쿨을 씹듯이 우리를 갉아 먹고 파괴하는, 다른 사람들을 향한 증오와 쓰디쓴 감정일 수도 있다. 사기나 음란일 수도 있다.

그것이 무엇이든, 하나님은 우리 죄를 모조리 알고 계신다. 우리는 그분께 죄를 숨기지 못한다. 그분 앞에서 은밀한 죄들을 시인하고 처리하기 위해 노력해야 한다.

**2. 은밀한 죄는 마침내 드러난다**

드러난 죄들은 은밀한 죄의 뿌리에서 자라는 열매들이다. 이 문제와 관련하여 주님은 바리새인들에게 죄는 외적으로 나타나는 것만이 아니라고 하셨다. 마가복음 7:14-23에 수록된 그분의 말씀은 본질적으로 이런 내용이다.

"너희는 이해하지 못하고 있다. 사람들을 더럽히는 것은 그들 속에 들어가는 것이 아니다. 그것은 다른 사람들의 눈에 비춰는 행동이 아니다. 악한 생각들과 음란함과 다른 모든 것들이 마음속에서 나온다. 더러운 것은 사람들의 내면이다."

자신만 알고 있는 은밀한 죄가 다른 사람들에게 드러난 죄보다 늘 앞선다. 야고보가 이 점을 잘 지적한다. "오직 각 사람이 시험을 받는 것은 자기 욕심에 끌려 미혹됨이니 욕심이 잉태한즉 죄를 낳고 죄가 장성한즉 사망을 낳느니라" 야고보서 1:14-15.

성경 곳곳에서 그런 사례들이 발견된다. 아간은 도둑질보다 탐심이

앞섰다. 다윗의 간음은 자신의 상상 속에서 시작되었다. 아니니아와 삽비라가 하나님께 거짓말을 한 것은 내면의 기만성을 드러낸 것일 뿐이었다. 이 모든 경우에 있어 죄는 외적 행위로 표현되기 오래 전에 내면 속에 자리잡고 있었다.

그리스도인의 삶은 갑자기 붕괴되는 것이 아니다. 그것은 늘 서서히 누수되듯이 진행된다. 때로 우리는 어떤 사람의 행동을 신랄하게 비난한다. 하지만 그것은 외적 측면일 뿐이다. 그 이면에는 추악한 기질이 자리잡고 있다. 우리 눈에 띄는 모든 죄는 내면의 그릇된 태도, 곧 은밀한 죄와 연결되어 있다. 삶이 은밀한 죄로 인해 서서히 누수되고 있지나 않은지 늘 유의해야 할 것이다.

**3. 자신의 은밀한 죄가 모두 하나님 앞에 드러나 있음을 자각해야 한다**

만일 은밀한 죄들이 있다면, 설령 자신이 그것들을 보지 못한다고 해도 그분은 보신다. 만일 자신의 죄를 자각하지 못한다면, 하나님께 마음 문을 열고서 자신의 삶 속에 은밀한 죄가 있는지 보여달라고 간구할 수 있다.

다윗의 기도를 적용할 수도 있다. "하나님이여 나를 살피사 내 마음을 아시며 나를 시험하사 내 뜻을 아옵소서 내게 무슨 악한 행위가 있나 보시고 나를 영원한 길로 인도하소서"시편 139:23-24. 우리는 성령께서 우리의 눈을 열어 자신의 모든 죄를 보게 하실 거라고 확신할 수 있다.

그분은 우리가 묵상하는 성경 구절을 통해 그것을 우리에게 드러내실 수도 있고, 다른 사람의 지적을 통해 죄를 자각하게 하실 수도 있다. 어떤 방식으로든, 그분은 성결한 삶을 위해 늘 죄를 지적해주실 것이다.

일단 특정한 죄가 드러나면, 그것을 처리하려는 노력은 우리의 몫이다. 하나님이 우리에게 죄를 드러내시는 것은 우리를 그 속에 방치하시기 위함이 아니다. 그분은 우리가 죄를 자백하고 버리기를 그리고 필요하면 보상도 하시기를 원하신다. 그분은 용서와 정결함과 능력을 구하는 우리의 간구에 항상 귀기울이신다.

반면에, 사단은 새로 발견된 죄나 드러난 죄를 처리하지 않기를 바란다. 사단은 이렇게 조롱한다. "너는 같은 죄를 하나님께 다시 자백할 정도로 뻔뻔스러운 사람이 아니지 않은가? 너는 지난번에 그 죄를 이미 자백했고, 그것을 버리겠다고 약속했다. 지금 어떻게 그분의 얼굴을 다시 대할 수 있겠는가? 먼저 성공률을 높이는 것이 더 낫다. 한번만 눈감아주시겠거니 하고 생각해라."

이 말은 예수께로부터 오는 것이 아니다. 하나님은 우리가 현재 모습 그대로 즉시 당신께 나아가길 원하신다. 오직 그분만이 우리와 우리의 죄를 처리하실 수 있다. 예수 그리스도의 십자가로 우리를 구속하실 때 그분은 우리의 모습이 어떠한지 정확히 알고 계셨다. 성령의 조명을 통해 죄를 드러나게 하심으로써, 하나님은 우리의 모습 그대로 나아오라고 부르신다. 우리를 위해 흘리신 예수 그리스도의 보혈만 의지하게 하신다.

만일 간구한 후에 성령께서 특정한 죄를 드러내지 않으신다면, 우리는 초조해 할 필요가 없다. 마귀는 우리를 무력하게 만들어 사역을 효과적으로 감당하지 못하게 하려 한다. 또한 마귀는 하나님이 우리에게 드러내지 않으신 미지의 죄에 대해 우리가 계속 죄책감을 가져야 한다고 부추긴다. 사단이 바라는 것은 우리가 하나님의 평강을 누리며 죄사함 받는 것이 아니라 계속 죄책감에 시달리는 것이다. 만일 우리가 자신에게만 몰두하면, 주님과 다른 사람들을 잊어버릴 것이다.

하나님은 우리가 죄를 짓고 또한 죄와 관련하여 자신을 속일 수 있는 가능성이 무한하다는 점을 자각하길 원하신다. 예레미야는 그 무엇보다도 기만적이며 사악한 것이 바로 사람의 마음이라고 지적했다 예레미야 17:9.

하지만 우리는 특정한 죄들을 우리에게 드러내시며 줄곧 우리를 구원하시는 주님을 의지할 수 있다. 그분은 근심과 부단한 자아 집착으로부터 우리를 구하신다. 우리는 하나님의 자녀다운 편안한 신뢰심으로, 모든 죄 문제를 해결해주시는 예수 그리스도께 마음을 집중할 수 있다.

로버트 맥셰인은 "자신을 한 번 볼 때마다 예수 그리스도를 열 번 보라."고 조언했다. 마치 사흘이나 세 시간 단위로 자신의 영적 상태를 점검하는 사람처럼 병적일 정도로 자성적일 필요는 없다. 우리는 영적 삶을 꾸려감에 있어, 마치 자신이 심은 콩이 어떻게 자라는지 궁금해서 매일 아침 땅을 파보는 어린아이처럼 행동할 때도 있다. 하지만 하나님과의 개인적 친교 가운데서 자라가려면 삶의 모든 영역을 하나님께 맡기고 의지해야 한다.

## 속사람을 지키고 개발하라

내면이 외적 삶에 큰 영향을 미치기 때문에, 성경은 내적 삶을 지키도록 촉구한다. "무릇 지킬 만한 것보다 더욱 네 마음을 지키라 생명의 근원이 이에서 남이니라" 잠언 4:23. 우리의 삶은 대부분 내면에 의해 결정된다. 혹자는 이르기를, 어떤 사람을 세우거나 망가뜨리는 것은 결코 환경이 아니라고 했다. 환경은 그 사람의 현재 모습을 드러낼 뿐이라는 것이다. 우리의 모습은 지금까지 삶을 구성해 온 모든 것, 특히 우리 자신이 생각하고 느끼고 의지하는 것의 축적 결과이다.

시편 기자가 "중심에 진실함을 주께서 원하시오니 내 속에 지혜를 알게 하시리이다"시편 51:6라고 고백한 것도 바로 그 때문이다. 하나님과 더불어 개인적 친교를 나누는 은밀한 삶의 적극적 측면에 유의하자. 야고보서 4:8은 "하나님을 가까이하라 그리하면 너희를 가까이하시리라 죄인들아 손을 깨끗이 하라 두 마음을 품은 자들아 마음을 성결케 하라"고 가르친다. 비록 궁극적으로는 우리를 구속하고 정결케 하시는 하나님만 의지하지만 그 과정에서 하나님은 우리에게 적극적이고 능동적인 역할을 맡기신다.

주님을 추구하는 내적 삶의 적극적 측면은 죄악을 추구하는 마음보다 더 큰 영향력을 발휘할 수 있다. 산상수훈에서 예수님은 "너는 기도할 때에 네 골방에 들어가 문을 닫고 은밀한 중에 계신 네 아버지께 기도하라 은밀한 중에 보시는 네 아버지께서 갚으시리라"마태복음 6:6고 가르치셨다. 은밀한 기도는 아버지께로부터 확실한 상급을 받게 할 것이다. 은밀한 죄가 외적 죄의 뿌리이듯이, 하나님과 함께 하는 우리의 은밀한 삶은 밖으로 드러나는 영적 능력의 뿌리이다. 이것은 불변의 영적 법칙이다.

믿기 힘든 사실이지만, 천지와 우리를 지으신 창조주 하나님이 우리 각자와 더불어 개인적 친교를 나누길 원하신다. 얼마나 놀라운 사실인가! 우리는 그 의미를 좀처럼 파악할 수 없다. 주님과 더불어 이렇듯 친근한 관계를 맺은 사람들에 관한 이야기가 성경 곳곳에 나온다. 다윗은 "여호와여 아침에 주께서 나의 소리를 들으시리니"시편 5:3라고 고백했다. 다니엘은 하루에 세 차례씩 예루살렘을 향해 절하며 살아계신 하나님과 교류했고, 그 결과 사자굴에 던져지는 위기를 맞았다. 분주한 하루를 보낸 후에, 주님은 미명에 일어나셔서 한적한 곳으로 가서 홀로 아버지와 함께 하는 시간을 가지셨다.

하나님은 그리스도의 이름으로 모이는 신자들의 예배와 찬양과 친교를 기뻐하신다. 그분은 예배당이나 기도 모임에서 우리를 만나길 기뻐하신다. 하지만 그분은 우리 각자를 홀로 만나는 것도 좋아하신다. 부모와 남편으로서, 나는 온 가족과 함께 지내는 시간을 사랑한다. 이는 내가 아내와 자녀들을 사랑하기 때문이다.

그러나 아내나 한 자녀와 단 둘이서 보내는 시간을 더 소중히 여긴다. 그럴 때에는 상대방과 더불어 더욱 각별한 교제를 나누게 된다. 여럿이 함께 있을 때에는 하기 힘든 비밀스런 이야기도 단 둘이서는 할 수 있다. 만일 가족 중에 누군가가 나와 단 둘이서 보내는 시간을 원치 않는다면 나는 얼마나 서글퍼지겠는가! 우리 중에도 하나님으로 하여금 그런 기분을 느끼시게 하는 이들이 있다. 물론 특정 그룹에서 그분과 함께 하는 시간을 갖겠지만, 그분은 우리를 개인적으로도 만나길 바라신다.

당신이 부모님께 특별한 선물을 드리려고 한다고 가정해 보라. 그것을 구입하기 위해 당신은 온 종일 일해야 한다. 집에 갈 수가 없다. 그러면 부모님이 어떤 생각을 할까? 더 이상 참을 수 없을 때 "애야, 우리가 원하는 것은 선물이 아니라 바로 너란다!" 하고 말하지 않겠는가? "주님을 섬기는 일"에 너무 열중한 나머지 그분과 단 둘이 보낼 시간을 확보하기가 쉽지 않다. 하지만 영적 능력을 지닌 삶을 위해 필수적인 것은 그분과 단 둘이 있는 시간이다.

홀로 하나님과 만날 때 무슨 일이 일어날까? 살아계신 하나님과의 내밀한 친교를 통해 영적 능력을 확실히 얻기 위해 필수적인 것은 무엇일까? 물론, 하나님은 성경을 통해 우리에게 말씀하시며, 우리는 기도로 응답한다. 그러나 성경을 읽거나 기도해도 만족스럽지 못할 때도 있다. 무엇이 잘못된 걸까?

## 성경공부

성경을 공부하면서 많은 사람들은 성경에 관한 사실이나 성경 속에 있는 사실들을 발견하려 한다. 그러나 기록된 말씀에 관한 정보 그 자체가 목적이 되어서는 안 된다. 만일 당신이 단지 성경 구절들을 읽고 그 정보를 체계화하여 요점을 정리함으로써 영적 삶과 능력을 확보하려고 시도한다면, 그것은 헛된 노력이다. 벤자민 프랭클린은 성경 주해를 썼지만, 우리가 아는 한 그는 결코 그리스도인이 되지 않았다.

기본적으로 성경의 목적은 우리로 하여금 예수 그리스도 안에서 살아계신 하나님과 만나게 하는 것이다. 어느 찬송 작사가는 "성경 말씀 너머로 우리가 주를 찾나이다."라고 노래했다.

망원경은 별을 관측하도록 도와준다. 별을 보려면 물론 망원경 사용법을 알아야 한다. 그러나 망원경을 작동시키는 일에 골몰하느라고 아예 별을 보지 않는다면 어떻게 되겠는가? 우리의 신앙에서도 수단과 목적이 혼동되는 경우가 많다.

어쩌면 당신은 "정기적으로 큐티를 해 왔지만 너무 무미건조해. 큐티를 통해서는 아무것도 얻을 수 없어."라고 생각하고 있을지도 모른다. 당신은 마치 불교도가 불경을 외우듯이 매일 열 구절씩 성경 말씀을 암송하지만 별다른 의미가 없다고 느꼈던 적이 있는가? "대체 이런다고 무슨 소용이 있을까? 이 성가신 일을 왜 해야 하나?" 하고 느꼈던 적이 있는가? 대부분은 가끔 이같은 마음일 때가 있을 것이다. 아무 생각 없이 공허한 의식을 행하기도 한다.

어쩌면 우리는 큐티의 목적이 예수 그리스도 안에서 살아계신 하나님과 대면하는 것임을 망각하고 있을지도 모른다. 혹은 하나님이 우리와 만나고 싶어하시는 살아계신 인격이심을 잊어 버릴 수도 있다. 성경을 펼 때에는 살아계신 주님을 만날 것을 기대해야 한다. 왜냐하면 본질적으로 그분의 말씀은 어떤 교본이 아니라 그분 자신의 계시이기 때문이다.

개인 성경공부에서 경험할 수 있는 또다른 문제는 방향성 결핍에서 비롯된다. "아무 것도 겨냥하지 않는 자는 아무 것도 맞출 수 없다."는 말이 있다. 만일 무엇인가를 암기할 목적으로 큐티에 들어간다면, 노트와 펜을 준비하는 것이 좋을 것이다. 나는 진리를 적용하는 데에 중요한 내용을 늘 적어 둔다. 때로는 어떻게 적용할지 주께 여쭙기 위해 기도문을 적기도 한다. 내가 발견한 바에 의하면, 글로 적은 기도에는 간구 사항은 적고 경배 내용이 훨씬 더 많다. 목적이 결여되면 성경공부를 위한 욕구가 이내 떨어질 것이다.

성경을 읽을 때 내게 큰 도움이 되었던 일곱 가지 질문들이 있다. 나는 매일 아침 하나님과의 만남을 시작할 때 이것들을 활용했으며, 지금도 이따금 활용한다. 현재 사용하는 접근법이 탐탁치 못할 경우에는 특히 그렇다. 만일 당신이 기도하는 마음으로 하나님 말씀을 대하고 각 질문에 답하며 말씀을 읽어가면, 매번 적절한 적용 사항을 발견할 수 있을 것이다.

어떤 질문은 특정 구절에 맞지 않을 수도 있지만, 잘 맞는 것들도 있다. 그런가 하면 모든 구절에 적용되는 질문도 있다. 비록 간단하지만 이 질문들은 읽은 말씀을 무의미하게 지나치지 않도록 막아줄 수 있다. 이것은 우리의 생각을 붙들어주며, 살아계신 하나님 그리고 그분의 뜻과 대면하게 한다.

### 1. 따라야 할 본보기가 있는가

이 구절은 오늘 내가 해야 할 무엇을 제시하는가? 성경을 학구적인

의도로만 읽을 것이 아니라, 하나님의 계시된 뜻에 삶을 맞추려는 의도로 대해야 한다.

### 2. 피해야 할 죄가 있는가

성경 속의 상황을 다른 사람들에게 적용하기는 쉽다. 하지만 자신의 죄와 연관시키기는 어렵다.

### 3. 순종해야 할 명령이 있는가

종종 우리는 자신을 위한 하나님의 뜻이 무엇일까 고심한다. 또한 자신을 위한 하나님의 뜻을 분간하는 것이 힘들고 복잡한 일인 듯이 말한다. 하나님의 뜻 중 95%가 이미 계시되었다는 사실을 당신은 알고 있는가? 이는 당신에게 충격적일 수도 있다. 하나님의 뜻은 성경에 계시되었다. 하나님의 뜻을 구하는 우리의 기도는 대개 결혼이나 직장 선택과 관련된 내용이다.

그러나 어떤 관점에서 이들 두 가지는 부수적 사항일 뿐이다. 하나님은 우리의 성품이나 매일의 삶을 위한 당신의 뜻을 분명히 제시하신다. 때로 그분의 뜻을 알지 못하는 이유는 단 한 가지이다. 우리가 자신을 하나님 말씀에다 충분히 노출시키지 못했기 때문이다.

순종해야 할 명령이 있는가? 만일 분명하게 명하시는 하나님의 지시에 불순종한다면, 더이상 그분의 뜻을 알려고 기대해서는 안 된다. 먼저 그분은 우리에게 보여주신 뜻에 우리가 순종하는지 지켜보신다. 왜냐하면 그분이 선언하신 뜻은 선택적인 것이 아니기 때문이다. 하나님은 순종하는 모습을 보시고 당신의 뜻을 점진적으로 계시하신다.

### 4. 붙들어야 할 약속이 있는가

이 성경 구절을 통해, 성령께서 믿음으로 받아들일 수 있는 약속으로 나를 이끄시는가? 성경에 수록된 어떤 약속들은, 히브리서 13:5처럼 무조건적이다. "내가 과연 너희를 버리지 아니하고 과연 너희를 떠나지 아니하리라." 조건이 붙은 약속들도 있다. "여호와를 기뻐하라 저가 네 마음의 소원을 이루어 주시리로다" 시편 37:4. 약속들을 찾을 때, 우리는 그 조건들도 고려해야 한다.

### 5. 하나님이나 예수 그리스도에 관해 무엇을 가르치는가

그리스도인의 삶은 여러 면에서 결혼과 비슷하다. 약혼한 남녀가 결혼하기 전에 서로에 대해 진정으로 알 수는 없다. 장래의 배우자에 대해 가능한 한 많이 알아내려고 노력하지만 결혼 1주년쯤 지나면 "나는 결혼할 당시만 해도 당신을 몰랐고, 당신도 나를 몰랐을 거라고 생각해요."라고 말할 것이다.

하나님의 뜻을 확신하지 못한 상태에서 결혼을 생각하는 사람들에 대해 내가 진저리를 치는 것도 바로 이 때문이다. 결혼 전에 상대방에 대해 진정으로 알기란 불가능하다. 배우자를 알아가는 과정이 바로 결혼 생활의 큰 모험들 중 하나다.

마찬가지로, 그리스도인의 삶의 모험 중 하나는 예수 그리스도를 개인적으로 점점 더 알아가는 것이다. 처음에는 그분에 관해 알되, 우리의 삶을 그분께 맡기며 그분을 구주로 영접하기에 충분할 정도로 알 뿐이다. 우리는 그분을 신뢰한다. 전적으로 순종할 것을 다짐한다. 하지만 우리는 그분을 잘 모른다. 하나님의 계시를 묵상하고 그분 안에서 성장하면서, 그분을 점점 더 잘 알게 된다. 그리고 삶 속에서 하나님을 개인적으로 체험함에 따라, 그분은 우리로 하여금 성경에서 이미 배운 사실을 새로운 차원으로 깨닫게 하신다.

### 6. 지금 파악하기 힘든 내용이 있는가

어떤 이들은 항상 의문점을 먼저 찾아내며 그 결과 문제와 난관에 빠져들고 만다. 오래지 않아 그들은 "내가 이해할 수 없는 것들이 너무 많아. 뭐가 뭔지 전혀 알 수 없어. 알려고 할 필요조차 없어!" 하고 변명을 늘어놓는다. 생선을 먹을 때, 대부분은 살을 먹으려고 뼈를 발라낸다. 그러나 극소수이긴 하지만 뼈에만 신경쓸 뿐 살 먹을 생각을 않는 이들도 있다. 생선을 먹든 성경을 공부하든, 뼈 고르기만으로는 충분하지 않다.

자신을 혼란스럽게 하는 의문들은 간단히 메모해 두었다가 그 답을 나중에 찾아보아야 한다. 의문점들에 너무 골몰해서는 안 된다.

### 7. 내가 오늘 기도해야 할 사항이 있는가

우리 중에는 기도를 힘들어 하는 이들이 있다. 매일 다음과 같은 기도를 반복할 뿐이라고 생각한다. "오, 주님. 우리 가족과 온 세상을 축복해주세요. 예수님의 이름으로 기도합니다. 아멘." 성경을 읽을 때 주의를 기울이면, 성경 구절에서 기도할 내용을 찾아낼 수 있다. 성경 자체에 기초한 이같은 기도 생활은 신선한 즐거움을 누리게 해준다.

모든 구절이 따라야 할 본보기, 피해야 할 죄, 순종해야 할 명령, 붙들어야 할 약속, 하나님에 관한 새로운 가르침, 파악하기 힘든 내용, 그리고 기도할 사항을 담고 있는 것은 아니다. 만일 당신이 내일 아침이나 오늘에라도 하나님과의 만남을 위해 15분을 할애하여 어떤 성경 구절을 놓고서 이 질문들에 대한 답을 찾아본다면, 분명 유익한 시간이 될 것이다.

다음 문제는 균형 잡힌 영적 식단을 위해 무엇을 읽어야 하는가이다. 어쩌면 다른 많은 그리스도인들처럼, 당신은 시편 23편, 요한복음 아니면 마음에 드는 다른 본문들을 고를지도 모른다. 성경의 나머지 부분을 아예 읽지 않을 수도 있다.

그러나 하나님의 의도를 모두 파악해야 하는 그리스도인으로서, 성경 전체를 통독할 계획을 세워야 한다. "성경 상고"Search the Scriptures와 "오늘 아침을 하나님과 함께"This Morning with God는 그런 목적으로 쓰여진 책들이다. 틴데일 하우스 출판사에서는 "일년 성경 통독"The One Year Bible을 제공한다. 이것은 구약, 신약 그리고 시편과 잠언 순서로 매일 성경을 읽을 수 있도록 재구성한 내용이다.[1]

다른 사람의 방식을 따르든 자신의 방식을 고안하든, 반드시 어떤 계획에 따라야 한다.

어지러운 생각이나 주의산만으로 인해 성경 읽기를 방해받을 수도 있다. 물리학 시험이나 야구 경기 따위에 너무 신경이 쓰여서, 집중할 수가 없다면 성경을 읽는 중에 만나는 새로운 사실이나 개념들을 적을 펜과 종이를 준비하는 것이 이 문제를 해결하기 위한 최선책이다. 큐티 기록들은 하나님과의 직접적이고도 신선한 만남을 보여준다. 예기치 않게 15분 정도 신앙 메시지를 전하도록 부탁받는다면, 이 기록들을 긴요하게 활용할 수도 있다. 하나님과 더불어 최근에 나누었던 개인적 친교를 전할 때, 그것은 대중에게 따뜻하면서도 설득력 있는 체험으로 들릴 것이다.

한편, 큐티를 하고 난 후의 느낌으로 그것을 평가해서는 안 된다. 어떤 날에는 어떤 개념이 정곡을 찌르거나 뜨거운 감동을 느끼게 해준다. 그럴 때 "아, 오늘 아침에는 내가 하나님을 만났구나."라고 생각하기도 한다. 하지만 다음 며칠 동안은, 성경을 읽어도 그런 느낌이 전혀 들지 않는다. 그래서 실망감에 사로잡히기 시작한다.

큐티에 대한 평가가 너무나 쉽게 변하는 감정적 반응과 연관되어서는 안 된다. 올바른 평가는 결코 변하지 않으시는 하나님이 우리를 만나셨다는 사실에 대한 자각을 근거로 삼아야 한다.

## 기도

기도 역시 하나님과의 은밀한 친교에 있어 매우 중요한 부분에 속한다. 내면이 영적 능력을 드러내는 외적 삶으로 나타나려면, 기도가 성경 읽기만큼이나 필수적이다. 앞에서 언급했듯이, 성경 말씀을 근거로 삼을 때 무기력한 기도 생활에 신선한 활력을 불어넣을 수 있다. 이제

좀더 구체적으로 생각해 볼 필요가 있다.

우리는 기도의 다양한 측면들에 대해 알고 있다. 경배, 감사, 죄의 자백, 다른 사람들을 위한 중보 기도, 그리고 자신을 위한 간구…… 하지만 기도 시간을 각 측면에 골고루 할애하는 사람은 거의 없다. 어쩌면 당신의 기도는 이것 저것을 달라는 간구 사항들로 가득할 것이다. "주세요, 주세요, 주세요! 주님, 이것이 필요합니다. 저것을 가져야 해요." 경배하는 내용은 거의 없을지도 모른다. 우리는 홀로 하나님의 임재 가운데서 그분의 존귀함을 조용히 자각하고 경배하는 시간을 거의 갖지 않는다.

경배란 하나님의 성품을 찬양하는 것이다. 경배의 대상은 그분을 통해 얻는 것이 아니라 그분 자신이시다. 경배에 서투른 사람은 찬송 가사를 음미할 필요가 있다. 영적으로 메마를 때, 종종 나는 시편이를테면, 103편이나 과거의 위대한 성도들이 지은 찬송 가사를 읽는다. 예를 들면 이런 것이다.

인생들이 아는, 천사들이 전하는,
지혜와 사랑과 능력을 지닌 그 모든 존재들.
그들 모두도 주님에 비하면 너무나 미천하며,
주님을 설명하기에는 너무나 초라하도다.
그리고 여러 세기 전에 클레르보의 베르나르는 이렇게 노래했다.
예수님, 주는 충성스런 심령들의 기쁨이시며,
생명의 샘이요, 사람들의 빛이시며,

이 땅의 어떤 행복으로도 만족할 수 없어
우리는 다시 주께로 돌이키나이다.

이같은 옛 성도들의 영적 체험을 함께 나눔에 따라, 심령이 고무되어 살아계신 하나님을 찬양하고 경배하게 된다. 이런 경배를 통해 우리는 하나님의 임재를 경험하고, 토저 박사가 말했던 "영혼의 응시" 상태에 들어간다.

## 우선 순위를 정하라

수업 시작 시간을 2분 남겨 놓고 교실로 달려 들어가는 상황에서 차분히 주께 경배드릴 수는 없는 일이다. 소위 "레저 사회"인 미국에서 가장 결핍된 것은 시간이다. 충분한 시간을 갖는 것은 불가능해 보인다. 동양에는 묵상이 널리 보급되어 있지만, 거기서도 현대 기계 문명이 고요한 묵상을 훼방한다.

하지만 누구에게나 하루 24시간이 주어지는 것은 여전한 사실이다. 대개 우리는 다른 시간을 줄여서라도 자신이 원하는 일을 위한 시간을 마련할 수 있다. 우리의 삶에 있어 가장 중요한 전투는 하나님 앞에 홀로 있는 시간을 충분히 그리고 지속적으로 확보하는 것이다. 다른 모든 일에 있어서의 영적 활력은 이 전투의 결과에 의존한다.

사단은 온갖 수단을 다 동원하여 삶 속에 은밀한 죄를 뿌리듯이, 하나님과 함께 하는 풍성하고 은밀한 삶을 훼방하기 위해 모든 노력을 기울일 것이다. 어떤 과제나 전화나 식사 약속과 같은 평범한 일들이 살아계신 하나님과의 만남을 훼방할 수 있다.

어느 여름 날 나는 당시 런던의 주요 성공회 교회들 중 하나의 교구 목사였던 존 스토트의 강연을 들을 기회가 있었다. 그는 영국 북서부 호수 지방에 위치한 케스윅 컨벤션에서 목회자들 앞에서 강연했다. 강연 주제는 우선 순위였다. 그는 내면을 개발하는 것이 목회자를 포함한 모든 그리스도인의 첫 번째 우선 순위라고 했다. 그러면서 그는 자신의 삶 속에서 경험하는 매우 이상스러운 모순점을 솔직히 시인했다.

"나는 내게 가장 크고 깊은 기쁨을 줄 거라고 알고 있는 것, 즉 홀로 차분하게 하나님의 임재 속에 들어가서 마음을 열어 그분을 경배하는 것을 가장 하기 싫어할 때가 종종 있다."

우리 모두는 이 모순점의 희생자들이다. 근본적 원인은 마귀에게 있다. 왜냐하면 하나님과 함께 시간을 보낼 때 영적으로 성장한다는 것을 마귀는 알고 있기 때문이다. 마귀는 우리의 영적 능력의 원천을 공격하기 위해 온갖 노력을 기울인다. "사단은 가장 연약한 그리스도인이라도 그가 무릎 꿇고 있는 모습을 볼 때 벌벌 떤다."는 문구 속에 심오한 진리가 들어 있다.

매일 하나님과 함께 하는 시간을 정해 두는 것이 너무 기계적이거나 율법주의적이라고 말하는 이들도 있다. 기도 생활이 율법적이거나 기계적일 수도 있지만, 꼭 그런 것은 아니다. 건전한 훈련은 속박과 구분되어야 한다. 속박은 강요되고 불쾌하며 짐스러운 그 무엇을 뜻한다.

반면에 자기 훈련은 고통을 피하거나 유익을 얻기 위해 어떤 일을 자발적으로 하는 것이다. 하나님과의 은밀한 친교를 통해 영적 성장을 이루기 위해서는 적극적 훈련이 필요하다. 내 경험에 의하면, 학교를 졸업한 후라고 해서 하나님과의 은밀한 삶을 유지하는 일이 더 쉬워지는 것은 아니다. 삶의 패턴을 정하려면 학창 시절에 하는 것이 더 쉽다.

이 정규적 훈련은 결코 어길 수 없는 것이 아니다. 우리가 큐티를 빠트린다고 해서 당장 하늘에서 별들이 떨어지지는 않는다. 큐티를 하루 빠트렸다는 이유 때문에, 모든 것을 잃을 거라며, 시험을 망칠 거라며, 혹은 아무 것도 제대로 되지 않을 거라며 두려워할 필요는 없다. 하나님은 그런 식으로 우리를 징벌하는 폭군이 아니시다.

하지만 그분은 우리가 신체적 강건함을 위해 그러듯이 영적 삶을 위해서도 진지하게 노력할 것을 기대하신다. 몸이 음식을 필요로 하므로 우리는 매일 식사한다. 영적 삶은 영적 음식을 필요로 한다. 매일 하나님 말씀으로 우리의 영혼을 먹여야 한다. 만일 필요한 음식을 섭취하지 못하면, 곧 쇠약해진다. 육체적으로나 영적으로나 음식 없이는 오래 견디지 못한다.

우리는 대개 외관에 더 많은 관심을 갖지만, 하나님의 주요 관심사는 내적 삶이다. 하나님은 삶에서 나타나는 모든 외적 실재가 오직 그분께로서만 공급되는 내적 실재로부터 말미암는다는 사실을 우리가 깨닫기를 원하신다. 은밀한 죄가 우리의 영적 능력을 파괴하고 있는지를 그분은 아신다. 그분과 함께 나누는 은밀한 삶을 통한 유익들을 잘 거두고 있는지를 그분은 아신다.

영적 삶은 예수 그리스도께 온전히 맡기는 데서 시작된다. 그 증거는 그분께 순종하려는 마음이다. 우리는 매일의 친교를 통해 영적 활력을 유지하고 개발해야 하며, 그 결과로 순종과 영적 능력을 얻는다.

하나님과의 은밀한 삶을 통해 개발되는 내면의 영적 실재는, 인생의 모든 욕구를 충족시키실 수 있는 하나님을 세상 사람들에게 효과적으로 증거하기 위해 반드시 갖춰져야 할 사항이다.

## 스 | 터 | 디 | 가 | 이 | 드

1. "인격"과 "배역"에 대한 폴 투르니에의 정의로 미루어 볼 때, 당신의 "인격"과 "배역"이 같아야 하는 이유는 무엇일까?

2. 당신이 혼자 있을 때 하나님은 당신의 "인격"을 보신다. 이 사실이 당신을 격려하는가 아니면 두렵게 하는가? 그 이유는?

3. 저자는 우리 모두가 외적 죄를 낳는 은밀한 죄를 지니고 있고 하나님이 그 모든 것을 아신다고 주장한다. 당신의 삶 속에서, 외적 죄를 야기한 내면의 잘못된 태도를 추적해 보라.

4. 영적 성장이나 그리스도와의 관계 회복은 회개와 자백을 필요로 한다. 폴 리틀은 "하나님은 우리의 모습 그대로 나아오라고 부르신다. 우리를 위해 흘리신 예수 그리스도의 보혈만 의지하게 하신다."라고 말한다. 자신의 부족한 모습 때문에 그리스도께 나아가지 못했던 적이 있는가? 그 결과는 어떠했는가?

5. 로버트 맥셰인은 "자신을 한 번 볼 때마다 예수 그리스도를 열 번 보라."고 조언했다. 그런 습관이 당신의 삶을 어떻게 개선시켰는가?

6. 저자는 이렇게 확인한다. "혹자는 이르기를, 어떤 사람을 세우거나 망가뜨리는 것은 결코 환경이 아니라고 했다. 환경은 그 사람의 현재 모습을 드러낼 뿐이라는 것이다." 당신은 이 말에 동의하는가? 그 이유는?

7. 저자는 그리스도와의 친교를 통해 내적 삶을 지키고 개발하기 위해서는 성경공부와 기도에 우선 순위를 두어야 한다고 강조한다. 하지만 우리는 곁길로 벗어날 수 있다. 성경공부나 기도를 하는 과정에서 참된 목적을 잃어버릴 수 있는 경우는 어떤 것이 있는가? 이를 막을 수 있는 방법은?

8. 하나님의 뜻을 아는 것에 관한 책과 세미나들이 다른 어떤 주제보다 더 많은 관심을 끈다. 그러나 폴 리틀은 "하나님은 우리의 성품이나 매일의 삶을 위한 당신의 뜻을 분명히 제시하신다."고 확언한다. 우리의 태도나 행실에 대한 하나님의 뜻보다는 우리의 장래에 대한 하나님의 뜻이 더 흥미로운 이유는 무엇일까? 어떻게 하면 이들을 골고루 섞을 수 있을까?

9. 본장은 "균형잡힌 영적 식단"을 마련하는 방법을 제시한다. 당신도 이 문제를 극복할 필요가 있는가? 어떻게 극복할 생각인가?

10. "내게 가장 크고 깊은 기쁨을 줄 거라고 알고 있는 것, 즉 홀로 차분하게 하나님의 임재 속에 들어가서 마음을 열어 그분을 경배하는 것을 내가 가장 하기 싫어할 때가 종종 있다." 이번주에 정기적인 성경공부와 기도 시간을 마련해 보라. 그리고 성경공부를 위한 질문들과 기도 형식에 대해 숙고해 보라.

성경공부를 위한 질문들
- 따라야 할 본보기가 있는가?
- 피해야 할 죄가 있는가?
- 순종해야 할 명령이 있는가?
- 붙들어야 할 약속이 있는가?
- 이 구절에서 하나님이나 예수 그리스도에 관해 가르치는 것은 무엇인가?
- 파악하기 힘든 내용이 있는가?
- 이 구절 속에 내가 오늘 기도해야 할 사항이 있는가?

기도 형식
- 경배
- 감사
- 죄의 자백
- 중보
- 개인적인 간구

## 리 | 더 | 를 | 위 | 한 | 제 | 안

1. 그룹원들로 하여금 지난주에 공부한 내용을 어떻게 적용했는지 나누게 하라. 개인적 적용의 성공 또는 실패 원인들에 대해 토론할 수도 있다.

2. 만일 시간이 허락한다면, 폴 리틀이 제안하듯이, 그룹원들로 하여금 하나님께 편지를 쓰게 하라.

## 주 (註)

### chapter 1

1. Allan Bloom, *The Closing of the American Mind* (New York: Simon and Schuster, 1987), pp. 26, 56.
2. *1987 World Almanac*, p. 34.
3. Stephen D. Eyre, *Defeating the Dragons of the World* (Downers Grove, Ill.: InterVarsity Press, 1987).

### chapter 6

1. Dorothy L. Sayers, *The Mind of the Maker* (New York: Meridian Book, 1956), pp. 20-21.
2. J. N. Hawthorne, *Questions of Science and Faith* (London: Tyndale Press, 1960), p. 55.
3. Keith N. Schoville, *Biblical Archaeology in Focus* (Grand Rapids, Mich.: Baker Book House, 1978), p. 156.

### chapter 7

1. George Gallup, Jr., *Forecast 2000* (N. Y.: William Morrow, 1984), p. 159.
2. *New York Times*, 1983년 1월 2일자.
3. David Riesman, Nathan Glazer, Reuel Denney, *The Lonely Crowd* (Garden City, N. Y.: Doubleday, 1955).

chapter 9

1. Mrs. Howard Taylor, *Hudson Taylor's Spiritual Secret* (Chicago: Moody Press, 1955), p. 160. 나는 중국 오지 선교회의 설립자에 관한 이 짤막한 전기문을 거듭 읽어 볼 것을 추천하고 싶다.
2. Ibid, p. 161.
3. Ibid, p. 156.
4. Edward J. Carnell, *The Case for Orthodox Theology* (Philadelphia: Westminster Press, 1959), p. 31.
5. H. L. R. Deck의 찬송, "I Take Thy Promise, Lord", Paul Beckwith 편저(Chicago: InterVarsity Press), p. 6.


chapter 10

1. *Search the Scripture*는 3년 동안 성경을 통독하도록 안내하는 단행본이다. *This Morning with God*은 귀납법적 접근법을 도입한 책으로서, 거의 5년간의 성경 읽기를 안내한다. 이들을 구입하려면 InterVarsity Press, P. O. Box 1400, Downers Grove, IL 60515로 연락하면 된다. *The One Year Bible*은 Living Bible과 New International Version을 활용하여 틴데일 하우스 출판사(주소: P. O. Box 80, Wheaton, Il 60189)에서 출간한 책이다.

## 생명의말씀사

### 사 | 명 | 선 | 언 | 문

> 너희가 흠이 없고 순전하여······세상에서 그들 가운데 빛들로
> 나타내며 생명의 말씀을 밝혀 (빌 2:15-16)

**1. 생명을 담겠습니다.**
만드는 책에 주님 주신 생명을 담겠습니다.
그 책으로 복음을 선포하겠습니다.

**2. 말씀을 밝히겠습니다.**
생명의 근본은 말씀입니다.
말씀을 밝혀 성도와 교회의 성장을 돕겠습니다.

**3. 빛이 되겠습니다.**
시대와 영혼의 어두움을 밝혀 주님 앞으로 이끄는
빛이 되는 책을 만들겠습니다.

**4. 순전히 행하겠습니다.**
책을 만들고 전하는 일과 경영하는 일에 부끄러움이 없는
정직함으로 행하겠습니다.

**5. 끝까지 전파하겠습니다.**
모든 사람에게, 땅 끝까지, 주님 오시는 그날까지
복음을 전하는 사명을 다하겠습니다.

---

### 생명의말씀사 서점안내

**광화문점** 110-061 종로구 신문로 1가 58-1 구세군 회관 2층
　　　　　TEL. (02) 737-2288 / FAX. (02) 737-4623

**강 남 점** 137-909 서초구 잠원동 75-19 반포쇼핑타운 3동 2층 전관
　　　　　TEL. (02) 595-1211 / FAX. (02) 595-3549

**구 로 점** 152-880 구로구 구로 3동 1123-1 3층
　　　　　TEL. (02) 858-8744 / FAX. (02) 838-0653

**노 원 점** 139-200 노원구 상계동 749-4 삼봉빌딩 지하1층
　　　　　TEL. (02) 938-7979 / FAX. (02) 3391-6169

**분 당 점** 463-824 경기도 성남시 분당구 서현동 269-5 서원프라자 서현문고 서관 4층
　　　　　TEL. (031) 707-5566 / FAX. (031) 707-4999

**신 촌 점** 121-806 마포구 노고산동 107-1 동인빌딩 8층
　　　　　TEL. (02) 702-1411 / FAX. (02) 702-1131

**일 산 점** 411-370 경기도 고양시 일산구 주엽동 83번지 레이크타운 지하 1층
　　　　　TEL. (031) 916-8787 / FAX. (031) 916-8788

**의정부점** 484-010 경기도 의정부시 금오동 470-4 성산타워 3층
　　　　　TEL. (031) 845-0500 / FAX. (031) 852-6930

**파 주 점** 413-012 경기도 파주시 금촌 2동 68번지 송운빌딩 2층
　　　　　TEL. (031) 943-6465 / FAX. (031) 949-6690

---

### 인터넷 서점

http://www.lifebook.co.kr